乡村振兴研究文库

脱贫攻坚与乡村振兴有效衔接研究

以青海为例

姜玉波　史　慧◎著

中国经济出版社
CHINA ECONOMIC PUBLISHING HOUSE
·北京·

图书在版编目（CIP）数据

脱贫攻坚与乡村振兴有效衔接研究：以青海为例 / 姜玉波，史慧著. --北京：中国经济出版社，2023. 12
ISBN 978-7-5136-7286-3

Ⅰ. ①脱… Ⅱ. ①姜… ②史… Ⅲ. ①扶贫-研究-青海 ②农村-社会主义建设-研究-青海 Ⅳ. ① F127. 44 ②F327. 44

中国国家版本馆 CIP 数据核字（2023）第 257126 号

组稿编辑 葛 晶
责任编辑 冀 意
责任印制 马小宾
封面设计 任燕飞

出版发行 中国经济出版社
印 刷 者 北京鑫益晖印刷有限公司
经 销 者 各地新华书店
开　　本 710mm×1000mm 1/16
印　　张 16. 25
字　　数 272 千字
版　　次 2023 年 12 月第 1 版
印　　次 2023 年 12 月第 1 次
定　　价 88. 00 元
广告经营许可证 京西工商广字第 8179 号

中国经济出版社 网址 http://epc. sinopec. com/epc/ 社址 北京市东城区安定门外大街 58 号 邮编 100011
本版图书如存在印装质量问题，请与本社销售中心联系调换（联系电话：010-57512564）

目录 | CONTENTS

第 1 章　绪论 …… 001

1.1　研究背景 …… 001
1.2　研究意义 …… 003
1.3　研究的视角、方法 …… 004
1.4　研究内容和结构 …… 005
1.5　研究数据获取 …… 008
1.6　研究的创新与不足 …… 012

第 2 章　国内外文献综述 …… 014

2.1　国外关于可持续生计的研究 …… 014
2.2　国内关于可持续生计的研究 …… 019
2.3　青海省民族地区农牧户可持续生计研究 …… 028
2.4　生计脆弱性的研究 …… 030
2.5　生计资本五个维度对可持续生计影响的研究 …… 031
2.6　研究述评 …… 034

第 3 章　理论基础 …… 036

3.1　相关概念界定 …… 036
3.2　不同视角下的贫困理论 …… 038
3.3　可持续发展理论 …… 039
3.4　贫困脆弱性理论 …… 042

第 4 章　青海省民族地区“脱贫摘帽”户可持续生计基础现状分析 …… 044

4.1　青海省基本情况 …… 045
4.2　青海省贫困状况与贫困户基本特征 …… 058
4.3　青海省脱贫攻坚期间取得的成效 …… 061
4.4　实施脱贫攻坚政策对脱贫户生计资本的影响 …… 071
4.5　小结 …… 074

第 5 章　青海省民族地区“脱贫摘帽”户可持续生计现状的量化分析 …… 076

5.1　生计资本指标量化及策略类型划分 …… 076
5.2　问卷基本信息统计 …… 079
5.3　影响生计资本因子的统计特征分析 …… 081
5.4　模型结果分析 …… 083
5.5　结构方程模型结果分析 …… 091
5.6　基于二元回归的不同生计策略脱贫户生计指标分析 …… 098
5.7　小结 …… 108

第 6 章　青海省民族地区“脱贫摘帽”户可持续生计现状的质性分析 …… 110

6.1　质性分析的研究方法及研究工具选择 …… 110
6.2　访谈实施过程 …… 111
6.3　数据分析过程 …… 113
6.4　理论饱和度检验 …… 124
6.5　脱贫户经典案例分析 …… 124
6.6　初始模型构建及范畴解释 …… 134
6.7　创业致富带头人可持续生计资本的现状分析 …… 142
6.8　初始模型构建与维度阐释 …… 159
6.9　创业致富带头人与脱贫户生计资本的对比分析 …… 163
6.10　小结 …… 169

第 7 章　青海省民族地区“脱贫摘帽”户可持续生计的难点与问题 …… 172

7.1　区域经济社会发展相对落后，城镇化程度不高 …… 172
7.2　生态环境脆弱，脱贫户可持续生计压力大 …… 176
7.3　脱贫户人力资本水平低，自我发展能力弱 …… 185
7.4　金融资本存量极少，制约了脱贫户生计持续改善 …… 195
7.5　相对贫困治理能力不到位，脱贫户社会资本弱化 …… 196
7.6　生计资本薄弱，持续稳定增收难度大 …… 199
7.7　脱贫户内生动力不足，生计策略选择受限 …… 206
7.8　小结 …… 209

第 8 章　青海省民族地区厚植“脱贫摘帽”户可持续生计的机制构建 …… 211

8.1　健全和完善应对外部冲击的风险防范机制 …… 211
8.2　巩固和完善应对内部生存压力的兜底保障机制 …… 214
8.3　推进和壮大以应对生计资本的产业升级支撑机制 …… 216
8.4　构筑和推进以应对生计资本的多元化稳定增收机制 …… 221
8.5　培育和激励以应对生计策略的能力提升机制 …… 224
8.6　坚持和优化顶层设计以完善政策环境的可持续发展机制 …… 229
8.7　小结 …… 232

结语 …… 234

参考文献 …… 235

第1章 chapter 1

绪 论

1.1 研究背景

2021 年 2 月 25 日，习近平总书记在脱贫攻坚表彰大会上向全世界庄严宣告，“经过全党全国各族人民持续奋斗，我国脱贫攻坚战取得了全面胜利，历史性地解决了绝对贫困和区域性整体贫困问题，全面建成了小康社会，为世界减贫工作做出了贡献”。党和人民的努力结出了丰厚硕果，也为世界贫困治理提供了“中国智慧”“中国方案”，但“脱贫摘帽”不是终点，而是新生活、新奋斗的起点。2021 年中央农村工作会议强调，巩固脱贫攻坚成果，让脱贫群众生活更上一层楼，要持续推动同乡村振兴战略有效衔接，确保不发生规模性返贫。由此可以看出，在脱贫攻坚取得全面胜利后，我国扶贫工作关注的重点已经转为巩固拓展脱贫攻坚成果同乡村振兴战略有效衔接、相对贫困治理等方面。坚决守住返贫底线，确保脱贫成效能够经受住国家、人民和历史的考验，实现脱贫户生计（livelihood）可持续发展和高质量脱贫，满足人们对美好生活的向往，成为当前社会经济发展的必然要求。

党的十八大以来，习近平总书记强调“全面建成小康社会，一个民族都不能少；实现中华民族伟大复兴，一个民族也不能少”。脱贫攻坚期间，民族地区脱贫攻坚任务是全国任务的重中之重、难中之难。党中央同人民群众发扬钉钉子精神，脱贫攻坚战取得了重大胜利，并取得了一系列历史性成就。我国是 56 个民族统一的多民族国家，少数民族人口基数大、分布范围广，存在贫困程度深、致贫原因复杂的特征。然而，少数民族地区的经济社会发展与我国的社会繁荣息息相关。因此，切实保护好、巩固好民族地区“脱贫摘帽”户脱贫成果，不断改善生计资本，提升生计能力，是巩固拓展脱贫攻坚成果和守住返贫底线的关键所在，是加快民族地区经济社会发展、促进各民族共同繁荣发展的重要前提，是我国制定总体发展布局和大政方针的基础。在上承巩固拓展脱贫攻坚成果，下启向全面建成社会主义现代化强国迈进的第二个百年奋斗目标的历史关口，深入研究民族地区脱贫户可持续生计（sustainable live-lihoods）问题，对后续我国扶持政策的精准制定和实施，提升少数民族脱贫户可持续生计能力，加快区域经济发展，实现乡村振兴战略都具有重要的现实意义和历史意义。

青海作为我国重要的多民族聚居省份，是原集中连片特殊困难区域和国家扶贫开发重点县全覆盖省份，涉藏六州属于四省涉藏地区、国定“三区三州”深度贫困地区和少数民族分布最广泛的地区之一，主要包括海南藏族自治州（以下简称“海南州”）、海西蒙古族藏族自治州（以下简称“海西州”）、海北藏族自治州（以下简称“海北州”）、果洛藏族自治州（以下简称“果洛州”）、玉树藏族自治州（以下简称“玉树州”）、黄南藏族自治州（以下简称“黄南州”）6州33县（市、区，含3个行委）的涉藏贫困区；西宁市、海东市，除大通回族土族自治县和平安区属于国家扶贫开发重点县外，其余全部属于六盘山集中连片特困区，原贫困地区主要包括西宁市湟中区、湟源县和海东市民和回族土族自治县、乐都区、互助土族自治县、化隆回族自治县、循化撒拉族自治县2市7县（区）的六盘山贫困区。在持续深入推进并最终完成脱贫攻坚历史任务的进程中，其表现出贫困规模大且程度深、脆弱的生态环境、频发的自然灾害、致贫原因复杂多样、返贫风险极高、脱贫成果并不牢固等突出问题。在党中央、国务院的坚强领导下，青海省委、省政府团结带领全省广大干部群众，坚持精准扶贫基本方略，奋力拼搏、攻坚克难，同全国一道实现了全面建成小康社会的目标，为奋力谱写全面建设社会主义现代化国家青海篇章奠定了坚实的基础。

脱贫攻坚目标任务完成后，根据本研究调研现状，脱贫地区相对贫困、相对落后、相对差距还将长期存在，特别是青海集西部地区、民族地区、高海拔地区、欠发达地区等特征于一体，脱贫层次低、经济基础薄弱、民生短板多、发展不平衡不充分问题仍然突出，巩固拓展脱贫攻坚成果和坚决防止规模性返贫的任务依然艰巨。面对当前防止返贫阶段，在深刻总结脱贫攻坚好的做法和成功经验的基础上，有效衔接乡村振兴战略，贫困治理问题不再是单纯物质资本的增加，而是重点解决脱贫户如何持续稳定增收。将防返贫机制和提升脱贫质量有效结合，把超常规的政策扶持转变为长期激励生计能力提升的政策保障机制，给予脱贫户更多后续帮扶支持。这既是守住返贫底线，推进农业农村现代化的重要基础，也是实现共同富裕、不断提高各族群众获得感、幸福感、安全感，让广大脱贫户过上更加美好生活的战略目标，更有利于维护青海民族地区社会发展的稳定和安全，促进地区经济繁荣，本书主要基于以上政策和现实背景进行了深入研究。

1.2 研究意义

本研究以中国共产党第十八次、第十九次全国代表大会和十九届历次全会精神、习近平总书记参加十三届全国人大四次会议青海代表团审议和考察青海时的重要讲话精神、第七次西藏工作座谈会的精神为政策支撑，以可持续性生计理论为研究基础，以巩固拓展脱贫攻坚成果同乡村振兴战略为背景，在对青海省民族地区脱贫户生计资本基础现状实证分析的基础上，提出了通过构建可持续生计机制体系，提升脱贫户生计水平和能力，以实现巩固拓展脱贫攻坚成果和守住返贫底线的战略目标。

1.2.1 理论意义

首先，民族地区有其独特的地域性、文化性等特征。从目前国内外相关研究成果来看，国内外学者对“贫困”与“可持续生计”问题的探讨较多，而对民族地区脱贫户可持续生计的研究较少；现有的研究多以“脆弱性”“多维性”为研究视角，鲜有学者从可持续生计的视角对民族地区贫困户“脱贫摘帽”后可持续生计问题进行研究。因此，本研究是对民族地区脱贫户研究视角的补充与完善。

其次，本研究在脱贫攻坚后巩固拓展脱贫攻坚成果同乡村振兴战略有效衔接的背景下，通过运用量化和质性分析的方法，全面掌握了脱贫户生计资本基础现状，明晰了影响脱贫户可持续生计的相关因素，并构建了青海省民族地区脱贫户可持续生计初始模型，提出了脱贫户可持续生计的机制体系。因此，本研究是对现有民族地区贫困治理理论的扩展与丰富。

1.2.2 实践意义

脱贫攻坚任务完成后，如何巩固拓展好脱贫攻坚成果，实现同乡村振兴战略有效衔接成为青海省各级政府面对的一个重要问题。本研究把如何巩固来之不易的脱贫攻坚成果和守住返贫底线与推进脱贫户可持续生计结合起来系统研究，研究结论为青海省后续脱贫户可持续生计帮扶政策的优化，实现共同富裕提供决策参考。同时，本研究提出的脱贫户可持续生计的机制体系，对其他民族地区脱贫户可持续生计的研究具有一定的借鉴意义。

1.3 研究的视角、方法

1.3.1 研究视角

本研究立足于青海省民族地区脱贫户的生计现状，从可持续生计能力的视角，结合贫困脆弱性理论、可持续生计理论，通过质性分析与量化分析全面掌握脱贫户可持续生计基础现状，构建了可持续生计机制体系。通过增强脱贫户可持续生计能力，实现巩固拓展脱贫攻坚成果与坚决守住不发生规模性返贫的底线。

1.3.2 研究方法

（1）文献研究法。

本研究在大量查阅和梳理分析国内外贫困问题、可持续生计问题、生计脆弱性问题、民族地区农牧民可持续生计问题等相关研究资料的基础上，根据国家政策和发展战略，使研究结果对提升脱贫户可持续生计能力、巩固脱贫攻坚成果和守住返贫底线具有可操作性。

（2）问卷调查法。

在研究过程中设计了《青海省民族地区贫困户“脱贫摘帽”后可持续生计现状调查问卷》，调查样本来自青海省2市6州，调研时间为2019年5月至2021年5月，历时两年，按照青海省民族地区贫困县依次退出贫困序列，共发放了1350份调研问卷，回收1321份，其中，有效问卷1051份，有效问卷回收率为77.85%，为运用定量方法分析影响青海省脱贫户可持续生计的因素提供了充分的数据资料。

（3）访谈法。

本研究分别对脱贫户、致富带头人、基层干部进行了访谈。

脱贫户方面，依据问卷抽样的范围，选取了在同一个村部分没有参加问卷调研的脱贫户，就有关可持续生计问题进行一对一访谈，共收集了362份访谈文本，涉及藏族、回族、蒙古族、撒拉族等少数民族的脱贫户，为本研究提供真实详尽的质性分析材料。同时，本研究还对45位致富带头人进行了一对一、面对面的访谈。另外，本研究对基层干部也进行了访谈。

（4）量化分析法。

本研究在获取有效调查问卷的基础上，运用因子分析、二元 Logistic 回归、AMOS 结构方程等分析方法，对脱贫户可持续生计的影响因子，生计资本之间的路径系数、测量变量和相互关联程度，生计策略选择等研究内容进行了量化分析。

（5）质性分析法。

本研究使用的质性分析法是扎根理论研究法与归纳演绎法。基于扎根理论，通过持续性搜集实际资料和数据，进行三段式编码，并建立起编码分析理论模型。同时，借助 Nvivo12. 0Plus 完成资料数据的整理分析和编码等，从而构建了脱贫户可持续生计初始模型和民族地区创业致富带头人生计资本初始模型。另外，通过归纳演绎法将访谈过程中获取的访谈文本资料进行归纳，总结出基于实施脱贫攻坚政策对青海省民族地区脱贫户生计资本的影响。

（6）对比分析法。

本研究为更全面、清晰地把握影响脱贫户可持续生计主要因素，运用对比分析法，将脱贫户与创业致富带头人的生计资本进行了对比分析，更准确地揭示了影响脱贫户可持续生计的关键要素。通过这些方法的综合运用使得本研究分析更加深刻，更能反映客观实际，更具说服力。

1.4 研究内容和结构

1.4.1 主要研究内容

本研究主题共有8章内容，可分为以下4个部分。

第一部分为研究绪论部分。主要为研究背景，研究意义，研究的视角、方法，研究内容和结构，研究数据获取，研究主要创新与不足等内容（第1章绪论）。

第二部分为国内外研究综述与理论基础。在对学术界已有相关研究成果梳理与总结的基础上，对相关概念进行了界定，为本研究提供了理论支撑（第2章 研究的国内外文献综述，结合研究主题从国内外关于可持续生计、可持续生计框架、生计资本、生计脆弱性、生计策略等方面对相关文献进行梳理、论述；第 3 章　研究的理论基础，界定了民族地区、脱贫户、贫困等相关概念，并厘清了可持续生计相关理论、贫困脆弱性等相关理论）。

第三部分为生计现状与分析。脱贫攻坚任务完成后，在对脱贫户生计资本基础现状分析的基础上，对脱贫户可持续生计的影响因素，生计资本之间路径系数、测量变量和相互关联关系，生计策略选择与影响可持续生计维度进行了具体分析（第 4 章　青海省民族地区“脱贫摘帽”户可持续生计基础现状分析，包括青海省脱贫攻坚取得的成效、实施脱贫攻坚政策对脱贫户实现可持续生计影响等几个方面展开论述；第 5 章　青海省民族地区“脱贫摘帽”户可持续生计现状的量化分析，包括影响可持续生计的因子提取、利用结构方程模型解释脱贫户生计资本之间的内在关系、利用二元 Logistic 回归分别探讨了不同生计策略之间的脱贫户生计策略选择影响因子；第 6 章　青海省民族地区“脱贫摘帽”户可持续生计现状的质性分析，包括构建了脱贫户可持续生计初始模型和创业致富带头人生计资本初始模型，并对两类人群生计资本进行了对比分析，更加深刻地反映出脱贫户内在与外在的不足，并进行了可持续生计资本维度阐释）。

第四部分为难点问题与机制体系构建。在对脱贫户可持续生计基础现状、影响因素等调研分析的基础上，从宏观和微观方面入手，系统分析了脱贫户实现可持续生计面临的困难与问题，在总结规律、深入思考的基础上，构建了脱贫户可持续生计的机制体系（第 7 章　青海省民族地区“脱贫摘帽”户可持续生计的难点与问题：一是区域经济社会发展相对落后，城镇化程度不高；二是生态环境脆弱，脱贫户可持续生计压力大；三是脱贫户人力资本水平低，自我发展能力弱；四是金融资本存量极大，制约了贫困户生计持续改善；五是相对贫困治理能力不到位，脱贫户社会资本弱化；六是生计资本薄弱，持续稳定增收难度大；七是脱贫户内生动力不足，生计策略选择受限等。详细阐述了脱贫户可持续生计面临的现实困难与存在的问题。第 8 章　青海省民族地区厚植“脱贫摘帽”户可持续生计的机制构建：一是健全和完善应对外部冲击的风险防范机制；二是巩固和完善应对内部生存压力的兜底保障机制；三是推进和壮大应对生计资本的产业升级支撑机制；四是构筑和推进应对生计资本的多元化稳定增收机制；五是培育和激励应对生计策略的能力提升机制；六是坚持和优化顶层设计以完善政策环境的可持续发展机制）。

1.4.2 研究技术路线

研究技术路线如图 1-1 所示。

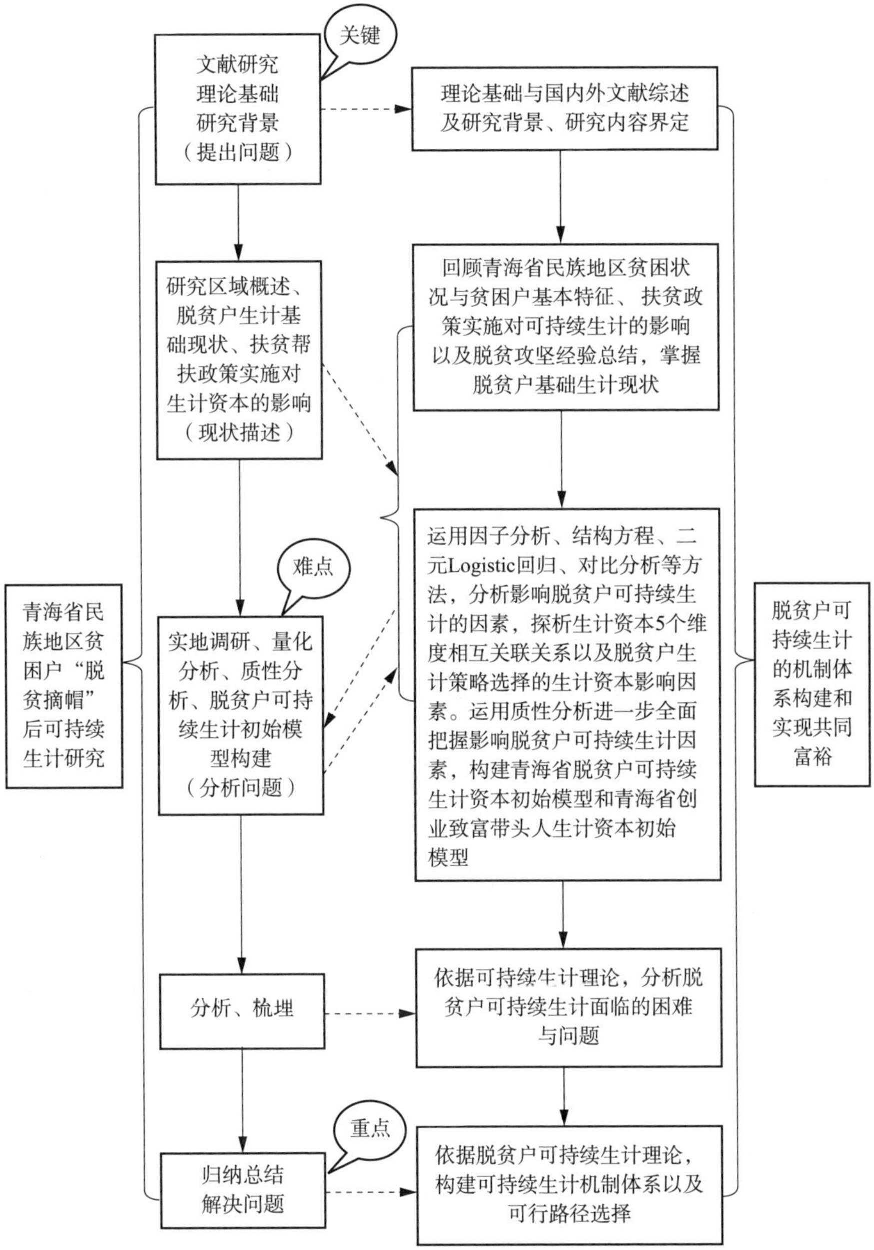

图 1-1 研究技术路线

1.5 研究数据获取

1.5.1 问卷设计与目的

本研究主要依据可持续生计理论展开分析，该理论强调“以人为本”的分析理念，着重分析影响人们生计的主要因素以及它们之间的典型关系，一般运用定性分析的方式较多。基于该理论的核心思想，本研究设计了《青海省民族地区贫困户“脱贫摘帽”后可持续生计现状调查问卷》，问卷设计分为六大部分，分别为贫困户基本信息、自然资本、物质资本、人力资本、金融资本、社会资本。贫困户基本信息包括性别、年龄、民族、婚姻状态、劳动力人数等因素，自然资本包括耕地数量、草场数量、林地数量、饮用水质量等因素，物质资本包括房屋结构、房屋面积、住房类型、生活耐用品、牲畜数量、交通资料等因素，人力资本包括家庭成员健康状况、家庭劳动力数量、在校学生人数、户主学历、培训经历、家庭残障情况等因素，金融资本包括获取贷款额度、家庭积蓄、可支配现金、家庭年收入、国家补贴情况等因素，社会资本包括政府、科技部门获取的支持政策情况、社会救助情况、关系密切人群等因素。本问卷设计的目的是分析影响青海省民族地区贫困户“脱贫摘帽”后生计资本的主要因子，从而得出“脱贫摘帽”户生计资本现状以及生计资本之间的相互关联关系，为量化分析提供数据支撑。

1.5.2 调查方法

本研究非常重视并很好地运用了以下调查方法，多次到调查地进行调查研究。由于青海省山大沟深、地域辽阔、脱贫户居住分散，问卷发放、访谈难度较大，为了确保获取的一手资料准确翔实，在调研过程中聘请了当地的干部作为语言翻译。

（1）抽样调查。抽样调查，是指从全部研究对象中进行抽样，对选取的样本进行分析、考察，从而用分析后的样本特征去推断总体特征的一种调查方法。本研究中的问卷调查就属于抽样调查，在某一个贫困村脱贫户中抽取 8~10 户作为调研对象，凭借此类方法获取到了支持研究的样本资料。

（2）典型调查。典型调查，是指从总体调查对象中选择几个有代表性的单位、群体、个人，对问卷调查过程中发现的有意义的调研样本开展深入访谈，获取支撑质性分析的访谈文本资料。

（3）个案调查。个案调查，是指围绕某个调查对象，了解这一对象对某件事、某种状态的意见建议。在本研究中，个案调查的对象一是当地部分基层干部、基层工作人员、新乡贤，主要针对黄南州尖扎县的基层干部，对他们展开脱贫攻坚实施政策对青海省民族地区脱贫户生计资本影响的调查；二是对典型的脱贫户进行深入访谈并在研究中形成个案。

1.5.3 调查地基本情况与地点选择

本研究依据“青海省民族地区”的民族与地域特征，调研区域多为青海省多民族聚集的原贫困村以及在产业发展中具有代表意义的乡村，包含青海省西宁市大通县回族土族自治县、湟中区、湟源县，海东市乐都区、互助土族自治县、循化撒拉族自治县，海北州门源回族自治县、祁连县，海南州贵德县、贵南县，玉树州治多县、玉树市、曲麻莱县，黄南州尖扎县、泽库县，果洛州玛沁县、甘德县、玛多县、达日县，海西州格尔木市、德令哈市、都兰县，涉及 22 个县（市、区）38 个乡镇 69 个村（牧委会）[①]。例如，互助土族自治县五十镇班彦村是土族易地扶贫搬迁村，在习近平总书记的亲切关怀、各级政府的大力帮扶及村民的积极参与下，该村的乡村旅游逐渐走上了乡村振兴的康庄大道。尖扎县昂拉乡德吉村是远近闻名的幸福村，2019 年建立了长效稳定的产业扶贫方式。红光村位于撒拉族自治县，是一个得益于红色文化，发展红色旅游产业而致富的贫困村。具体见表 1-1。

表 1-1 调查地点和样本量

单位：个

市（州）	县（市、区）	调研时间	调查镇（乡）	调查村	样本数
西宁市（165）	大通回族土族自治县	2019 年 5 月 7—9 日	青林乡（35）	全家湾村	13
				雪里合村	12
				生地村	10

① 牧委会：村税费改革前牧区的村都称为“牧委会”，农区的村称为“村委会”，有些称谓被沿袭下来。

续表

市（州）	县（市、区）	调研时间	调查镇（乡）	调查村	样本数
西宁市（165）	湟中区	2019 年 5 月 10—12 日	土门关乡（30）	土门关村	15
				贾尔藏村	15
			田家寨镇（31）	永丰村	15
				窑洞村	16
	湟源县	2019 年 5 月 3—17 日	日月藏族乡（37）	哈城村	8
				乙细村	15
				药水村	14
			大华镇（32）	池汉村	16
				后庄村	16
海东市（251）	乐都区	2020 年 5 月 15—18 日	马营乡（40）	卡拉村	20
				康巴村	20
			洪水镇（28）	吴家庄村	28
	互助土族自治县	2019 年 5 月 18—25 日	东沟乡（42）	石窝村	20
				纳卡村	22
			五十镇（45）	班彦村	25
				柳家村	20
			红崖子沟乡（40）	加克村	20
				芦草沟村	20
	循化撒拉族自治县	2019 年 7 月 2—5 日	查汗都斯乡（35）	乙麻亥村	23
				红光村	12
			街子镇（21）	孟达山村	21
海北州（108）	门源回族自治县	2019 年 7 月 6—9 日	仙米乡（25）	大庄村	10
				德欠村	15
			麻莲乡（30）	瓜拉村	10
				包哈图村	20
	祁连县	2019 年 7 月 10—12 日	八宝镇（25）	黄藏寺村	25
			扎麻什乡（28）	郭米村	10
				夏塘村	18
海南州（114）	贵德县	2021 年 5 月 4—7 日	拉西瓦镇（60）	曲乃亥村	30
				罗汉堂村	30
	贵南县	2021 年 5 月 8—11 日	尕让乡（24）	阿言麦村	24
			沙沟乡（30）	扎拉村	30

续表

市（州）	县（市、区）	调研时间	调查镇（乡）	调查村	样本数
玉树州（209）	治多县	2020 年 7 月 11—16 日	多彩乡（70）	达生村	15
				江荣村	15
				拉日村	25
				聂恰村	15
	曲麻莱县	2020 年 7 月 17—24 日	巴干乡（48）	代曲村	11
				麻秀村	25
				通吉村	12
	玉树市	2020 年 7 月 25—27 日	结古镇（58）	果青村	20
				新寨村	20
				仲多村	18
			八塘乡（33）	上巴塘牧委会	18
				下巴塘牧委会	15
黄南州（241）	尖扎县	2020 年 6 月 5—14 日	昂拉乡（25）	德吉村	25
			措周乡（25）	洛哇村	25
			坎布拉镇（25）	尖藏村	25
			昂拉乡（25）	牙那东村	25
			当顺乡（25）	古浪提村	25
			贾加乡（85）	贾加村	25
				羊勒村	35
				上李家村	25
	泽库县	2020 年 6 月 15—19 日	和日乡（31）	四麻村	20
				基隆村牧委会	11
果洛州（157）	玛沁县	2020 年 8 月 9—13 日	当洛乡（47）	格雅牧委会	25
				加青村	22
	甘德县	2020 年 8 月 14—18 日	青珍乡（50）	休玛村	20
				典哲牧委会	30
	玛多县	2020 年 8 月 19—23 日	玛查里镇（30）	江措牧委会	15
				刊木青牧委会	15
	达日县	2020 年 8 月 24—28 日	窝赛乡（15）	康巴村（依隆牧委会）	15
			桑日麻乡（15）	向阳村（红旗牧委会）	15

续表

市（州）	县（市、区）	调研时间	调查镇（乡）	调查村	样本数
海西州（105）	格尔木市	2019年11月3—8日	唐古拉山镇（40）	长江源村	40
	德令哈市	2019年11月9—12日	柯鲁柯镇（40）	花土村	20
				金源村	20
	都兰县	2019年11月13—15日	香加乡（25）	团结村	25

1.6 研究的创新与不足

1.6.1 研究的创新之处

一是选题具有前瞻性、现实性和综合性。本研究首次选择了青海省民族地区“脱贫摘帽”户作为研究对象，把巩固拓展脱贫攻坚成果与坚决守住不发生规模性返贫的底线和脱贫户可持续生计结合起来开展系统研究，在民族问题研究方面特别是对于青海省民族地区的研究来说具有一定的创新性。研究成果以期为青海省政府目前极为关注的巩固拓展脱贫攻坚成果同乡村振兴战略有效衔接，提升脱贫户可持续生计能力，实现高质量脱贫和共同富裕等问题提供决策参考。

二是在研究内容与研究方法方面的创新。本研究首次运用了定量分析和定性分析相结合的方法从不同角度充分深入分析与揭示脱贫户可持续生计的影响因素，生计资本之间的路径系数和测量变量、相互关联关系，生计策略的选择以及实现可持续生计面临的困难与存在的问题，使脱贫户可持续生计的研究内容更加全面客观。同时，本研究首次运用对比研究方法，比较了青海省民族地区创业致富带头人与脱贫户生计资本之间存在的差异，构建了创业致富带头人可持续生计资本初始模型，对研究主题有了较好的把握，得出了有价值的结论，构建了具有现实意义和实用价值的脱贫户可持续生计的机制体系，对其他民族地区的相关研究具有借鉴意义。

三是在主要研究结论和观点方面的创新。运用可持续性生计理论，首次系统分析和揭示了脱贫户生计资本基础现状并构建了脱贫户可持续生计资本初始模型，从宏观和微观两个层面入手，系统分析了脱贫户实现可持续生计面临的困难与问题，在总结规律、深入思考的基础上，构建了脱贫户可持续生计的机制体系。对于青海省巩固脱贫攻坚成果和守住返贫底线具有很好的参考价值。

1.6.2 研究的不足之处

（1）由于调研区域分布在青海省各地，地域广阔、交通条件复杂，加上高海拔、疫情影响和脱贫户文化水平限制等原因，本研究在进行问卷发放、数据收集时进度受阻，样本量在一定程度上有所欠缺。下一步可以在充足调研样本的基础上，使研究成果更具有说服力。

（2）本研究的调研问卷对象涵盖面较大，研究对象中藏族脱贫户超过1/3，翻译过程中难免出现沟通不畅与主观性较强的情况，从而忽略个别信息；在进行数据处理与访谈文本转录时工作量较大，可能出现转录不及时的情况。

第2章

chapter 2

国内外文献综述

2.1 国外关于可持续生计的研究

“可持续生计”一词最早见于20世纪80年代末世界环境与发展委员会的一份报告中。1992年，联合国环境与发展会议在其行动纲领中引用了这一理念，提倡通过建立稳定的生计达成消除贫困的目的。随着学者对“生计”问题的研究逐渐深入，从开始研究影响生计因素到后来在时间和空间维度上对其进行深化，探求在一定时间、空间范围内的“可持续生计”策略。学者逐渐意识到，可持续生计的构建是决定家庭自主长久掌握生存资料获取能力的关键所在。目前，“可持续生计”多被作为一种分析框架，贯穿脱贫扶贫及返贫问题研究全过程。

生计的定义是一个动态的过程。由于研究对象和兴趣的不同，不同学者对“生计”概念的认识也有很大差别，并给出了不同的界定。在可持续发展的研究领域中，国际上的学者和科研机构都将生计问题纳入了可持续发展的范畴，即可持续生计和可持续性生计框架。

运用可持续生计分析这一新方法，国外学者大量研究了农户生计诸多方面，比较突出的有生计多样性、农户生计与扶贫、土地利用与农户生计、生计脆弱性、能源消费与农户生计、生计安全等。该研究还把农村生计的多样性界定为，包括资产（自然、物质、人力、财力和社会资产）、行动以及获得这些资产（由体制和社会关系调整），而这些资产决定了个人和农民能否获得生活所需的资源。生计可持续研究认为“生计是由生存能力、资产（包括物力、社会资源）及行为所构成的”。学术界广泛认同的生计概念是“包括生活方式所需的能力、资产和活动”。其核心理念是，“更多地注重于人们寻求增加生存所需要的资本积累程度、收入水平以及所拥有的能力，最后反映在财产与生计之间的抉择”。

目前，学术界已有三大可持续生计框架（Sustainable Live-lihoods Approach，SLA），分别为英国国际发展署（DFID）于 2000 年建立的可持续生计框架、美国援外合作组织提出的农户生计安全框架以及联合国开发计划署建议的可持续生计途径。此外，诸如联合国粮食和农业组织、世界银行这样的组织和机构，在各自的领域内，或单独或协作制定了关于可持续生计的不同分析框架。

2.1.1　可持续生计框架的研究

国外对可持续生计框架的研究主要将其与社区发展、宗教信仰、社区卫生、气候变化导致的居民生活脆弱性相联系，随着近些年全球工业化和城镇化进程的不断加快，极端气候出现得愈加频繁，国内外学者更热衷于将可持续生计框架与气候改变相结合探究居民的生计脆弱性，因而这方面的相关文献较多。

较早对可持续生计框架做出研究的学者是英国的 Wood（2003），他以一项英国社区能源计划为例，通过激发单个项目的需求，使可持续生计框架以及延伸方法成为社区发展的重要工具。

随后又有学者将可持续生计框架与宗教信仰和城市联系在一起，De Gruchy（2005）认为可持续生计框架为基督教参与世界需要提供了实践理论，通过神学鉴赏的方式考察了框架内的一些核心概念，并对城市使命进行了简要反思。Barnidge（2011）将可持续生计框架与社区卫生相结合，认为可持续生计框架是一种经济发展模式，为了解美国社会、经济和政治结构因素的分布，如何影响美国农村就业机会和社区健康，提供了概念框架，并利用一系列定性方法提出了自己的见解。Pandey 等（2017）利用可持续生计框架评估喜马拉雅社区对气候变化的感知反应和应对措施与喜马拉雅社区的气候变化脆弱性及其适应这些变化的潜力，并期望通过地方职能增加互动机会，创造创收机会，建立有效的市场和农场联系，从而缩小“自下而上”的理解和“自上而下”的政策之间的差距，提出了针对所研究社区的预防性和持续性适应做法，从而有效地解决脆弱性问题。Yuniarti 等（2017）认为，可持续生计框架可以用来解释利雅加达的农村地区最贫困者如何利用他们的资产来应对受厄尔尼诺现象影响的粮食问题而面临脆弱性的一种方法。Sapna A 等（2017）、Srijuntrapun（2018）等对可持续生计框架均做出了相应研究。20 世纪 90 年代至 2017 年，国外学者对可持续生计框架的研究达到了顶峰；近两年，关于可持续生计框架的研究力度减小，相关文献也比较少。

2.1.2 生计资本的研究

国际上对生计资本的研究同样围绕可持续生计框架展开，主要是针对社区居民和五大生计资本中的一类或影响较为显著的几类进行研究。较早研究生计资本的学者是印度的 Erenstein 等（2009），他们利用可视化贫困空间维度的模式，将印度各地区的生计资本（自然、物质、人力、社会和财政）进行了空间对比。结果表明，随着贫困人口向东增加，出现了明显的梯度变化和生计资产明显下降的现象。Erenstein 等（2009）将生计资本与空间维度相结合研究印度各地区的贫困情况，为生计资本的研究和发展工作提供了方法基础。Longpichai 等（2012）评估了生计资本在泰国南部小农户橡胶生产商制定农业战略和确定农业成果中的作用，并认为生计资本的获取水平与多元化水平之间存在正相关关系，应支持多样化和作物一体化，以此作为维持农民生计的途径。Nath 等（2014）在考察锡尔赫特森林（哈希亚民族）的生计时发现，该民族的社会资本、自然资本、物质资本、金融资本已经能够维持其生计，但是教育方面的人力资本并不令人满意，作者呼吁当地政府尽快解决土地保有权不安全和定期续约等体制问题，并逐渐制订完善该国今后的参与性森林管理计划。Kopytko（2018）通过调查某个乌克兰合作组织由网络获得的信息增加了其他资本、改善了生计成果，并解决了气候变化问题，他人认为社会资本在能力建设和可持续措施执行过程中发挥了关键作用。Islam 等（2019）在孟加拉国楚纳蒂野生动物保护区进行参与式调查的基础上探讨了森林依赖社区（FDC）对森林的依赖性与社区管理对生计的影响。结果表明，保护区共同管理下的生计改善活动对森林依赖社区成员的生计资本指数有正向影响，为了维持 FDC 成员的生计并可持续地保护森林，作者建议进一步加强人力资本和社会资本，并提供适当的制度支持。Uddin 等（2020）调查研究了孟加拉国基于社区的奶业兽医基金会开展的自愿合作对小农户生计资本的影响，发现奶业兽医基金会对社区居民生计最显著的改善发生在物质、金融和人力资本资源方面，今后这种发展模式应该得到国家的广泛认可和推广。Gir（2020）对尼泊尔帕尔巴特区库马市的达利特人进行了生计资本的研究。

综上所述，国外大部分学者以发展中国家的社区居民为研究对象，探讨其现有的生计资本能否维持生计稳定，并呼吁对维持生计的资源做出保护，以赢得社区居民与自然环境、其他社会组织的良性互动。

2.1.3　生计脆弱性的研究

生计脆弱性主要包括洪灾、冻害、干旱、泥石流等自然灾害，以及疾病、意外、社会动荡等突发事件，还包括价格、市场、健康状况等的季节性冲击。国外学者对妇女生计脆弱性、居民生计脆弱性的研究主要包括矿区居民生计脆弱性、移民生计脆弱性、气候暴露下的居民生计脆弱性等方面。Obrist（2003）在调查了非洲城市的低收入社区后，发现所有妇女都面临着面对城市苦难的情感负担与克服这些苦难的智力和实际负担，因此该地区的女性生计脆弱性较强，需要对妇女保健做出关切。Santha 等（2016）在考察了印度 3 个城市（科钦、苏拉特和孟买）非正规部门移民工人的脆弱性背景下，表明城市脆弱性是一种不断地、猛烈地重塑自身的状态，伴随着无计划地快速城市化、环境变化和社会排斥的过程与结构。Wang 等（2018）对中国 33 个煤矿城市的煤矿工人生计脆弱性进行了评价，结果表明，城市生计脆弱性随时间的变化而变化，相对发达的中东部地区煤矿工人生计脆弱性水平显著低于欠发达的西部地区和东北地区，生计脆弱性水平相同的城市可能具有不同的脆弱性模式。Jakariya 等（2020）通过研究孟加拉国沿海地区渔民生计脆弱性指数（LVI）衡量居住在孟加拉国沿海地区的渔业社区的脆弱性。研究发现，自然灾害、气候变化导致的疾病、非政府组织和小额信贷、收入和海盗问题是影响渔民生计脆弱性最显著的变量。Surendra（2021）对印度本德尔坎德区两个地区的生计脆弱性状况进行了评估，缺乏非农业就业机会、单一栽培和收入多样化、文盲导致适应能力较低是引发该地区生计脆弱性的主要原因。Thuy 等（2021）构建并评价了越南兰东省小规模茶农家庭的生计脆弱性指数，结果发现依赖风险的生计、贫困、获得熟人或当地政府的支持会恶化生计脆弱性，而培训和生产经验有助于降低生计脆弱性。Yen 等（2021）、Meethale（2021）、Duc 等（2021）均对当地气候变化导致的生计脆弱性进行了研究。

2.1.4 生计策略的研究

生计策略的选择、转移、替代是农牧民维持生计进行的重要生计活动，他们大多依靠居住地的自然条件选择生计策略，或是依据实际现存的生计资本优势有针对性地确定合适的生计策略，生计策略的选择至关重要。最早对生计策略做出研究的学者是 Brockington（2001），他认为土地使用和牲畜所有权发生变化后，牧区社会出现了许多贫穷与生计变化的情况，这种变化对妇女的行为产生了重要影响——妇女不得已增加牛奶或柴火、药品出售数量来换取更多的报酬，这是早期牧区妇女为改善生活条件进行的生计策略。Koczberski 等（2005）在委内瑞拉一个案例中发现，农户为应对经济不确定性，将利用社会和文化资源获取更多土地、投入和劳动力的机制进行土地扩张、地块分散和增加佃农安排作为生计策略。由此可以看出，农户应对风险的能力已逐渐增强。

在牧民生计策略的研究中，Achiba（2018）通过研究肯尼亚北部 3 个牧民聚落牧民收入多样化的社会经济决定因素发现，伴随畜牧业生产而来的净现值的增加表明了管理畜牧业生产风险和优化非畜牧业生计激励机制带来的生计安全日益重要，非营利机构不能替代畜牧业生计，至少不能作为基本生计。

在农户生计策略的研究中，Tesema 等（2018）以水泥厂周边的农户户主为研究对象考察其生计策略与粮食安全状况，结果发现，拥有多种生计策略的家庭享有不同的粮食权利，以维持可持续的粮食消费，但是需求导致的多样化影响了家庭的粮食获取安全，这就要求采取包容性的政策和战略，将农村非农业活动纳入自给农业，以确保农村社区的可持续生计。Hayati（2018）以在沿海沙地上种植蔬菜和水果的农民为研究对象，探讨沿海土地上边缘土地农民面临的威胁及可持续生计策略。结果表明，农民可以将农业技术的使用、空间耕作的建立、作物营销的管理作为该地区的可持续生计策略。Yobe 等（2019）为了解影响农村家庭生计策略的因素，进一步提高决策效率，进行了相关研究。结果表明，正规教育年限、家庭规模、抚养比、家庭获得的旱地耕地面积、户主储蓄、家庭所在地和农业信息来源是生计选择的主要决定因素，因此，政策制定者在设计生计策略时，须设计对家庭层面特征敏感的政策。有学者将生计策略与粮食安全联系起来，Fikre（2020）探讨了农村生计策略及其对粮食安全的影响，结果表明，从事农业活动的农户相对于从事非农业活动和混合活动的农户更有粮食安全，仅以非农业为生的家庭更缺乏粮食保障，这项政策和战略呼吁政府设计并实施综合战略，以保持非农业家庭粮食安全。

也有学者对非洲渔民的生计策略进行了研究，Sydney 等（2021）评估了赞比亚小规模捕鱼和渔民生计之间的关系，研究结果显示，渔业收入不足以改善其生计资产，渔业利益相关方应支持其他收入来源，并制定一个包括生计在内的渔业政策框架来提高当地渔民的收入。有学者对特色经济作物的农户生计策略做出了研究，Ishak 等（2021）分析了某村咖啡向柑橘转化的过程，以及随之发生的农民生计策略的变化。综上所述，从事不同生计活动的主体会因为季节性变化、周期性变化、市场波动而进行生计策略的转移或者替代。

2.2　国内关于可持续生计的研究

2.2.1　可持续生计资本的整体研究

国内学者关于可持续生计资本的研究兴起于 21 世纪初，并在后面的研究历程中不断深入。学者最初从城镇化进程中涌现出的新的特殊群体——失地农民入手，分析失地农民可持续生计问题。袁斌（2008）选取大连市失地农民作为研究对象，采用主位研究和客位研究相结合的研究模式，分析了失地农民生计遇到的收入和生活水平下降、失业、劳动权益受损等突出问题，建立起了失地农民可持续生计方面的综合模型，并提出了有效对策。卢宝蕊（2007）针对失地农民“种地无田、就业无岗、社保无份”等突出问题指出，应该建立可行的社会保障制度作为实现失地农民可持续生计的长效机制。关于失地农民可持续生计的研究从 2004 年一直持续至今，在 2013—2015 年达到巅峰。赵世强和赵仰华（2015）重点研究了制度环境、生计资本、失地农民的内生动力这三者之间相辅相成的关系。研究结果表明，制度环境是失地农民实现生计资本积累、内生动力发挥的支持力量。为确保失地农民的权益，提出了改革和完善土地制度、提高农地补偿标准、完善社会保障体系等对策建议。陈绍军等（2016）以安徽省六安市、安庆市、淮北市 374 户失地农民为研究对象，根据分析所得的失地农民资本受损情况，提出了 4 种可供不同类型失地农民选择的生计策略：获取自然资本、提升人力资本、购买物质资本、转换金融资本。

随着精准扶贫和脱贫攻坚战略的实施，学术界更多地从政府责任、适应能力建设、农户生计资本状况、可持续生计影响因素等角度展开更广泛、更深入的研究。

苏芳等（2009）系统总结了可持续生计在国际社会的研究进展和相关理论，揭示出可持续分析框架在扶贫进程中的重要作用和深远的研究意义。赵雪雁等（2011）从甘南高原农牧民出发，采用参与式评估研究方法，分析甘南高原农牧民生计资本状况、阐释了五大生计资本对生计活动的影响，针对甘南地区农牧民生计资本存在的区域差异性等特点，提出技能培训、改进传统生计等政策建议。胡宗潭（2014）以生态脆弱区及贫困地区——福建省长汀县为例，在生态文明建设与改善民众生计的大背景下，分析长汀县的致贫原因，从自然、人力、金融、物质、社会等生计资本角度揭示了影响长汀县可持续生计的主要制约因素，从组织保障、政策完善、法律支撑、资金投入、科技助力五个角度对长汀县提升可持续发展能力提供对策建议。

李承营（2015）选取甘肃省陇南市，探讨农户生计策略变迁原因。研究发现，该地区自然资本、物质资本匮乏，虽然非农产业带来了农户收入的增加，但农业生产仍然以小农经济为主，人力资本严重流失造成非农生产水平停滞不前，彻底摆脱贫困，提升可持续生计能力任重道远。董国皇（2016）以三亚市天涯区槟榔文明生态村为例，分析农户生计资本状况，针对该区域产业结构单一、专业人才匮乏、人地矛盾突出、遭遇台风等自然灾害风险大、农户金融资产不稳定、生计资本整体脆弱等突出问题，提出加大农户技能培训力度、鼓励农户创业，根据地区优势发展特色旅游产业、发展循环经济、优化经济结构、完善土地流转机制等建议。杨彬如（2017）选取 3 个各有特色的自然保护区村庄，利用可持续框架分析 3 个村庄的生计资本，发现自然资本对生计资本总量的作用强度较低。

冯娇等（2018）选取甘肃省岷县坪上村作为研究对象，对该地区农户生计资本进行了研究。结果表明，众多农户应对风险能力低下，生计资本脆弱，提出在之后的扶贫过程中要注重农户可持续生计能力培育和提升。夏利恒等（2019）通过研究和田地区居民的生计资本，分析了该地区在扶贫工作中需要解决的问题和不足，提出发展教育和特色产业、提高公共服务能力等建议。张宸嘉（2020）以柯西河流域为研究区域，建立生计可持续性和生计资本评价指标体系，对该地区进行深入观察与分析，得出制约柯西河流域可持续发展的主要因素是气候环境复杂、生态环境脆弱、基础设施落后、劳动力素质低、生产力水平低等，该流域内不同生计资本之间存在明显差异，整体生计水平低。从性别角度进行评价后发现，生计资本存在性别上显著不平等的现象，相较男性资本而言，女性生计资本呈现更显著的不平衡。针对这些问题提出建立全面的数据库，完善基础设施，提高对自然灾害的适应策略，完善医疗、教育等针对性对策。

陈振扬（2020）分析西藏日喀则农牧民实际状况，指出该地区农牧民整体生计资本较弱，五大生计资本中物质资本和社会资本占比较低，加大教育、医疗投入力度，完善基础设施建设是实现可持续生计的选择与路径。王恒（2021）基于可持续分析框架，将秦巴山区农户作为研究对象，将农户划分为纯农型农户、非农型农户，对其生计资本存量和生计策略选择进行分析。结果表明，纯农型农户生计资本存量小，非农型农户生计资本存量大，在五大生计资本中，自然资本、社会资本和人力资本显著影响农户生计策略的选择，提出加大医疗、教育投入力度，提升农民职业培训质量，健全农村金融体系，降低贷款门槛等对策建议。范乔希和万青（2021）选取重庆武隆和万州作为研究区域，在新一轮退耕还林和三峡库区移民的大背景下，研究库区农户生计资本的配置情况和影响其可持续生计的因素，利用二元 Logistic 回归模型，分析农户生计资本的指标值。研究结果表明，三峡库区农户的生计资本指标值之间存在较大差异，物质资本和金融资本指标值较高，自然资本、社会资本、人力资本指标值较低。三峡库区农户老龄化严重，受教育水平普遍较低等问题突出。

刘格格等（2022）在调整 DFID 生计分析框架的基础上，改进了以往基于生计资本衡量农户可持续生计能力的方法，对生态补偿前后东平湖水源地农户可持续生计能力变化情况进行了研究。研究表明，生态补偿后信息资本与物质资本、金融资本、环境资本之间相关性显著提高，而自然资本与物质资本、人力资本之间相关性显著降低，表明水源地农户的生产方式正逐步由传统农业向现代化农业或非农行业过渡，基于此提出了政府应致力于提高自然资本、金融资本、人力资本存量，实施多样化的生态补偿方式，积极引导水源地农户寻找替代生计的对策建议。雷菁等（2022）通过对鄱阳湖区渔民退捕意愿和可持续生计资本的调查，运用二元 Logistic 回归模型，分析得出，渔民的社会资本、人力资本和物质资本对渔民退捕意愿有显著的正向影响，金融资本和自然资本与渔民退捕意愿呈负相关关系，提出调整产业结构、加强政策宣讲、坚持市场导向、加强政策贯彻落实、加大公益性岗位建设力度，进一步保护渔民退捕后的各项权益的对策建议。

2.2.2 脱贫户可持续生计研究

脱贫攻坚取得胜利后，越来越多的学者从巩固脱贫攻坚成果的角度对脱贫户的贫困脆弱性产生原因、脱贫户可持续生计指标构建、建立防止返贫的长效机制等方面开展研究，对本研究的思路具有借鉴意义。

刘金新（2018）将脱贫脆弱户这一特殊群体作为研究对象，探讨其生计资本的脆弱性和生计现状，分析了脱贫户脆弱性产生的原因，依据脆弱性脱贫理论和可持续生计理论，提出了贫困历史维度测度、生计资产状况测度、收入和消费信息测度、可持续生计能力测度、返贫持续时间测度 5 种测算脱贫脆弱程度的基本方法。从脱贫脆弱户自身出发，提出了要积极主动培育内生发展动力，提升自身发展能力；从国家层面出发，提出了完善制度，建立健全动态监测机制，发挥基层党组织的作用，从多维度保障脱贫脆弱户的可持续生计。王静（2018）以重庆市酉阳县为个案，对精准脱贫与区域发展情况进行了实地考察，探讨了农户生计资本及其对生计策略的作用，并对所取得的脱贫成果进行分析评价，对面临的困境做出判断：农户生计资本总体较弱，其中，人力资本在农户生计策略选择方面有较大影响。基于此，王静提出提高人力资本质量、增加金融资本、坚持可持续发展、优化生计策略等建议。胡原和曾维忠（2019）立足于多维贫困视角，将抗逆力纳入“可持续生计—脆弱性—社会排斥”分析框架。研究发现，脱贫户抗风险能力弱，返贫风险高，提出要建立后续帮扶机制，稳定脱贫户收入来源，有效激发脱贫户内生动力。张鹏瑶等（2019）采用 Probit 回归模型，探究贫困地区精准脱贫户选择的生计策略对其实现可持续生计的影响。研究发现，精准脱贫户生计策略的选择对生计的可持续性具有非常大的稳定作用。

王富珍等（2019）以湖南省益阳市安化县为案例地，构建脱贫稳定性评价指标体系，划分出农户脱贫稳定性等级，揭示脱贫稳定性空间分布特征、影响因素及作用机理，提出提高脱贫稳定性科学路径和相关政策建议。旷永青等（2019）从五大生计资本方面考察建档立卡贫困户脱贫后的生计状况，分析脆弱性产生的根源，提出发展多元特色产业、坚持扶贫先扶志和保护生态环境等建议。谢楠等（2020）对凉山彝族地区 812 户农户进行了调查研究，探讨脱贫户生计资本及面临的风险，如因病、因灾返贫等，提出创新脱贫户保障机制、促进农村金融发展、加强公共服务建设等政策建议。王欣欣等

(2020)研究丹凤县“脱贫摘帽”户近几年生计资本指数，运用稳健性检验和显著性检验研究方法，构建评估模型对丹凤县脱贫户生计资本进行分析，提出培育内生动力、建立长效保障机制等对策。

赵雪雁等（2020）构建脱贫户可持续生计评价指标体系，评估陇南山区脱贫户可持续生计，识别出脱贫户生计资本障碍和制约因素，提出要发挥不同生计要素之间的多重反馈关系，形成生计资本各要素之间良性循环，提升脱贫户可持续生计能力。戴琼瑶（2020）主要对民族贫困地区脱贫人口稳定脱贫进行了研究，以“直过民族”——独龙族为样本，主要解决生活在边远山区、少数民族地区等欠发达地区的贫困人口在脱贫后如何远离贫困、稳定脱贫，通过构建“直过民族”贫困人口稳定脱贫的变量指标、原理模型和机制模型，对贫困人口稳定脱贫指数水平及其关键影响因子进行实证研究，寻找实现稳定脱贫的最优路径与发展策略，提出内在能力和社会资本是贫困人口稳定脱贫的充分必要条件。陈丽（2021）根据滇黔桂边革命老区脱贫户生计特点，选取了生计资本、生计策略两个维度，构建脱贫户可持续发展能力评价指标体系，据此分析农户可持续生计状况，判断农户可持续生计能力。

詹绍文等（2021）对陕西省汉阴县平梁镇脱贫户进行生计分析，探讨脱贫户可持续生计整体脆弱原因——由于自然资本不足、物质资本匮乏、金融资本配置不够平衡等农户生计资本整体脆弱，并基于此提出要延续持续性帮扶政策、唤醒脱贫户主体意识等对策建议。李可等（2020）通过参与脱贫帮扶工作的亲身经历，从“两不愁三保障”和贫困治理成效入手，按照全面建成小康社会再到实现全面现代化的逻辑，提出了2020年后要加强返贫风险评估和脱贫户动态监测，培育内生动力的贫困治理思路和路径选择。陈思兰等(2020)也对脱贫户生计问题进行了研究。

汪三贵等（2021）认为，脱贫攻坚任务完成后仍然存在返贫、致贫风险，从防范化解经济风险、社会风险、自然风险三个维度出发，提出了建立健全长效动态监测机制、提高人力资本质量、关注潜在风险，提出有效防止返贫、致贫等方面的对策建议来巩固脱贫攻坚成果。蒋和胜等（2020）提出，建立防止返贫的长效机制应注重对绝对贫困与相对贫困的动态识别，并对城乡返贫、多维度的贫困进行动态评价；要建立以市场为导向的就业扶贫机制，提倡以市场为导向的商业保险互助机制，探索以市场为导向的农村社区居住制度。其困难在于，把防止返贫与国家的短期、中期、长期发展战略联系起来，把乡村振兴战略和不同地区发展战略相结合。宋国学（2021）认为，要持续巩固脱贫户的脱贫成果，加强扶志与扶智相结合，鼓励和引导脱贫群众自力更生，强调今后最关键的是提高贫困人口的产业技能和建立稳定脱贫长效机制。谢文涛（2021）通过研究彝族深度贫困村 N 村，发现 N 村后期扶贫户的收入略高于国家扶贫标准线。由于种植业增收有限、村集体经济薄弱、后期脱贫户自我发展能力不足、自然环境破坏等问题，返贫风险高，难以实现可持续生计发展。在此基础上，谢文涛提出了进行合理种植、引进农产品深加工项目、引导和发挥致富带头人的力量、加大生态保护力度等对策。

左停等（2021）研究了巩固和扩大脱贫成果同乡村振兴战略有效衔接，提出需要基于不同的发展定位，实施富有针对性的政策供给，通过贯穿制度、机制、技术三个层面实现有效衔接。顾仲阳等（2022）研究了巩固拓展脱贫攻坚成果一年以来，脱贫群众生活在多方面发生的变化，脱贫群众获得感、幸福感不断提升，乡村振兴工作有序推进。孙久文等（2022）研究了在乡村振兴中，以防止低收入人口返贫为目标，构建相应的战略体系和政策内容，通过运用时空地理加权回归模型，从全局视角分析以低收入人口特征为变量的空间格局，划分防止返贫帮扶空间，最终提出在乡村振兴中防止低收入人口返贫的战略构想。张琦（2022）指出要做好全面推进乡村振兴战略，脱贫地区继续巩固拓展脱贫攻坚成果是首要任务，要坚决守住不发生规模性返贫这一底线，同时聚焦做好乡村发展、乡村建设、乡村治理三项重点工作，是做好乡村振兴工作的政策指引和行动指南。

2.2.3 可持续生计影响因素研究

学术界从生态补偿措施、生计资本与生计策略之间的关系、精准扶贫政策、生计多元化等角度对可持续生计影响因素进行了探析，这些研究成果对本研究分析青海省脱贫户可持续生计的影响因素具有重要的参考价值。

谢旭轩等（2010）通过对宁夏回族自治区固原市和贵州省毕节市退耕还林对农户生计的影响研究，发现退耕还林导致农户农业收入降低，农户通过外出务工、国家补助增加收入，提出要通过加强基础设施建设、农民培训等更完善的措施来代替直接生态补偿的对策建议。王成超等（2013）以福建省长汀县为例，研究 2000 年以来的生态补偿措施，对其进行了分类归纳，阐述了各种生态补偿方式对农民生计资本、生计策略和生计效果的影响。结果表明，现金补偿在一定程度上缓解了封山造林对农民生计的恶劣影响；物质补偿提高了主要参与农民的物质资本；政策补偿使主要参与农民能够获得具有稳定产权的山地资源，并从技术、政策、产业补偿三个方面提出了针对性建议，以提高各类农民的可持续生计。贺爱琳（2015）将秦岭北麓山区为研究对象，对农户进行分类，分析4种不同生计类型农户的家庭具有的行为特点，运用对比分析方法，进行分析旅游开发前后农户生计方式及4类农户生计资本，建立生计资本评价指标体系，对比分析4类农户生计资本现状与生计脆弱性，并基于二元Logistic模型构建，探讨农户生计资本与生计策略之间的关系，辨析农户生计策略选择的主要影响因素。傅雪梅（2017）通过对四川省某藏区农牧户的精准扶贫政策进行分析，计算出农牧户在精准扶贫相关政策实施后的生计资本水平，总结农牧户生计策略选择的依据、方法及特征，明确了5种民生资本之间的内在关联性及其对生计策略的影响，认为提高四川省某藏区农牧户可持续生计能力是影响生计策略选择的重要因素。孟贝（2018）以湖南省长沙市关山村、光明村为研究对象，探讨了农村土地整理和发展乡村旅游对农户生计可持续的内在机制与影响途径，并阐明了农村旅游对农户生计成果的全面影响，指出加强农户技能培训、发挥政府职能、落实各项基础设施、推进多项生计策略组合发展的模式。

张鹏瑶等（2019）认为，在后扶贫时代，脱贫户的生计可持续性是热点问题，运用Probit回归模型，研究了贫困地区精准脱贫户选择何种生计策略对实现可持续生计的影响。结果表明，非农主导的精准扶贫政策对改善贫困家庭的生计稳定性具有重要意义，而贫困户的家庭特征、社会资本、自然资本、人力资本对脱贫户提高民生可持续性均有促进作用。孙晗霖等（2020）运用多元线性逻辑模型，从就业多元化和收入多元化的角度，对精准脱贫户生计多元化的影响因素进行了系统的研究，发现家庭特征、劳动力组合、所处环境、产业发展都会显著影响精准脱贫户生计可持续性。侯军岐等（2021）运用模糊AHP方法，对影响处在脱贫边缘家庭生计资本的因素进行了实证研究。研究发现，脱贫边缘户要想发展重在提高人力资本，同时要加大脱贫边缘户的金融资金投入，提高脱贫边缘户的物质资本储备。据此，侯军岐等提出了优化产业结构、发展特色产业群、发展教育、提高农户素质、建立失业救助和保障体系等对策。罗玉杰等（2022）以湖北省恩施州W村为例，研究了乡村旅游地返贫风险识别和预警机制构建问题，提出对于不同返贫风险类型的脱贫户，要持续动态评估其生计状况，建立完善兜底保障体系，提升脱贫户生计稳定性。

2.2.4 民族地区可持续生计研究

国内学者对民族地区可持续生计的研究形成了大量丰富的研究成果，但没有从根本上对研究对象的身份进行进一步细致的划分。特别是对“一般农牧户”与“脱贫户”的认识不清，导致在研究结论的适用性方面存在一定的困难。

肖琼（2009）研究了四川地震后民族地区旅游村寨农户可持续生计的制约因素。研究认为，人力资本低下和因地震造成的自然资本与物质资本不足是制约农户可持续生计的主要因素，要加强政府主导地位，重视农户的主体地位，加强对农户的激励，建立健全保障机制，尽快恢复和提高民族地区的可持续生计能力。杨培涛（2009）对甘南州农牧民生计资本进行评估，在定性分析基础上，构建5类生计资本评估指标体系，对农牧民资本构成特征进行分析后发现，物质资本、金融资本、社会资本的存量较低，自然资本和人力资本存量较高，提出要因地制宜完善适合藏族地区农牧民的发展模式，加大教育力度，提高农牧民受教育水平。

赵雪雁（2011）从甘南高原的资源禀赋、生态环境、文化习俗、宗教信仰以及农牧民生计特殊性出发，适当调整可持续生计框架下资产指标体系，构建了适用于评估甘南高原农牧民生计资产的指标体系，对不同区域农户面临的生活困难进行分析，为切实解决甘南高原农牧户可持续生计困难提出加大政策扶持力度，保障医疗卫生基础设施建设持续推进，提高农民培育水平、增加就业，鼓励农户就近就业等政策建议。王蒙（2013）依据“生计脆弱—生计可持续”分析框架，在调研甘孜藏族自治州农牧民生计现状的基础上，发现存在的问题：农牧民家庭生计资本存量低、生计资本贫乏、不同生计资本彼此间的转换能力较差；家庭生计易受生计风险的影响，生计风险集中体现为自然风险与市场风险，认为降低农牧民生计风险要联动各方力量，加强保障机制建设。王彦星等（2014）、阿依古丽·艾力（2015）分别对青藏高原地区、喀什地区的少数民族生计做了研究。

金磊（2015）以生计资本分析为切入点，全面分析四川藏区农牧民生计资本，构建四川藏区农户5类生计资本指标体系和量化标准，提出改善自然资本脆弱、人力资本水平低、金融资本匮乏等生计薄弱状况，实现生计可持续。李静等（2016）对湖南省湘西自治州L县24个贫困村的民生状况及脆弱性进行了实证研究，发现民生资金少、地区脆弱性是制约其脱贫的重要因素，建议建立贫困家庭预警机制，增加民生资本存量，提高贫困户发展能力，建立以资产为根本的民生政策和专项救助制度，提高贫困农户应对风险能力。罗秀英（2017）研究分析发现，交通不便、信息闭塞、生产工具落后、生产力低下、劳动力流失等是导致少数民族地区深度贫困的主要原因，提出加大道路、信息化投入力度，加强农民职业技能培训、因地制宜发展产业、鼓励农民就近就业等一系列政策措施，提高贫困户可持续生计能力。

久毛措（2017）从贫困脆弱性理论和可持续生计框架出发，针对涉藏地区贫困问题的原因和面临的困难进行战略思考，提出通过结合贫困家庭可持续生计资本状况及其抵御和应对风险冲击自我防御能力提高农牧民可持续生计能力。张扬金（2020）以江西省赣州市为例，对民族地区可持续脱贫组织力的锻造进行分析，指出打造“民族脱贫共同体”是可持续脱贫的最终方向，要重点关注脱贫目标、脱贫结构、脱贫领导、脱贫成员关联，作为打造和提升可持续脱贫组织力的基础、动力及保障，从而推动民族地区的可持续脱贫。王璐等（2021）以广西壮族自治区龙胜各族自治县为例，研究乡村振兴战略下民族地区农民可持续增收问题，提出要加强保障机制建设、建立动态监测机制、发展特色优势产业、因地制宜培育脱贫户自力更生能力、坚持教育优先发展等政策。张成虎等（2021）以广西防城金花茶国家级自然保护区为例，利用单因素方差分析、多重比较和无序多分类 Logistic 回归模型，通过对比研究不同生计策略类型农户的生计资本与实行结果，探究了不同生计资本对生计策略的影响。结果表明，该地区生计资本总体水平较低，5 种资本分布不均衡，提出要提升劳动力受教育水平，加大培训力度，提高劳动技能，从而提高人力资本。

2.2.5　易地扶贫搬迁可持续生计研究

朱芙蓉（2016）对宁夏回族自治区易地扶贫搬迁后农户可持续生计进行了研究，发现易地扶贫搬迁后农户生计存在产业规划不明确、收入不稳定、生活习惯与新环境不适应、培训供需失衡、新的贫困群体涌现、信息闭塞、市场落后、就业困难等问题，认为整合资源、因地制宜建立保障机制、加强精准培训是解决问题的关键所在。王宏新等（2017）分析了 2001—2015 年以来中国易地扶贫搬迁政策演进及政策实施成效，总结易地扶贫搬迁政策试点阶段、全面推进阶段和脱贫攻坚阶段的不同特点，认为各级应统筹建立管理机制，持续推进易地扶贫搬迁。赵烨誉（2017）以山西省宁武县为研究对象，运用定量分析方法，对比该地区易地扶贫搬迁前后移民生活变化情况，分析存在的问题，并针对移民生活困难等，提出完善保障措施、持续推进安置工作、提高移民可持续生计能力的建议。

徐方方（2018）以敦操乡富民社区为例，针对易地扶贫搬迁安置区的农户进行了可持续生计方面的研究，认为搬迁到新的环境后，农民就业、邻里关系、收入来源等都发生了变化，对其收入和生计策略也产生了深远影响。柏威（2018）、夏艳玲（2019）也对易地搬迁移民的可持续生计进行了研究。

行红芳等（2020）从生计空间及可持续发展的角度对易地搬迁后脱贫户进行了研究，认为应重视土地基础保障功能发挥，降低搬迁福利损失；提高农户组织化程度，破解脱贫内生动力不足问题，夯实农村社会保障体系，解决贫困户可行能力不足的后顾之忧。李晨曦和杨一舟（2021）从“造血扶持实现迁居农民长效减贫增收”的角度，研究了后搬迁时代实现生计可持续需要激发迁居农民的内生动力，转变发展观念，提升自身发展能力，实现减贫增收。王慧芳（2021）对西藏地区易地扶贫搬迁户生计可持续性进行了研究，提出要不断巩固易地扶贫搬迁后的减贫成果，切实保障农牧民生计可持续性和发展稳定性。周传彪（2021）、赵制斌等（2021）以贵州省桐梓县易地扶贫搬迁农户为研究对象，对其生计状况和影响生计的因素进行调查分析。结果表明，搬迁户的文化水平普遍较低，影响人力资本的提升；自然资本变化降低了经济效益；移民搬迁就业政策与乡村振兴机制衔接效果有待提高。针对上述问题，学者提出改善公共服务体系，提升搬迁户人力资本，提供公益性岗位，建立土地流转市场等对策建议。李斌和李辉（2022）整理分析了我国学者对农村易地扶贫搬迁的研究现状、热点，提出未来对于易地扶贫搬迁户研究的方向，如易地扶贫搬迁农户可持续生计研究、社会治理研究等。

2.3 青海省民族地区农牧户可持续生计研究

学者对青海省农牧户的可持续生计研究处于起步阶段，大多数文献是基于青海省农牧民生产生活现状展开的研究，对于“脱贫摘帽”户的研究几乎是空白的。

隋艺等（2012）以青海省海西地区移民村为研究对象，认为在社会变迁背景下，宏观经济背景、村中精英带头作用、不同安置模式以及移民群体价值观等都影响移民对生计策略选择及其可持续发展。马斌毅等（2018）通过分析青海省海北州在精准扶贫过程中存在的基础设施建设滞后、产业扶贫带动能力弱、“造血式”扶贫机制建立难度大、扶贫资金使用机制不完善等问题，提出实施精准项目，定位精准产业，提高思想认识水平，提升农户内生动力，参与主体精准，发挥对口支援作用等建议。辛瑞萍等（2017）以青海省囊谦县为研究对象，指出三江源生态移民工程的开展促进了移民生计的发展，但同时存在诸多问题：移民基本生活困难、就业压力大、增收困难、因病致贫风险大、社会认同感差等，提出了完善对移民的补偿措施、加大人力资本投入和金融服务力度、增加非牧就业机会、健全社会救助制度、重视社区网络建设等具体对策，以促进生态移民的可持续生计发展。

保广舜（2018）以青海省为例，探究退耕还林对农户可持续生计的影响。研究发现，在短期内，退耕还林补偿费取代种植收入成为退耕还林区域农户的主要收入来源，这在一定程度上降低了农户收入。从长期来看，农户通过改变生产方式逐步拓宽了收入渠道，随着资产的不断积累，农户可持续生计目标会逐渐达成。保广舜提出提升组织领导能力、加大生态保护力度、发展地方特色产业、加强农户技能培训和就业指导等措施是促进农户可持续生计能力提升的关键所在。王家斌等（2020）认为，在后扶贫时期，青海涉藏地区要防止返贫、缩小贫困增量、缩小贫富与区域发展差距，深入把握贫困发展的变化趋势、治理相对贫困的现实困境和挑战，探索建立保障机制，实现相对贫困治理常态化、治理机制长效化。李波等（2020）利用青海省尖扎县、泽库县、共和县、兴海县 4 个县的建档立卡贫困人口资料，运用 A-F 法对所选的民族四县多维度贫困指标进行了测量。张继浩等（2020）对青海省果洛州脱贫攻坚进展和可持续脱贫进行分析认为，对口帮扶政策对少数民族地区农牧民可持续生计有积极影响，经过五年来青海省和上海市对口支援帮扶，果洛州脱贫攻坚事业取得实质性进展，涉藏地区贫困农牧民生活水平得到了显著提高。

李燕等（2021）分析了新型城镇化背景下，青海省失地农民最低生活保障、保险保障、教育和援助保障现状，提出完善各项保障体系、推进特色产业发展的对策建议。宁攸凉等（2021）利用熵值法对青海省海北州门源县和祁连县的农户生计资本进行了评估，利用有序 Logistic 回归模型，对牧民生计策略选择的影响因素进行分析，提出了要提高草原补奖标准、注意因地制宜施策、加大政策支持力度等对策建议。

2.4 生计脆弱性的研究

喻鸥（2010）选取位于青藏高原东部的达日县、班玛县和囊谦县 11 个典型乡镇，在实地调查的基础上，从“生计资产—风险—适应—脆弱性”的角度，研究该地区不同区域农户生计资产、风险以及生计策略选择的差异，构建脆弱性评估指标体系。结果表明，该地区海拔高度的差异导致农户生计脆弱性呈现不同的特点，海拔越高，受自然灾害的风险越大；农户对生计策略选择的差异性较大。

赵锋和吕伟伟（2014）选取甘肃省 4 个县作为研究案例地，分析农户生计脆弱性特点。结果表明，生计脆弱性对农户生计策略选择差异比较显著，环境脆弱性和生计脆弱性严重影响农户生计可持续性。柏振忠和李亮（2017）对特困山区的可持续生计问题及其协调发展机制进行了探讨，得出了突发性自然灾害、农作物产量低、牲畜病害等冲击，以及人口变化、资源数量、社会稳定、市场价格波动、生产就业状况是影响农户生计，造成贫困的主要因素。

杨龙和汪三贵（2015）通过对农村贫困农户的脆弱性调查，揭示了弱势农户的家庭特征、社区特征，对汉族和少数民族农户的脆弱性差异进行了分析，并将其与贫困度量相结合，准确定位贫困原因，加大对特殊类型贫困地区农户的关注度，建立健全保障机制，降低冲击性事件对贫困农户生计的影响。韩文文等（2016）、李立娜等（2016）也对脆弱性进行了研究。郑双怡和金亚男（2017）以贵州省黔东南州为个案，通过质性分析，建立了一套对脆弱农户进行准确识别和评价的指标体系。

韦惠兰等（2018）通过对甘肃省河西走廊 6 个县农户脆弱性生计状况的调查，发现在自然灾害和市场因素的冲击下，农户生计表现出很高的脆弱性；生计弱势群体在年龄、受教育程度、收入、生计方式等方面存在明显差距，应采取多种形式的扶持政策，强化农户生计能力提升，有针对性地实施切实可行的扶持项目，提高农户可持续生计能力。李彩瑛等（2018）对青藏高原“一江两河”地区农牧民家庭进行分类，对比分析其生计脆弱性差异。结果表明，农牧民分为高脆弱性家庭和低脆弱性家庭，其中，高脆弱性家庭面临的生计风险更大，主要表现在遭受自然灾害时抵御风险的能力弱、缺乏劳动力、金融资本匮乏等，应提升应对自然灾害的能力、加强灾害监测预警、提高农牧民受教育水平、培育内生动力等。和月月等（2020）以云南省 4 个贫困县为样本，运用综合指标和熵值法对农户生计脆弱性进行了测算。结果显示，农户在自然灾害等方面的风险承受能力较弱，生计脆弱性较高，提出加大对脆弱性农户扶持和保障力度，提升农户自身应对风险能力。何秋洁等（2021）以四川省凉山彝族地区为例，探讨了影响农村劳动力迁移的动力机理及家庭生计脆弱性的因素，提出优化产业结构、开展技能培训、改进公共服务、不断提高应对风险能力的建议。卢名河等（2021）以甘肃省天祝县的农牧民为研究对象，对其民生资本的脆弱性类型、脆弱性程度进行了定量分析。结果表明，农牧民家庭生计资本总体仍比较脆弱。

梁旺兵等（2021）以甘南藏族地区为个案，对社区居民生计脆弱性影响的机理进行了实证分析。结果表明，社区治理主体、政策、社会资本投入、居民参与意愿、邻里关系等多种因素对社区居民民生脆弱性影响较大。潘婷婷等（2021）从 7 个民生资本维度对江苏省高邮市菱塘回族乡展开实证研究。结果表明，集体建设用地的流转会对农户生计脆弱性产生巨大冲击。因此，在流转集体建设用地时，应将降低农户生计脆弱性的重点放在农户的人力资本、心理状况方面。鲁静芳等（2022）整理了对生计脆弱性的评价研究综述，提出生计脆弱性研究主要应用于可持续发展和脱贫问题方面；在乡村振兴大背景下，对生计脆弱性的研究需要拓展更宽的研究领域，要从关注脱贫向关注返贫、关注发展的方向拓展。

2.5 生计资本五个维度对可持续生计影响的研究

2.5.1 人力资本对可持续生计影响的研究

刘楚杰等（2020）从理论上对我国农村人力资本对农民增收的影响机理进行了实证研究，得出结论：农村人力资本对农民的工资增长有促进作用。贺海霞（2020）、王淑贺（2021）运用三期 DEA 方法对中国 31 个省份的农村人力资本投资效率进行了分析，剔除了环境和随机误差对各投入变量的影响，并通过实证研究得出结论，从资源的合理配置等角度提出对策，为进一步提高我国农村人力资本的效率提供参考。胡江霞等（2021）通过对贫困农民可持续生计的研究，探讨了风险管理、环境和制度的作用，提出从政府、政策、农民自身等多个维度出发，保证贫困农民生计可持续发展的建议。王奕淇等

（2022）认为，我国重点生态功能区的人力资本对该区域居民的可持续生计有很大影响，提出要因地制宜从智力、健康、技能三个维度培育和增值人力资本的建议。

2.5.2 自然资本对可持续生计影响的研究

学者关于自然资本对可持续生计的影响研究更多是从生态脆弱性评价出发。魏琦（2010）以内蒙古自治区林西县为研究案例地，探讨了由于长期的过度放牧、乱砍滥伐，该地区成为生态脆弱区，对农牧民的生计可持续造成了巨大的负面影响。通过建立生态脆弱性评价指标，分析退耕还林还草的成效，利用遥感技术，从植被覆盖率等方面验证脆弱性评价指标体系，为解决该地区草畜矛盾、提高自然资本存量、改善农牧民生计提供指导。吴春宝等（2018）分析了西藏自治区农牧区 65 个建制村农牧民生计策略和路径选择问题，发现生态脆弱是导致该地区农牧民贫困的主要因素，由于自然资本匮乏（主要体现在地质环境脆弱、受自然灾害风险大、草场承载力低等方面），扶贫资源不能及时高效地进行配置。基于此，吴春宝等提出加大易地搬迁力度、持续完善基础设施、优化特色产业结构等对策建议。程钰等（2019）、杨丹等（2021）将拉萨市作为案例地，评估分析高寒生态脆弱区自然资本的变化，针对拉萨市自然资本的供需矛盾持续增加、环境承载力呈现下降趋势、资源开采方式粗放、资源消耗较大等情况，提出要落实农田保护政策，提高资源利用率，强化生态保护，培育农牧民可持续生计能力的措施。

2.5.3 社会资本对可持续生计影响的研究

马红梅等（2009）构建了农村社会资本分析的理论框架，对贵州省贫困地区农村劳动力的流动进行了深入研究，得出了各层次的社会资本特征对其产生的影响，并提出了农村劳动力个体要发挥自身能动性，转变思想观念，提升自身的社会资本等对策建议。李兆捷（2011）研究归纳社会资本对农村劳动力流转、农村公共物品供给和管理、农村合作组织运行、农村金融发展和乡村治理的作用机制，阐述了社会资本相关研究中存在的问题：整体研究起步较晚、研究方法有待改进、研究内容涉及范围有限等。吴筱灵（2011）指出从微观个人、中观社区组织、宏观国家三个层面构建贫困者社会支持网，增加贫困群体社会资本存量。陆迁等（2012）、罗连发（2012）、张静（2012）等都对增加贫困群体社会资本存量做了类似的研究。

胡日东（2013）以可持续发展理论、乡村建设理论、低碳社会理论和社会资本理论为指导，通过对甘肃省李子坝村低碳乡村建设的实证研究，发现社会资本会在低碳乡村建设中发挥重要作用，且仅次于经济资本。路慧琳等（2014）、冯俊超（2014）也对社会资本进行了研究分析。

张华山等（2015）以四川省甘孜州典型水电工程为例，通过实证分析，发现在民生资金中，水库移民的传统社会资本仍然占据着主导地位，但其存量不断减少，支持功能减弱；现代社会资本的作用有更大的发挥空间，提出通过强化基层政府组织职能、稳固同质性社会资源、引导宗教寺庙的责任等方式，发挥社会资本的结构性功能。

2.5.4　物质资本对可持续生计影响的研究

国内对物质资本的研究大多以影响农牧民收入和对经济增长的内容为主，较为缺乏物质资本对其生计策略影响的研究。

汪柱旺等（2012）研究了我国 28 个省份的宏观经济数据样本，通过研究我国财政支出、社会物质资本形成与经济增长三者间的关系，指出了总体上财政物质资本性支出的提高不利于我国的经济增长，而财政非物质资本性支出对于我国的经济增长影响则为正。靖学青（2014）运用永续盘存法对 1952—2010 年我国 31 个省份的物质资本存量进行了估算和比较分析，得出省际物质资本存量悬殊，资本存量空间分布极不平衡，并提出中、西部地区在重视物质资本存量增长的同时也要重视人力资本、制度建设、软件环境等非物质资本方面的建设与发展。

2.5.5　金融资本对可持续生计影响的研究

国内学者对金融资本的研究主要是通过对某一特定区域的调查，获取相关数据进行分析并得出结论。其中有代表性的包括：赵雪雁（2011）运用参与性农村评估方法（PRA）对甘肃省甘南地区的农牧民进行了调查，数据表明，甘南地区农区农户的金融资本最高，半农半牧区次之，纯牧区最低，而甘南地区的农牧民资金流动性较差，融资渠道相对狭窄，对非正规金融机制的依赖度较大；郝文渊等（2014）利用西藏自治区林芝地区金融资本的相关资料，用 Logistic 回归方法，得出金融资本在增加农牧民非农就业方面的巨大作用，在农牧民得到了资金或信用资本后，其非农就业的可能性增大；伍艳（2016）运用二元逻辑回归模型，对四川省平武县 3 个少数民族乡镇进行了研究，发现农户对金融资本的依赖性较强。此外，袁明达等（2019）、施智贤等（2020）、胡江霞等（2021）、闫可情等（2021）、罗玉杰等（2022）分别对湖南益阳、云南昭通、湖北三峡、新疆伊犁、湖北恩施等地做了类似的研究，得出的结论也大致相同，他们均认为欠发达地区农牧民金融资本都处于劣势，但金融资本又是可以在很大程度上左右农牧民生计策略的重要因素。

2.6 研究述评

“可持续生计”概念的提出至今已有20多年。其间，各国学者对如何解决贫困群体可持续生计问题做了深入研究，取得了丰硕成果。国外学者研究主要从可持续生计框架、生计资本、生计脆弱性以及生计策略几个方面展开。

在可持续生计框架方面，国外研究开始较早，目前，国际上很多成熟并广为应用的可持续框架都出自国外。国外的可持续生计框架多与社区治理、能源气候、宗教信仰相结合，对生计资本的研究集中在自然、物质、人力、社会、财政五个方面，或针对某一方面，或进行整个生计资本的研究。国外对生计脆弱性的研究旨在探析自然灾害、突发事件、财政危机等发生时对居民生计脆弱性产生的影响。在生计策略方面，国外的研究对象包括妇女、农牧民、渔民等，研究思路多是研究对象在环境变化下的生计策略。

国内学者主要围绕可持续生计的影响因素、生计资本五个维度对可持续生计的影响研究和生计脆弱性展开研究。从可持续生计应用对象来说，国内研究涉及脱贫户、失地农民、易地扶贫搬迁和民族地区农牧民等。国内学者对可持续生计影响因素的研究主要是分析环境以及生计资本五个维度对可持续生计的影响。国内外学者对生计资本五个维度的研究内容基本达成一致：人力、社会、自然、物质和金融。学者的研究多为结合地区实际分析五个维度的优劣、构建可持续生计评价体系并提出改进措施。同时，学术界也在不断丰富生计资本的内涵。国内研究生计脆弱性的对象集中在贫困区的农牧民，旨在衡量偏远地区、民族地区等农牧民生计脆弱性影响因素并提出相应对策，相关论述对本书具有借鉴意义。

国内针对脱贫户可持续生计研究多按照“分析现状—发现问题—分析原因—提出对策”的逻辑进行，即首先探讨脱贫背景，其次分析脱贫户的生计现状，进而将“可持续生计”作为分析框架，提出测度方法和模型，在一定程度上丰富了既有研究。在研究思路上，国内对失地农民和易地扶贫搬迁农牧民的研究与对脱贫户的研究类似，只是研究对象有所不同。

国内对民族地区农牧民生计资本的研究是多层面、多角度的，或研究构建生计资本的评估指标体系，或研究政策等对生计产生的影响，或从生计资本整体展开探究，但缺少对生计资本各要素相互关联关系和生计策略方面的研究。在我国脱贫攻坚取得胜利后，如何巩固脱贫成果，坚决防止规模性返贫，建立防返贫机制是目前国内学术界研究的热点问题。众多学者从分析脱贫户返贫、致贫的风险出发，因地制宜，探析导致生计脆弱性和易返贫、致贫的因素，尝试探讨脱贫户的可持续生计策略。学者对生计策略的探讨主要集中在人力、社会和金融三个方面，但对自然和物质资本及对生计策略影响的研究较少，对民族地区贫困户“脱贫摘帽”后可持续生计的研究也较少。

学术界开始关注青海省民族地区生计资本是在 2009 年以后，这与国家为推进西部民族地区精准扶贫、取得脱贫攻坚成效、乡村振兴战略实施出台的一系列政策相关。而进行青海省民族地区可持续生计研究的多为青海省当地学者。虽然目前学者的研究取得了一定成效，但总体来看对青海省民族地区农牧民可持续生计的研究尚处于探索阶段，对脱贫户可持续生计的研究更是欠缺。本研究基于青海省民族地区，深入研究贫困户“脱贫摘帽”后的可持续生计问题，相信今后会涌现出更多研究成果，真正带动青海省民族地区脱贫户走上共同脱贫致富之路。

综上所述，国内外对可持续生计研究的时间线大致相同。在研究内容方面，国内外学者都比较关注生计脆弱性、可持续生计影响因素、生计资本等问题；国外较早形成了成熟的可持续生计框架，并为后续研究奠定了基础。“脱贫攻坚”是中国的一项伟大成就，所以国内研究对象多集中在脱贫户、民族地区贫困户生计研究方面，而国外在此方面的研究对象覆盖面较广。国内外围绕“可持续生计”的研究都经历了 4 个阶段：对可持续牛计内涵的探索、对可持续生计影响因素的探究、引入“可持续生计”进行实践分析、构建可持续生计框架。目前，1、2 阶段的研究基本成熟，3、4 阶段的研究正在持续。相较于国外，国内研究成果对进行“脱贫户可持续生计”相关研究具有更大的参考价值。未来一段时间内，国内关于巩固我国脱贫成果、构建脱贫户可持续生计框架的研究将会达到高潮。

第3章
chapter 3

理论基础

3.1 相关概念界定

3.1.1 民族地区

我国宪法规定，除主体民族——汉族以外的其余55个法定民族均是少数民族。1949年，《中国人民政治协商会议共同纲领》明确规定：“各少数民族聚居的地区，实行民族区域自治，按照民族聚居的人口多少和区域大小，分别建立各种民族自治机关。”此后，民族区域自治被明确载入宪法，成为我国一项重要的政治制度。党的十八大以来，习近平总书记强调，56个民族是中华民族共同体，各民族同胞要像石榴籽一样紧紧抱在一起，同舟共济、共同迈向第二个百年奋斗目标。

截至2003年底，中国共建立了155个民族自治地区，其中，包括5个自治区、30个自治州、120个自治县（旗）。根据2020年第七次全国人口普查，在我国55个少数民族中，有44个民族实行了民族区域自治，民族自治地区的面积占国土总面积的64%左右。少数民族人口约占全国总人口的8.89%。民族区域自治制度使各民族同胞自主管理本民族各项事务，但由于历史原因，民族地区在经济、政治和文化方面与汉族存在不同程度的差异，贫穷是民族地区的社会属性，因为生活环境的恶劣和地理位置的偏远，加之少数民族居民满足于现状的态势，所以往往被认为是我国的深度贫困地区。青海省是我国重要的民族地区，共有54个民族成分。2019年，青海省少数民族人口为289.99万，占青海省总人口的47.71%，其中，藏族、回族、土族、撒拉族、蒙古族人口占比最大，分别为25.23%、14.78%、3.55%、1.93%、1.80%，其他少数民族人口占比为0.42%。

3.1.2 “脱贫摘帽”户

“脱贫摘帽”户是指家庭成员收入低于国家规定贫困线，经过扶贫帮助能够实现脱贫的家庭，主要包括绝对脱贫户和相对脱贫户。2020 年，绝对贫困的衡量标准为人均纯收入 4000 元，换算为人均可支配收入为 1000 元。对于相对贫困的主要衡量指标可以概括为“一超过、两不愁、三保障”，具体衡量标准是：该户人均年纯收入稳定超过国家扶贫标准且吃穿不愁、有安全饮用水，义务教育、基本医疗、住房安全有保障，共 6 项指标，全部达标后方可脱贫。本研究把“脱贫摘帽”户也称作“脱贫户”或“脱贫农牧民”。

3.1.3 贫困

贫困伴随着人类寻求发展的过程，人类发展史可以算作一部反贫困史。《英国大百科全书》将“贫困”定义为一个人在现实社会中缺少普遍接受的实物货币或物质财富的状态。国内外较为典型的有关贫困的定义见表 3-1。

表 3-1　国内外不同学者对贫困的定义

学者	贫困定义
亚当·斯密［英］	贫困是生活的一种条件，在这种条件下，一方的必需品、便利和娱乐很少而且质量低
朗特里［英］	家庭陷入贫困的标准为，当一个人和一个家庭获得一定的生存和福利需求时，他们的经济资源或能力无法保证他们的生活条件
西奥多·W. 舒尔茨［美］	某一社会的贫困不仅是一个经济问题，而且是一个复杂的社会经济状况
汪三贵	贫困问题不仅是经济问题，还涉及制度管理、文化建设、政治参与、医疗保障等
周岳	贫困是经济、社会、文化落后的总称
杨进	贫困是一种动态的、历史的和地域的概念集合体，会随着时空变化以及人们思想观念的变化不断更新

一些国际机构对贫困给出过定义标准。引用较广泛的来自两个机构：一是由欧洲共同体提出的，所谓贫困，就是个人或家庭、群体因为物质、文化及社会资源的匮乏，而被排除在最低限度的可接受生活方式的情况；二是由世界银行提出的，贫穷是指由于物质、文化、社会和其他资源有限，个人和

家庭被排除在其会员国可接受的最低生活方式之外。1990 年，世界银行从行为角度定义贫困“是一种能力，该能力不能维持家庭的最低生活水准”。

综合得出，贫困的内涵主要分为三个方面：一是物质条件贫困，购买力满足不了生活的必需品；二是自身能力贫困，缺乏自身能力提高的机会，发展受到限制；三是社会地位贫困，因权利得不到保障引起的社会排斥，依据马太效应还会影响下一代的发展。

3. 2　不同视角下的贫困理论

3. 2. 1　福利经济学视角下的贫困理论

福利经济学主要研究的问题是如何使人们在参与社会活动中获得的福利最大，福利经济学与贫困相关的研究主要包括三个方面：一是收入均等化理论，二是福利补偿理论，三是能力和权利理论。相较于非贫困户来说，贫困户每增加一单位收入的效果更大。整个社会中收入差距越小，社会的整体福利水平就越高。

3. 2. 2　收入分配视角下的贫困理论

收入不平等在很大程度上导致了社会总需求不足。收入分配的不平等也是社会不平等的直接表现。安格斯·麦迪森（Angus Maddison）结合现实数据论证了“国穷民必穷”这一命题，揭示了国家发展滞缓、资源短缺与普遍性贫困之间的逻辑关系。冈纳·缪尔达尔（Karl Gunnar Myrdal）曾表明，贫困与缺失平等之间存在多维负面的关联，社会失公与经济不平等是国家陷入贫困的主要因素之一。缪尔达尔还运用循环积累理论进行分析，他认为发展中国家收入水平低造成了日趋加剧的贫穷问题。

3. 2. 3　发展经济学视角下的贫困理论

罗格纳·纳克斯（Ragnar Nurkse）指出，国家在经济发展过程中产生的一系列互相影响与作用的恶性循环因素，是导致发展中国家陷入长期贫困的主要因素，而不是因为资源匮缺。继纳克斯之后，理查德·R. 纳尔逊（Richard R. Nelson）引入了数学模型，运用此模型提出了导致贫困处于持续状态的另一种循环过程与机制，即“低水平均衡陷阱”理论。现代发展经济学已将贫困问题分解为更细微的问题处理，通过探究贫困者的行为特征、社会机制等，可以帮助贫困人口寻找有效干预措施，改善生活状况，实现持续发展。

3.3 可持续发展理论

20世纪80年代，挪威首相布伦特兰通过世界环境与发展委员会向联合国递交了一份名为《我们共同的未来》的报告。这份报告直接推动了可持续发展概念的形成，成为21世纪人类发展的核心。

3.3.1 可持续发展内涵

可持续发展内涵可以划分为四个方面。一是可持续发展的生态观。生态环境系统的保护、促进生产的能力、生存环境得以更新持续，是可持续发展的基础。二是可持续发展的经济观。以保持自然环境的良好态势为基础，使经济效益达到最大限度，是可持续发展的条件。三是可持续发展的技术观。尽可能减少化石能源消耗，使用新能源、新技术、新方法将有害气体排放量降为零，是可持续发展的关键。四是可持续发展的社会观。人类追求的目标是美好的生活环境，强调人的发展，要改善人类生活质量，实现社会效益协调发展。可持续发展应始终围绕两条主线：一是把握人类发展与自然环境间的平衡，协调关系的合理性；二是实现人与人交往过程中的和谐，促进社会地位趋于平等，深刻揭示“自然—经济—社会”复杂系统的运行机制。

3.3.2 可持续生计方法

相较于传统生计方法，可持续生计方法是通过以人为中心的核心思想，建立集成分析框架和建设性工具，得出综合性解决方法，可以理解各种层次的致贫原因，以此来减少贫困发生、规避风险冲击、降低贫困深度，并能进行多方面评价的方法。

3.3.3 可持续生计理论

生计的定义主要由R. Chambers和Conway于1992年提出，是指人群在自身能力、资产拥有、生活活动的基础上用来谋生的方式。20世纪90年代末，可持续生计的概念在世界环境与发展委员会的报告中正式有了清晰界定，强调提高资源利用率，让人类的基本需求得到满足，并保障资源、财富的分配。20世纪末，R. Chambers 和 Conway 在其著作《可持续性农村生计发展：二十一世纪的实践概念》中提到农村人群在未来摆脱贫困时要建立可持续生计的理念。同时期，卡尼又丰富了可持续生计的内涵，将能力、资产以及活动作为基本要素。Scoones 完整地表述了可持续生计概念，生计系统包括资产、能力、必要的生计活动，即便遭受冲击、压力，也可以恢复过来，只有在保证资产稳定且不损害自然资源的基础上或者提高自身能力时，它才具有可持续性。后经过中外学者的不断演化，现在较为流行的可持续生计观念是，人群获得可持续生计，不应该局限于一种维持生计的资源形式，特别是不能一味地追求物质财富。可持续生计确立了发展过程中干预的目标，尤其是对于低收入者来说，可持续生计既是发展目标，又是发展结果。

3.3.4 可持续生计分析框架

按照阿玛蒂亚·森（Amartya Sen）的可行能力理论，国外组织和学者研究发展了多种生计分析框架。譬如，1988 年 Scoones 设计了可持续生计分析框架，2000 年 Ellis 设计出生计多样性分析框架等，在这众多生计分析框架中，又以 DFID 提出的可持续生计分析框架影响最为广泛（见图 3-1）。

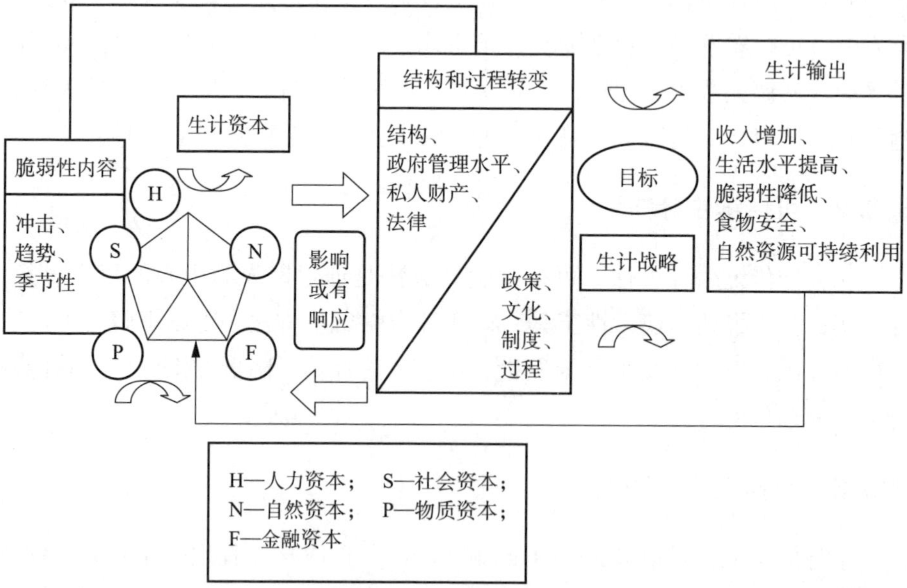

图 3-1 可持续生计框架示意图

SLA是一种较为封闭的分析方法，但具有循环性和动态性，能全面地分析贫困问题，同时能解决贫困户在不同时期、不同冲击下的生计问题。英国SLA包括五部分内容：脆弱性背景、生计资产、结构和过程转变、生计策略和生计输出。这五部分内容相互影响、互相作用，其中，脆弱性背景是SLA中生计的外部环境，研究者通常难以把控，在具体分析时要注意周期性因素和外部冲击。人是SLA的中心，在脆弱的环境下，人群拥有的生计资产主要由人力、社会、自然、物质、金融五项资本构成。具体描述为，农户受到外部或者内部风险冲击陷入脆弱性背景的环境中，为脱离这种环境，农户会根据自身拥有的资产进行风险应对，如出售牲畜、变卖房屋、提取储蓄等，这会使农户生计资本受到威胁，政府为实现农户资本的“调节”，在组织、结构转变时，将管理水平和私人财产与法律、政策、文化、制度在一定程度上进行调整。这时，农户响应结构和过程，从而决定策略选择，旨在提高农户自身适应能力的生计输出并为后续活动提供便利。生计输出的结果又反作用于农户的生计资本。因此，理想的生计输出是农户通过在脆弱性环境中明确资产，凭借组织和结构调节后优化组合，采取积极生计策略，实现持续增收、资源利用、就业稳定等生计目标。当农户拥有足够丰富的生计资产时，就可以建立持续、多样化的生计策略，将生计活动和社会支持能力进行组合，分散风险，最终实现规避风险。

3.3.5 人力资本理论

西奥多·W. 舒尔茨认为，经济滞后的根本原因在于人力资本的匮乏。人力资本的主要内容为正规的教育支出、企业用于提高自身能力的投资、在职训练、国内劳动力流动的支出、保健服务的支出、移民入境支出、社会公益性成人教育训练、农村教育的推广等。其中，特别强调正规的教育支出对人力资本形成的作用。教育投资不是一种消费活动，而是一种生产性投资。正规的教育支出在发展中国家及落后国家经济发展和经济结构的转型升级中发挥着重要作用，同时在影响个人收入社会分配趋于平等的众多因素中占据主导地位。

3.3.6 阿马蒂亚·森贫困理论

阿马蒂亚·森构建了影响深远的可行能力理论，是贫困理论发展的里程碑，强调从生活角度出发度量或透视贫困问题。可行能力视角下的贫困观，不仅是收入和消费支出的匮乏，更是自由选择能力缺失或权利遭受剥夺。他把贫困现象的解释由简单的经济维度扩展到政治、社会、文化、制度等一系列相互交叉、重复的多重维度，彻底改变了过去以收入和消费支出单一维度度量贫困的方法，人们开始采用反映人类发展需要的实质性自由或可行选择的多样性综合指标度量贫困，并设计整合性的反贫困政策。

3.4 贫困脆弱性理论

“脆弱”是一个广泛使用的概念，属于生态学、地理学、经济学、社会学等学科的交叉领域，在不同的学科中有不同的解释。在社会学中，脆弱性实际上是人与各类冲击的博弈，脆弱性越高，博弈失败的可能性就越大。20 世纪末，世界银行提出“贫困脆弱性”，旨在衡量家庭或者个人受到环境风险冲击后，未来的福利水平降到社会公认水平之下可能性的大小。在我国，学者将脆弱性定义为一种承受灾害和损失的能力，以及灾难之后的自救恢复能力。总体而言，贫困脆弱性作为一个自然、经济、社会高度耦合的问题，其内涵具有统一性。

由于脆弱性具有广泛的分析基础，它并没有制度化、正规化，但是有基本的分析结构。斯德哥尔摩环境研究所（Stockholm Environment Institute）和克拉克大学曾联合构建了一个综合性的脆弱性分析框架。该框架指出脆弱性的规模及形成原因，强调冲击和压力造成的综合影响。社会科学领域将脆弱性的风险冲击划分为健康风险冲击、经济风险冲击、自然风险冲击和环境风险冲击 4 种类型。

贫困脆弱性既与贫困高度相关，又存在差异。一些机构和学者将贫困看作脆弱性的特殊性。Chambers 区别了贫困和脆弱性的不同，他指出，“脆弱性不是资源的缺乏，而是受到冲击和压力的抵御程度”。贫困脆弱性可以从一个风险链上的三个环节理解脆弱性，即风险、风险响应和结果。具体来说，贫困与脆弱性正向关联，在贫困人群受到外部冲击时，高度的脆弱性会表现出来。但前者是可以直接观察到的，是风险冲击过后的测度，而后者却是不断变化的，具有风险冲击的前瞻性，这种前瞻性没有办法直接观察，只能进行评估预测。对贫困脆弱性的评估主要包括风险冲击影响与恢复以及风险冲击的类型、可能性、时间和程度。胡洁怡等（2016）认为，各种风险交织影响是造成家庭贫困脆弱性高的根本原因。

脆弱性和贫困的关系主要是由家庭体现出来，而家庭在社会大环境下又受到各类风险的冲击。风险冲击与应对资产之间的博弈直接导致贫困脆弱性的高低。欠发达地区家庭风险抵御能力较弱，家庭生计更脆弱，风险打击导致家庭福利降低，也是导致持续贫困的原因之一。

第4章

chapter 4

青海省民族地区“脱贫摘帽”户可持续生计基础现状分析

本研究针对青海省民族地区“脱贫摘帽”户可持续生计进行调查与研究，所涉及的内容首先是立足于可持续生计理论以人为本的核心思想，脱贫是围绕生计来进行的，那么脱贫户在脱贫攻坚任务完成后生计资本改善的现状如何？研究区域的状况是如何影响脱贫户可持续生计基础现状的？国家超常规扶持政策的实施对脱贫户生计的影响程度如何？本章基于这些问题对脱贫户可持续生计现状基础进行分析。

脱贫攻坚期间，青海省按照“四年集中攻坚，一年巩固提升”的总体部署，紧紧围绕“两不愁三保障”目标标准，以“1+8+10”政策体系为牵引①，坚决有力地推进精准扶贫、精准脱贫。自2016—2019年贫困县、贫困村、贫困户陆续“脱贫摘帽”，青海省实现了42个贫困县（市、区、行委）（其中，国家扶贫开发重点县15个）1625个贫困村（行委）53.07万贫困人口全部“脱贫摘帽”，退出贫困序列。尤其是涉藏州各县经济社会发展和脱贫户生计水平发生了显著变化。2016—2019年青海省县级/村级减贫成效、脱贫人口与贫困发生率情况如表4-1、表4-2所示。

表4-1　2016—2019年青海省县级/村级减贫成效

年份	县级（具体贫困县）	村级/个
2016	同德县、河南县、都兰县、冷湖行委、茫崖行委、大柴旦行委	404
2017	平安区、循化县、刚察县、德令哈市、格尔木市、乌兰县、天峻县	525

① “1”是指中共青海省委、青海省人民政府《关于打赢脱贫攻坚战提前实现整体脱贫的实施意见》、“8”是指八个一批脱贫攻坚计划、“10”是指十个行业扶贫专项方案。

续表

年份	县级（具体贫困县）	村级/个
2018	湟中区、大通县、湟源县、互助县、海晏县、祁连县、门源县、贵南县、兴海县、玉树市、称多县、玛多县	526
2019	乐都区、民和县、化隆县、尖扎县、同仁县、泽库县、共和县、贵德县、久治县、玛沁县、班玛县、治多县、杂多县、曲麻莱县、囊谦县、甘德县、达日县	170

资料来源：根据青海省乡村振兴局调研资料整理所得。

表 4-2　2016—2019 年青海省脱贫人口与贫困发生率情况

年份	脱贫人口/万人	全国贫困发生率/%	青海省贫困发生率/%
2016	11.97	4.5	10.3
2017	15.80	3.1	8.1
2018	17.60	1.7	2.5
2019	7.70	0.6	—

注：截至 2019 年底，青海省全面实现了 52 万建档立卡贫困人口的脱贫“清零”目标。

资料来源：根据青海省乡村振兴局调研资料整理所得。

4.1　青海省基本情况

青海省位于中国内陆西部，青藏高原的东北部，占地面积为 72.23 万平方千米，中国省级行政区地域面积排名第四。甘肃省、四川省、新疆维吾尔自治区、西藏自治区环绕青海省四周，境内多山脉，其中，阿尔金山、祁连山、唐古拉山、昆仑山等山脉绵延境内。其中，布喀达坂峰是昆仑山脉中段的最高峰，也是青海省的最高峰，海拔 6860 米。柴达木盆地位于青海省西北部，是中国四大盆地之一，矿产资源丰富，因此有着“聚宝盆”的美誉。青海湖是中国最大的内陆湖泊与咸水湖，也是青海省名称的由来。青海湖生物资源与地理资源丰富且独具特色，也是响彻国内外的风景胜地。青海省境内平均海拔 3000 米，高峰林立、河谷盆地相间分布，因此素有“世界屋脊”“世界第三极”的美誉。三江源地区被誉为“中华水塔”“亚洲水塔”，是长江、黄河、澜沧江的发源地，也是我国重要的生态安全屏障和高原生物种质资源库，三江源国家级自然保护区区域涉及 16 个县和格尔木市的唐古拉乡，保护区总面积为 15.23 万平方千米，占三江源地区总面积的 42%，占青海省总面积的 21%。

4.1.1 多民族聚居，多宗教并存

青海作为全国少数民族占比最高和民族区域自治面积占比最大的省份，是国家固疆稳藏的战略要地，也是全国民族工作大省，但由于生存环境恶劣，人口基数较小，根据第七次全国人口普查的结果，在31个行政区中，2020年常住人口为592.39万，人口总量仅高于西藏，相当于一个较发达省会的总人口，平均人口密度为8人/平方千米，涉藏地区人口密度仅有3人/平方千米。世居少数民族主要有藏族、回族、土族、撒拉族和蒙古族，其中，撒拉族为青海独有。青海是多宗教省份，佛教、伊斯兰教、道教、基督教和天主教都存在，其中，藏传佛教和伊斯兰教信教群众居多。截至2019年，藏族、回族、土族、撒拉族、蒙古族分别占青海省总人口的25.23%、14.78%、3.55%、1.93%、1.80%（见表4-3）。全国10个藏族自治州青海省占了6个，是除西藏以外全国最大的藏族聚居区，众多民族种类以及人口广泛分布决定了青海复杂多样的贫困面貌，“脱贫摘帽”户致贫、返贫风险极高。

表4-3 2010—2019年青海省少数民族人口情况　　单位：万人

年份	总人口	藏族	回族	土族	撒拉族	蒙古族
2010	563.47	137.70	83.55	20.47	10.72	10.00
2011	568.17	139.85	84.23	20.55	10.85	10.12
2012	573.17	142.00	84.92	20.63	10.98	10.24
2013	577.79	144.16	85.60	20.71	11.11	10.36
2014	583.42	146.31	86.29	20.79	11.23	10.49
2015	588.43	148.46	86.97	20.89	11.36	10.59
2016	593.46	149.73	87.71	21.05	11.46	10.70
2017	598.38	150.97	88.44	21.24	11.55	10.77
2018	603.23	152.19	89.16	21.41	11.64	10.86
2019	607.82	153.35	89.84	21.58	11.73	10.94

资料来源：《青海统计年鉴（2010—2019）》。

4.1.2 资源种类多，区位优势明显

青海省内原煤、原油、贵金属、有色金属、天然气、太阳能、风能、光能等矿产资源和能源十分丰富，2020年能源生产总量达到4606.49万吨标准煤，其中，一次电力、原煤、天然气、原油分别占能源生产总量的54.29%、

17.14%、18.48%、7.09%；已发现矿产种类 134 种，其中，锂、钾、镁等 9 种矿产资源储量居全国首位，列第二位的有 9 种，列第三位的有 9 种，工业生产总值达到 1143.55 亿元；被誉为“阳光地带”，全省日光辐射在 160~175 大卡/平方厘米，柴达木地区年日照时数为 3533.9 小时，光能资源仅次于新疆。测算显示，青海省光伏产业发展优势明显，可用于光伏建设规模在 10 万平方千米以上，理论开发量达 35 亿千瓦，风电可开发量约 7555 万千瓦。2021 年 7 月，青海省开始实施《打造国家清洁能源产业高地行动方案（2021—2030 年）》的编制，为实现节能与扶贫的双效应，建立了 73.36 万千瓦光伏帮扶电站，年发电 10.78 亿千瓦·时，11 月光伏帮扶项目收益资金 2.1 亿元，涉藏地区脱贫农牧民的“阳光存折”效益显著。

青海省草地资源丰富，作为中国五大牧区之一，青海省天然草场面积 4193.33 万公顷，占青海省总面积的 58.90%。青海省草地分为 9 个草地类，7 个草地亚类，28 个草地组，173 个草地型，草地资源以天然草地为主，天然草场面积居全国第四位。全省草场每公顷均产鲜草 2533.2 公顷，鲜草总产量 796 亿公顷，有饲用价值的植物达 1184 种，草场类型丰富多样，这也决定了青海省生态立省的发展战略。草地畜牧业是青海省农牧民的重要生计策略，藏牦牛、藏绵羊是牧区主要生物资源，农牧民 90%以上的生活来源产生于此，是其重要的生计资本。2020 年，青海省农牧业总产值 507.1 亿元，其中，畜牧业产值 295.1 亿元，畜牧产业分布在青海省全境。

青海省林业资源主要分布在长江、黄河、澜沧江、黑河流域高山峡谷地带，海拔 3200~4000 米，是青藏高原高寒森林生态系统中的重要组成部分，也是“中华水塔”重要的生态安全屏障，有着水源涵养、水土保持、防风固沙、调节气候、防灾减灾、保护野生动物以及维持生物多样性等多种生态功能。截至 2020 年，青海省森林面积 538.1 万公顷，森林覆盖率为 7.5%，国家重点公益林管护面积 397.71 万公顷，天然林保护面积 367.82 万公顷。坎布拉森林公园、孟达林区、互助北山林场、麦秀林场、祁连山森林、马可河林区为青海省的主要林区。自 2016 年以来，青南“三州三区”和东部六盘山集中连片贫困地区的 28 个县（市、区），先后共选聘生态护林员 1.69 万人，累计到位资金 3 亿元，约 1.69 万贫困户中 5.8 万人脱贫，实现了“一人护林，全家脱贫”的生计策略。

青海省湿地面积 814.36 万公顷，国家重点公益林管护面积 496.1 万公顷，分布有四大类 17 种湿地类型，占青海省总面积的 11.30%，占全国湿地总面积的 15.19%，位居全国第一。其中，三江源地区湿地面积最大，为 416.52 万公顷。三江源地区是农耕文明与游牧文明的汇合地，以生态保护为典范，2016 年作为全国第一个国家公园体制试点；2021 年成为第一批设立的国家公园，包括澜沧江园区、黄河源园区、长江源园区。当前，青海省共建有国际重要湿地 3 处，湿地型自然保护区 8 处、国家湿地公园 19 处、省级重要湿地 32 处，初步形成以国家公园为主体、湿地型自然保护区为基础、国家湿地公园为补充的湿地保护地体系。

4.1.3 农牧业产业发展平稳，区域性明显

青海省第一产业以农牧业为主，按照生态保护优先的发展理念，优先发展绿色有机农畜产品、绿色种植业与休闲农业，以生态畜牧业为农业之本，协调推进农牧结合、农旅结合，如图 4-1 所示。

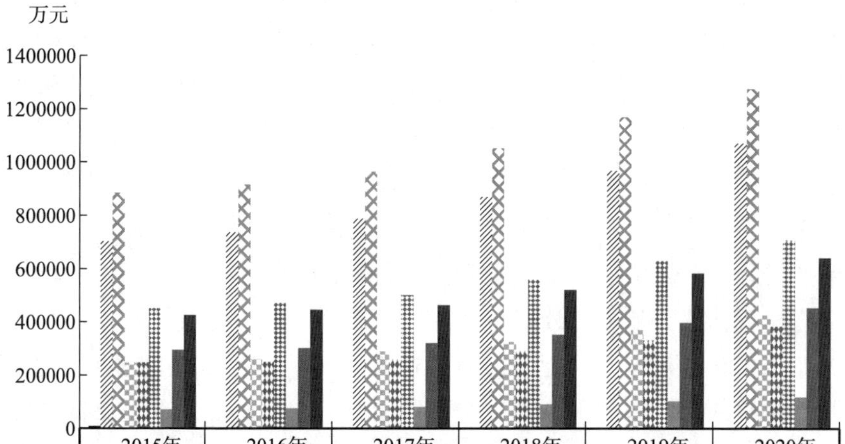

	2015年	2016年	2017年	2018年	2019年	2020年
西宁市	702654	735823	787284	868382	966559	1070714
海东市	884644	914517	962939	1052326	1168682	1275212
海北州	246162	259281	288010	324917	368523	424850
黄南州	247328	249115	258547	291449	330280	382511
海南州	450423	470095	501380	560214	628983	706901
果洛州	71299	75825	80589	89984	101874	118171
玉树州	294710	300973	319761	351674	395884	451955
海西州	424733	444699	461964	520393	582720	640705

图 4-1　2015—2020 年青海省 2 市 6 州农林牧渔总产值

资料来源：根据《青海统计年鉴（2015—2020）》整理所得。

2015—2020 年，青海省各地区农林牧渔总产值呈平稳增长趋势，其中，西宁市、海东市、海南州、海西州农林牧渔总产值平稳增长，且自 2015 年四个地区的农林牧渔总产值均大于 400000 万元。该地区处于青海省东部农业区与农业接合带，相比于牧区气候条件，土壤墒情好、自然灾害轻，加上现代农业科学技术与现代农业装备技术的逐渐普及，第一产业逐渐向“高产”“优质”“高效”“绿色”方向发展。海北州、果洛州、黄南州、玉树州的农林牧渔总产值虽然呈平稳增长趋势，但是经济总量小、发展能力弱。2015—2020 年，海北州、黄南州、果洛州的农林牧渔总产值均未超过 400000 万元。2020 年，玉树州农林牧渔总产值仅为 451955 万元，主要原因是涉藏地区地形崎岖、海拔高、常年气候严寒，自然灾害频发严重限制当地产业发展，导致农业发展不占优势，农业产出低，所在地区农牧民人均收入水平低下。具体如图 4-2 所示。

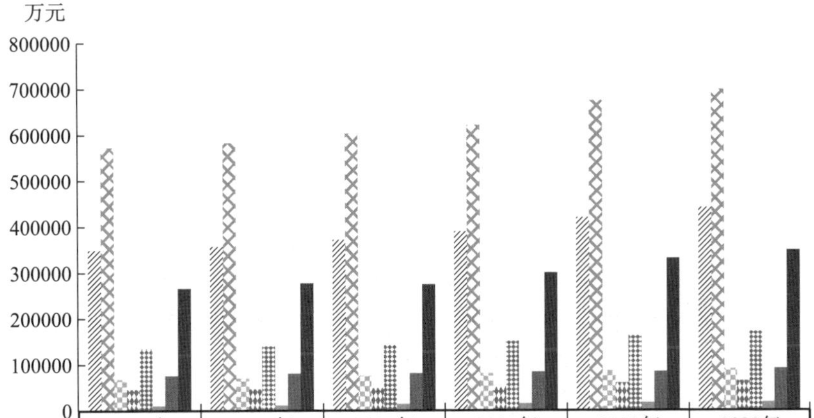

	2015年	2016年	2017年	2018年	2019年	2020年
西宁市	349019	357119	371526	389339	419518	440907
海东市	572962	583162	603042	621261	674210	698029
海北州	68405	70074	75868	80631	85852	90446
黄南州	46589	46972	48645	51569	59708	63816
海南州	134471	140100	142936	150579	161839	170795
果洛州	10681	11527	14154	15507	16764	17953
玉树州	76094	80735	80996	83560	84592	91022
海西州	266063	277426	274559	299913	331029	348577

图 4-2　2015—2020 年青海省 2 市 6 州农业总产值

资料来源：根据《青海统计年鉴（2015—2020）》整理所得。

青海省农业区主要分布在东部农业区、海北州、海南州农业区、柴达木绿洲农业区、青南小块农业区这些海拔较低、有丰富水源的河谷平原地带，农作物种植以粮食、蔬菜、饲草、油料为主。2015—2020 年，西宁市、海东市、海西州的农业总产值平缓增长，且 2015 年增长基数均超过 250000 万元，预计未来呈持续增长趋势，增长潜力大。得益于地域辽阔、地形平坦、水热资源丰富的自然禀赋优势，该地区初步树立了“质量兴农”“绿色兴农”“品牌强农”的发展理念，进一步实施农业供给侧结构性改革，使该地区种植业发展前景向好，逐步调整为向精深加工和外向型消费方向发展。但是，海北州、黄南州、海南州、果洛州、玉树州的农业总产值较低，虽然总产值每年都有增长趋势，农业势头却发展能力弱、发展动能不足，这主要是受限于该地区的气候条件与地理位置。

青海省牧区主要分布在青南高原的东部与北部，在祁连山的西段也有少量分布，畜牧业是青海省农牧区的支柱性产业，也是农牧民赖以生存的生计策略（见图 4-3）。

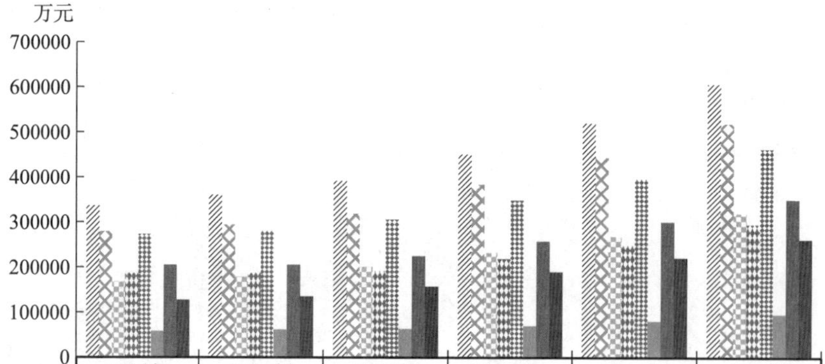

	2015年	2016年	2017年	2018年	2019年	2020年
西宁市	336860	360850	392928	451893	521016	607248
海东市	279628	295049	319302	385030	444688	520130
海北州	168523	179534	201990	233047	268880	320144
黄南州	187789	188318	192411	219677	249568	295892
海南州	273669	281249	306711	349336	397337	463778
果洛州	58304	61824	63836	71408	81856	96698
玉树州	205756	206162	225842	258659	301369	350680
海西州	128217	136195	158402	190790	221678	262424

图 4-3　2015—2020 年青海省 2 市 6 州畜牧业总产值

资料来源：根据《青海统计年鉴（2015—2020）》整理所得。

在青海省“一优两高”战略的引领和脱贫攻坚战略实施与乡村振兴的有效衔接推动下，西宁市、海东市、海南州积极推进农区畜牧业振兴、发展小规模生产养殖与现代农业结合模式，实现农区畜牧业生产经营集约化、规模化、标准化，同时大力发展三产融合，抓住养殖业发展转型的契机，提升地区的畜牧业生产效益，西宁市、海东市、海南州的畜牧业总产值自 2015 年开始年均产值超过 250000 万元。果洛州、玉树州、海西州的畜牧业总产值低，增长速度缓慢，一方面因这些地区高寒的气候特点只能发展草食畜牧业，另一方面因这些地区属于三江源地区，生态保护与畜牧业经济发展很难协调，当地草地生态系统难以承受高强度的放牧工作，虽大力发展生态畜牧业，但牧业生产总值提升效益并不明显。总体来看，作为青海牧区最基本的生计方式，畜牧业的发展不平衡，区域性差距明显，河湟谷地等东部区域畜牧业发展现代化进程较快，脱贫农牧民可以此为主要生计策略；涉藏牧区因生态保护等政策的影响，脱贫农牧民生计策略由纯畜牧业逐步过渡为半畜牧业，灵活就业无法在短期内形成稳定的主导生计策略，家庭收入中转移性支出占绝大部分比例，并且生态畜牧业的发展依旧面临诸多障碍，脱贫农牧民主导性生计策略选择依然有较大风险。

4.1.4　居民生活水平有所提高，社会保障制度不断完善

脱贫攻坚以来，青海省城乡居民收入实现持续增长，收入差距明显缩小，如图 4-4 所示。

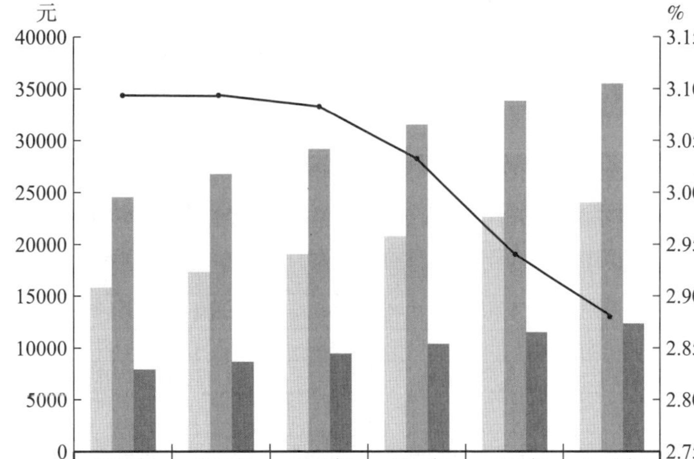

	2015年	2016年	2017年	2018年	2019年	2020年
常住居民	15813	17302	19001	20757	22618	24037
城镇常住居民	24542	26757	29169	31515	33830	35506
农村常住居民	7933	8664	9462	10393	11499	12342
城乡居民人均可支配收入占比	3.09	3.09	3.08	3.03	2.94	2.88

图 4-4　2015—2020 年青海省城镇、农村居民人均可支配收入情况

资料来源：《青海省经济发展与统计公报》（2015—2020）。

总体来看，2015—2020 年，无论是城镇常住居民人均可支配收入还是农村常住居民人均可支配收入，青海省的人均可支配收入都呈稳步增长的趋势。具体来看，青海省农村常住居民人均可支配收入增长速度大于城镇常住居民，城镇居民人均可支配收入由 2015 年的 24542 元增长至 2020 年的 35506 元，年均增长率为 9. 67%；农村居民人均可支配收入由 2015 年的 7933 元增长至 2020 年的 12342 元，年均增长率为 11. 69%。人均可支配收入占比由 2015 年的 3. 09%缩小到 2020 年的 2. 88%，城乡收入差距不断缩小，减少因收入差距带来的社会矛盾，巩固了实现共同富裕的基石。由此可以看出，农村居民生计水平显著提高得益于脱贫攻坚的政策，尤其是脱贫户基本生计得到了保障。

人均消费支出是指居民用于满足家庭日常生活消费的全部支出，包括购买实物支出和劳务性消费支出，如图 4-5 所示。

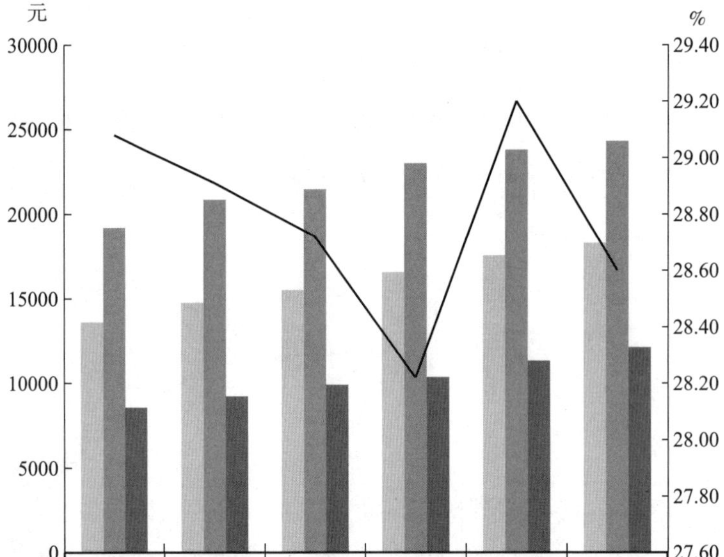

	2015年	2016年	2017年	2018年	2019年	2020年
常住居民	13611	14775	15503	16557	17545	18284
城镇常住居民	19201	20853	21473	22998	23799	24315
农村常住居民	8566	9222	9903	10352	11343	12134
恩格尔系数	29.08	28.91	28.72	28.22	29.20	28.60

图 4-5　2015—2020 年青海省城镇、农村居民人均生活消费支出

资料来源：《青海省经济发展与统计公报》（2015—2020）。

青海省城镇常住居民、农村常住居民的人均生活消费支出都呈缓慢增长趋势，恩格尔系数呈波动性态势。具体情况为，青海省城镇常住居民人均生活消费支出由 2015 年的 19201 元增长至 2020 年的 24315 元，年均增长率为

6.08%；农村常住居民人均生活消费支出由 2015 年的 8566 元增长至 2020 年的 12134 元，年均增长率为 9.95%。农村常住居民的人均生活消费支出增长率大于城镇常住居民的人均生活消费支出。其主要原因是脱贫攻坚期间，惠民、富农政策的持续实施，扩大了农村市场的内需、刺激了农村居民的消费，引导、转变了农牧民的消费观念。恩格尔系数是指食品消费支出占居民消费支出总额的比重，青海省常住居民的恩格尔系数由 2015 年的 29.08%下降至 2018 年的 28.22%，2019 年呈短暂上升趋势，2020 年又下降至 28.60%，而 2020 年全国居民恩格尔系数为 30.20%，其中，城镇为 29.20%，农村为 32.70%，青海省恩格尔系数略低于全国平均水平，恩格尔系数出现波动主要是受居民的饮食习惯、消费水平、市场价格、疫情等影响。

社会保障在社会建设过程中发挥着至关重要的作用，是社会治理和民生事业的助推器。近几年，随着经济发展和民生事业的不断完善，青海省的社会保障水平也在不断提升，如图 4-6 所示。

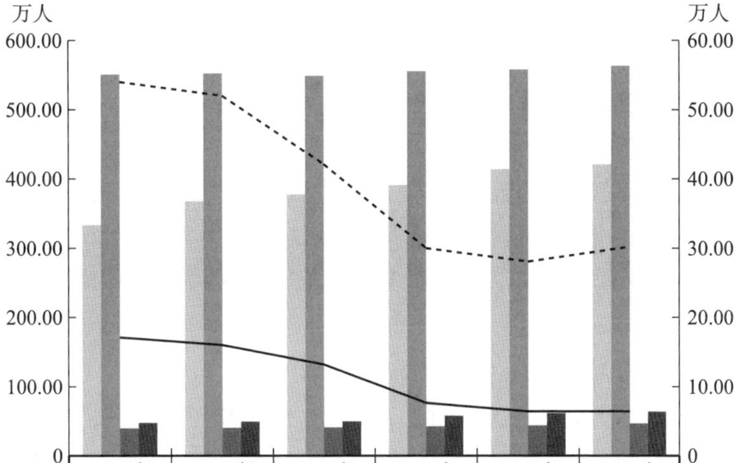

	2015年	2016年	2017年	2018年	2019年	2020年
养老保险	333.55	367.50	377.45	390.72	413.88	420.47
医疗保险	550.78	552.49	548.99	555.35	557.92	563.27
失业保险	40.11	40.77	41.47	42.28	43.75	46.48
生育保险	47.97	49.65	50.04	58.14	61.82	64.16
城镇享受最低生活保障	17.10	16.00	13.20	7.66	6.44	6.25
农村享受最低生活保障	54.00	52.00	42.10	30.00	28.07	30.20

图 4-6　2015—2020 年青海省社会保障情况

资料来源：《青海省经济发展与统计公报》（2015—2020）。

青海省养老保险参保人数由 2015 年的 333.55 万人上升至 2020 年的 420.47 万人，增长率为 26.06%；医疗保险参保人数由 2015 年的 550.78 万人上升至 2020 年的 563.27 万人，增长率为 2.27%；失业保险参保人数由 2015 年的 40.11 万人上升至 2020 年的 46.48 万人，增长率为 15.88%；生育保险参保人数由 2015 年的 47.97 万人上升至 2020 年的 64.16 万人，增长率为 33.75%。在社会福利事业方面，城镇享受最低生活保障的人数由 2015 年的 17.10 万人下降至 2020 年的 6.25 万人；农村享受最低生活保障的人数由 2015 年的 54.00 万人下降至 2020 年的 30.20 万人。由此可以看出，青海省社会保障制度不断完善，经济发展与民生生计改善逐渐实现良性循环。

4.1.5 医疗保障与教育条件逐年改善，质量有待提升

青海省在促进医疗卫生体系、医疗卫生资源优化配置以及卫生服务的可及性方面都采取了政策支持与资金保障措施，医疗卫生工作建设愈加完善。2012 年，青海省出台了《青海省扩大城乡居民大病医疗保险实施方案》，对农牧区大病患者开始实施医保政策，大幅降低了人民群众的医疗负担，患病群众得到及时医治。2013—2019 年，大病保险报付人次增加至 28232 人次，增速为 186.42%。其中，2018 年增速最快（41.59%），原因是 2017 年底青海省降低了起付线标准，这使得绝大多数农牧民患者享受到这一政策。如表 4-4 所示，青海省卫生资源中医疗卫生机构由 2015 年的 863 个增长到 2020 年的 6435 个，基本做到了城乡服务全覆盖；医院由 2015 年的 182 家增加到 2020 年的 215 家；卫生院由 2015 年的 405 个增加到 2020 年的 411 个；社区卫生服务中心由 2015 年的 210 个增加到 2020 年的 278 个；妇幼保健院由 2015 年的 50 个增加到 2020 年的 52 个；村卫生室由 2015 年的 4143 个增加到 2020 年的 4492 个；防疫站在 2015—2020 年变化不大。由此可知，青海省的医疗卫生人力资源基本能满足全省人民群众健康服务的需求，但城乡区域医疗卫生人力资源分布不平衡，医疗资源分配不均衡，完全改变农牧区千百年来的“健康贫困”现象还需要一个过程。

表 4-4 2015—2020 年青海省医疗水平状况

名称	2015 年	2016 年	2017 年	2018 年	2019 年	2020 年
医疗卫生机构/个	863	909	6370	6396	6511	6435
医院/家	182	199	215	220	220	215
卫生院/个	405	405	405	405	408	411

续表

名称	2015 年	2016 年	2017 年	2018 年	2019 年	2020 年
社区卫生服务中心/个	210	235	254	32	275	278
妇幼保健院/个	50	55	50	50	52	52
防疫站/个	56	56	56	56	52	55
村卫生室/个	4143	4146	4518	4474	4512	4492
医疗机构卫生人员/万人	3.54	3.44	4.78	5.28	6.21	6.44

资料来源：《青海省经济发展与统计公报》(2015—2020)。

青海省各级各类学校教育质量稳步提升。教育师生比是指一定时间内，一个地区每位教师拥有学生数量的比例，师生比例越低说明此地区教师的教育幅度越小，学生享受的教育质量就越高，一定要求的师生比是确保教学质量的重要前提（见图 4-7）。

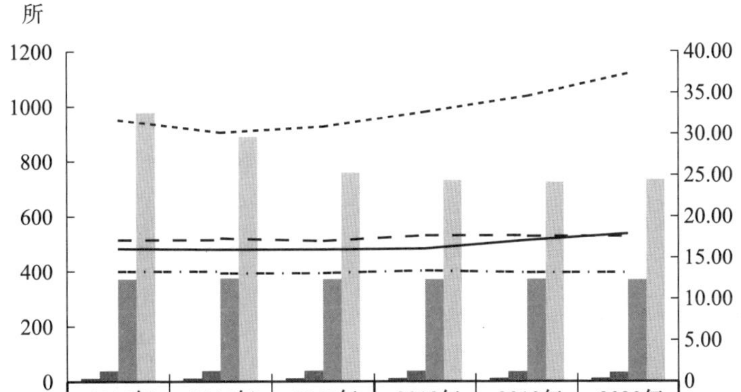

	2015年	2016年	2017年	2018年	2019年	2020年
普通高等学校	12	12	12	12	12	12
中等职业教育学校	39	39	39	38	36	33
普通中学	371	374	371	370	371	369
普通小学	978	889	758	731	724	733
普通高等学校师生比	16.10	16.00	16.10	16.10	17.10	17.90
中等职业学校师生比	31.69	30.14	30.85	32.66	34.56	37.30
普通中学师生比	13.30	13.08	13.10	13.40	13.17	13.00
普通小学师生比	17.15	17.34	17.02	17.68	17.60	17.60

图 4-7 2015—2020 年青海省师生情况

资料来源：《青海省经济发展与统计公报》(2015—2020)。

由图 4-7 可知，2015—2020 年，青海省普通高等学校数量未发生变化，中等职业教育学校数量由2015年的39所下降至2020年的33所，普通中学的数量未发生较大变化，普通小学的数量由2015年的978所下降至2020年的733所。普通高等学校师生比由2015年的16.10上升至2020年的17.90，中等职业学校师生比由2015年的31.69增加至2020年的37.30，普通中学师生比由2015年的13.30下降至2020年的13.00，普通小学师生比由2015年的17.15增加至2020年的17.60。从以上数据中可以看出，青海省的办学资源配置逐渐合理，民族教育、职业教育发展缓慢，师生比变化不显著，教育质量有待提高。

然而，在青海省涉藏六州的农牧区，教育水平严重制约着当地社会经济的发展，农牧区师资比是影响当地教育水平的重要因素。如图4-8所示，2020年青海省藏区六州，中等职业学校的师生比中，黄南州的师生比最高，为122.60，果洛州师生比最低，为27.00，果洛州的中等职业教育质量明显高于黄南州；在普通中学中，玉树州的师生比最高，为16.20，海西州最低，为11.40，说明海西州普通中学教育质量明显高于玉树州；在普通小学中，玉树州的师生比最高，为22.10，黄南州的师生比最低，为14.90，说明黄南州普通小学教育质量高于玉树州。由此可见，在原国家深度贫困地区教育质量仍然较低，优质教育资源匮乏，不利于斩断代际贫困和脱贫农牧民多样化生计策略的选择。

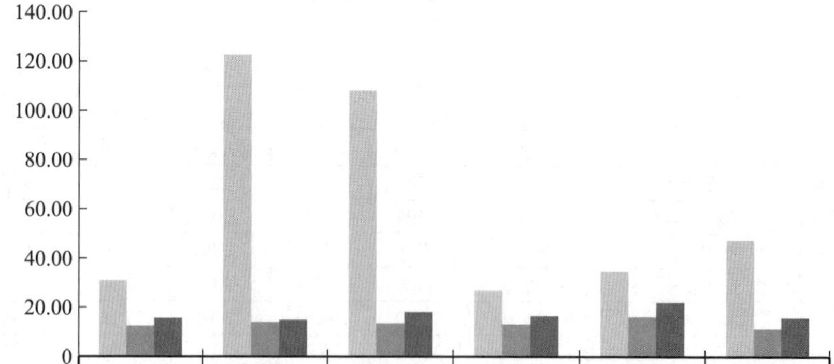

	海北州	黄南州	海南州	果洛州	玉树州	海西州
中等职业学校	31.10	122.60	108.20	27.00	34.80	47.50
普通中学	12.50	14.00	13.50	13.20	16.20	11.40
普通小学	15.60	14.90	18.10	16.50	22.10	15.80

图4-8　2020年青海省涉藏六州教育师生比

资料来源：根据《青海统计年鉴（2020）》整理所得。

4.1.6　旅游产业规模持续扩大，但效益不明显

习近平总书记在第七次西藏工作座谈会上指出“把青藏高原打造成为全国乃至国际生态文明高地”。青海省紧抓历史机遇，着重发展生态旅游、绿色旅游、文化旅游。2019 年，青海省出台了《进一步激发文化和旅游消费潜力的实施方案》，提出要大力提升全省文化和旅游水平，激发文化与旅游发展潜力。如图 4-9 所示，2015—2019 年，青海省旅游人数由 2315. 40 万人次上升至 5080. 17 万人次；2020 年，因受新冠疫情影响，旅游产业陷入短暂低迷状态，青海省旅游人数下降至 3311. 80 万人次。同时，青海省旅游业总收入由 2015 年的 248. 03 亿元上升至 2019 年的 559. 03 亿元，2020 年下降至 289. 79 亿元。总体来看，青海省旅游产业发展潜力大，发展态势良好，旅游产业带动的社会效益与经济效益明显，但是由于旅游产业经营不善、各地区交通不便、旅游资源开发受限、旅游知名度不高、抗风险能力弱、季节性明显，加之受新冠疫情影响，旅游产业相较于我国其他区域有较大差距。

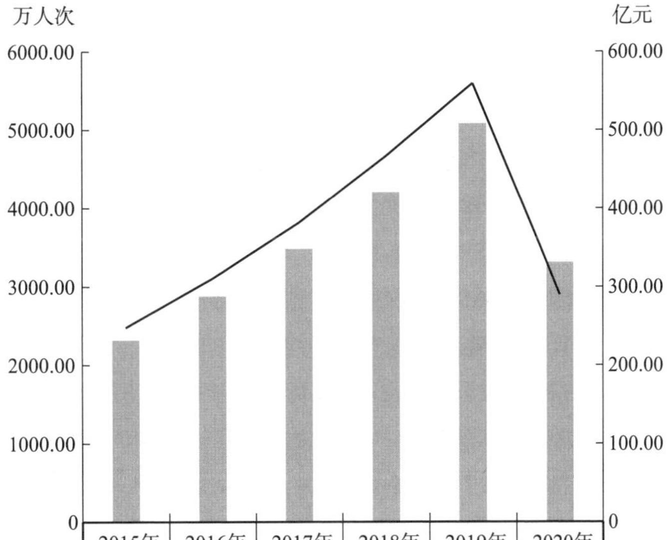

	2015年	2016年	2017年	2018年	2019年	2020年
旅游人数	2315.40	2876.92	3484.10	4204.38	5080.17	3311.80
旅游业总收入	248.03	310.30	381.53	466.30	559.03	289.79

图 4-9　2015—2020 年青海省旅游发展情况

资料来源：《青海省经济发展与统计公报》（2015—2020）。

4.2 青海省贫困状况与贫困户基本特征

回首青海省原深度贫困地区未脱贫之前的贫困状况，各级政府在脱贫攻坚中做出的政绩意义非凡。总结打赢脱贫攻坚战的经验与好的做法，把握民族地区减贫经验规律、内在逻辑和关键要素，对于巩固脱贫攻坚成果，坚决守住返贫底线，实现脱贫户可持续生计至关重要。

4.2.1 青海省贫困基本状况

自 2015 年起，青海省按照国家贫困人口的识别标准，从住房、粮食、劳动力、家中读书学生、家中患病人数等几个方面，经过多轮次、多部门数据分析，精准识别 1622 个贫困村 53.9 万贫困人口。同时，按照国家确定的 14 个集中连片特困地区和国家扶贫开发重点县，青海省六盘山片区内的县（市、区、行委）全部纳入新时期脱贫攻坚主战场。

1. 六盘山地区

六盘山片区涉及西宁市湟中区、湟源县和海东市民和回族自治县、乐都区、互助土族自治县、化隆回族自治县、循化撒拉族自治县 2 市 7 县（区），面积 1.7 万平方千米，占青海省总面积（72 万平方千米）的 2.36%。其中，西宁市大通县和海东市平安区属于国家扶贫重点县。2015 年，该地区经过精准识别共认定贫困村 804 个，建档立卡贫困人口 5.9 万户 20.92 万人。青海省六盘山地区贫困发生率为 15.24%，高出青海省 2.0 个百分点，高出全国 9.5 个百分点。该片区地域面积虽然仅占青海省地域面积的 2.36%，贫困人口数量却占青海省贫困人口总数的 40.22%；该片区地处黄土高原向青藏高原过渡带，年平均气温 7.25 摄氏度，气候寒冷，干旱少雨、霜冻、冰雹等自然灾害频发；该片区贫困人口生计资本匮乏，给脱贫攻坚与巩固拓展脱贫攻坚成果带来严峻挑战和重大压力。

2. 青海省涉藏六州

青海省涉藏六州包含海南州、海西州、海北州、果洛州、玉树州、黄南州 6 州 33 个贫困县（市、区，含 3 个行委），占青海省 46 个县（市、区）的 72%，片区面积 67.63 万平方千米，藏区面积占青海省总面程的 93.93%，属于四省涉藏地区和国定“三区三州”深度贫困地区之一。2015 年，该地区经过精准识别共认定贫困村 658 个，建档立卡贫困人口 9 万户 27 万人。贫困发生率为 20.76%，高出青海省 7.56 个百分点，高出全国 15.06 个百分点。该地区自然灾害频发，海拔一般在 4100 米以上，年平均气温 2~9 摄氏度，含氧量仅为内地的 40%~60%，极端天气与突发自然灾害频发，给该地区巩固拓展脱贫攻坚成果，稳定“脱贫摘帽”户可持续生计发展带来困难。同时，该地区贫困程度深，高寒缺氧，点多线长，脱贫攻坚期间建设投入大、运维成本高，水电路讯网等都存在不同程度的短板和缺项，教育水平、医疗能力等“软实力”还不能完全满足贫困农牧民生计发展的需要。

3. 青海省深度贫困地区

2017 年，青海省依据县级和所属乡镇贫困发生率，确定了深度贫困县 15 个、深度困难乡镇 129 个、深度贫困人口 24.1 万和特殊困难农牧民 6.4 万。129 个深度困难乡镇占青海省乡镇总数的 36%，其中，涉藏地区深度困难乡镇 104 个，东部干旱山区深度困难乡镇 25 个。深度贫困地区共有建制村 1247 个，占青海省建制村总数的 30%，其中，建档立卡深度贫困村 559 个，占青海省贫困村总数的 35%。深度贫困人口 24.1 万人，占青海省贫困人口总数的 61%。该地区综合贫困发生率高，15 个深度贫困县和涉藏地区 104 个深度困难乡镇平均贫困发生率为 25%，最高的县为玉树市，贫困发生率为 29.83%；最高的乡为杂多县查旦乡，贫困发生率为 49.60%。另外，青海省贫困人口人均可支配收入低、自我发展能力弱，深度贫困地区贫困人口由于受教育水平低，文化程度普遍较低，在涉藏地区贫困人口中，高中及以上文化程度的仅占 1.30%，小学以下文化程度的达 80%以上，贫困群众思想观念落后，缺乏主动脱贫和自我发展的内生动力。

4.2.2　青海省贫困户基本特征

1. 贫困户中特困户群体占比高

青海省共有特殊困难群体 6.4 万人，主要涉及重大疾病患者、重度残疾贫困人口、60 岁以上的贫困孤寡老人、大龄未婚贫困青年和单亲家庭贫困人口 5 类群体，占青海省贫困人口总数的 12.30%。青海省 6.4 万特殊困难群体中，重大疾病患者 2.9 万人，占特殊困难群体的 45.31%；重度残疾贫困人口 1.4 万，占特殊困难群体的 21.86%；60 岁以上的贫困孤寡老人 0.4 万人，占特殊困难群体的 6.25%；东部干旱山区大龄未婚贫困青年 1.0 万人，占特殊困难群体的 15.63%；藏区单亲家庭贫困人口 0.7 万人，占特殊困难群体的 10.94%。该类群体人力资本薄弱、社会资本疏松、金融资本短缺、自然资本贫乏、物质资本匮乏，重大疾病患者和重度残疾贫困人口劳动能力严重丧失，家庭养护和政府医疗兜底保障成为重要生计来源。大龄未婚贫困青年逐渐过渡为孤寡老人，究其原因是付不起高价彩礼和自身能动性不足；单亲家庭贫困人口最明显的特征是劳动力不足、抚养赡养比例过大。

2. 贫困户中少数民族贫困户比例高

青海省共有少数民族自治州 6 个，少数民族自治县 7 个，自治面积占全省总面积的 98%，53.9 万贫困人口中少数民族占 72.22%。少数民族源远流长的传统文化根深蒂固，精神贫困现象依旧存在。少数民族贫困地区主要集聚在藏族、回族、土族自治地区，伴随历时已久的传统文化，实地调研发现，该地区贫困户家庭中有患病成员时，首先想到的不是去医院求医问药，而是信奉宗教活动，参与一些煨桑、诵读经书、磕长头、点长明灯等信仰活动，坚信自己的信仰能够拯救家人生命使其长命百岁。加之受宗教、环境等因素影响，藏区惜售牲畜现象较为普遍，深度贫困地区因婚丧影响生计问题尤为突出。

3. 贫困户收入水平普遍过低

2015 年底，青海省贫困户人均纯收入为 2196 元，仅为当年全省农村居民人均纯收入（7933 元）的 27.68%。综观贫困户可支配收入的构成，经营性收入占比不到 20%，涉藏地区农牧民转移性收入占比达到 50%以上，收入构成不合理，增收渠道狭窄单一。贫困户的人力资本，主要是指家庭劳动力人数、受教育程度、家庭成员健康程度等，均有不同程度缺失，严重制约基本生计维持和生计多样性的发展。在深度贫困地区贫困人口人均可支配收入构成中，普遍出现两种现象，一方面，涉藏地区贫困户经营性收入占比不到 20%，东部干旱山区农牧民务工收入占比虽达 60%以上，但多为季节性、低技能型务工；另一方面，青海省涉藏地区贫困人口转移性收入占比达 60%以上，内生动力不强。由表 4-5 可知，截至 2021 年，青海省低收入家庭生计系统录入人口达 989136 人，其中，海东市达到 299120 人、黄南州达到 153091 人、西宁市达到 153192 人、玉树州达到 118266 人、海北州达到 76858 人、果洛州达到 56698 人、海西州达到 32778 人，表明经济欠发达的青海省与我国发达省份相比差距明显，在特殊的经济背景和农牧民发展动力不足的双重压力下，提高农牧民群众的生计水平任重道远。

表 4-5　2021 年青海省低收入家庭生计系统录入情况统计

排名	地区	预估录入目标数据/人	预估目标占地区人口比重/%	州市统计数据/人	省级系统数据/人	预估目标完成率/%
1	青海省	996744	16.1	815285	989136	99.24
2	海西州	19715	3.9	22967	32778	166.26
3	西宁市	113683	4.8	145241	153192	134.75
4	海北州	59955	20.3	68285	76858	128.19
5	海东市	264606	16.0	319844	299120	113.04
6	海南州	89771	19.1	100336	99133	110.43
7	黄南州	149753	53.4	77405	153091	102.23
8	玉树州	195572	47.0	42753	118266	60.47
9	果洛州	103689	51.5	38453	56698	54.68

资料来源：根据青海省民政厅调研资料整理所得。

4. 贫困户文化水平普遍较低

青海省贫困人口中，高中及以上学历的仅占 1.3%，小学及以下学历的占比达 80%以上，思想观念较为保守。实地调研发现，大多数民族县贫困户自身受教育能力低、存在不识汉文的现象，以至于当地的农民职业技能培训项目成为一项“空架子”，技能保障、适应能力均无法契合农村市场经济，给当地政府实施脱贫户生计策略转变以及生计替代带来了现实困难。

4.3　青海省脱贫攻坚期间取得的成效

自精准扶贫政策实施以来，青海省贫困村、贫困户都受到了针对性的帮扶。2020 年 4 月 21 日，青海省所有贫困地区、贫困村、贫困户、贫困人口实现贫困摘帽，曾经的一般贫困户、低保贫困户、特困供养贫困户也都已成为脱贫户，建档立卡贫困户全部“清零”。全面实现“两不愁三保障”，青海省农村居民人均可支配收入由 2014 年的 7933.41 元上升至 2020 年的 12342.00 元。

4.3.1 教育、医疗持续投入，人力资本水平有所提高

1. 实现义务教育巩固率达标，逐步加强师资队伍建设

脱贫攻坚期间教育扶贫制度与措施的实施，大量资金的投入，提高了青海省“脱贫摘帽”户的人力资本水平。一方面，青海省多部门联合组织适龄儿童接受义务教育。自 2017 年以来，青海省累计劝返失辍学学生 2.8 万人，劝返率达 99.89%，建档立卡贫困户子女入学率达 100%；2020 年，青海省九年义务教育巩固率达到了 97.00%，大大提升了农牧区贫困人口的文化水平。另一方面，加强了乡村教师队伍建设。青海省实施省内定向生培养，按照“州来州去”“县来县去”的原则，提升贫困地区中小学师资队伍质量，继续实施“青南计划”“三支一扶”等对口支援贫困地区教育发展的重大计划，以保证贫困地区教师配备和教育水平，缩小深度贫困地区与省内、东部地区教育差距，推动青海省教育均衡发展（见表 4-6）。

表 4-6 青海省脱贫攻坚期间基础教育情况

类型	教育项目	措施	累计覆盖范围	投入资金
适龄青少年就学	幼儿园 549 所、义务教育学校 1727 所	发挥教育扶贫的基础性	青海省贫困地区	129 亿元
教育资助	普通高中 71 名贫困学生	奖学金、生源地贷款	青海省涉藏六州和西宁市、海东市	97.3 亿元
推普教育	语言扶贫 App	义务教育和学前教育学生、部分教师、青壮年劳动力、部分基层干部	3.6 万名农牧地区儿童	3059 万元
专项招生	省内高职（大专）	省内本科生态专项计划	全省 15 个深度贫困县	—
助推民族教育	异地办学	在西宁、青海省外办学、办班	12155 名（高职精准扶贫拓生）、2950 名（本科扶贫，涉藏地区、生态专项拓生）、1.19 万人（青海省外异地办学办班规模）	803.2 万元

资料来源：根据青海省统计局调研资料整理所得。

2. 强化顶层设计，确保贫困人口基本医疗有保障

脱贫攻坚以来，青海省相关部门形成了以健康扶贫工程实施方案为首要政策辅以其他政策文件的“N+1”政策体系，累计出台了 60 多份关于健康扶

贫的政策文件，使得农牧区贫困人口基本上实现了医疗保障制度全覆盖，贫困患者医疗费用个人自付比例由 2017 年的 29.02% 下降到 2020 年底的 8.78%。各县积极探索、建立健康商业补充保险制度，贫困户在各级医疗机构住院实行“先住院后结算”服务模式。青海省 53.9 万贫困人口中 7.8 万因病致贫、返贫人口已全部脱贫，区域性疾病致贫得到有效防治，在一定时期内解决了长期给贫困人口带来的“健康陷阱”。截至 2020 年底，全省 42 个贫困县（市、区、行委）中有公立医院 76 家，执业医师 2955 名；362 个乡镇中有乡镇卫生院 401 个，执业助理医师或全科医师 1788 名；4044 个建制村中有卫生室 3980 个，合格村医 5492 名；涉藏地区的卫生院已建有中藏医馆 433 个，有利于贫困人口中因病（残）致贫的生计保障（见表 4-7）。

表 4-7 脱贫攻坚期间基本医疗保障情况

类型	项目	措施	累计覆盖范围	投入资金/亿元
基本医疗保障	大病救治	大病救治扩大到 35 种	22092 人，救治率达 100%	2.14
	慢病签约管理	“双签约”服务	5445 人，签约率达 99.81%	
	重病兜底保障	降低大病保险起付线，提高报销比例	农牧区全部贫困人口	
	地方病	棘球蚴病筛查、诊断	筛查 526 万人次，治疗 1.47 万余人，贫困户 1581 人得到救治	
		肺结核	贫困患者 1741 人得到救治	
补齐管理及技术人员短板	提升医疗卫生服务能力	多途径培训	3085 人 4.5 万次	40.11
医疗保障工作标准	达标项目	贫困县新建、扩建村卫生室，配备常规诊疗设备	全省范围内的县级、乡村二级医疗机构	2.01

资料来源：根据原青海省扶贫开发局调研资料整理所得。

4.3.2 住房安全全面提升，物质资本改善明显

1. 精准施策，住房安全得到保障

脱贫攻坚期间，青海省消除了贫困户住房安全隐患，完成危旧房改造任

务，实现了动态“清零”目标。保障贫困户住房安全是脱贫攻坚任务能否完成的重要目标之一，从强化顶层设计到聚焦精准施策，按照贫困程度，实施完成农牧民危旧房改造任务 20 万户，其中，4 类重点对象改造任务 7.8 万户（其中，贫困户 5.5 万户）。为了防止因建房举债返贫，对深度贫困地区的贫困户提高了危房改造到户资金标准，对无建房能力的特困户由政府兜底解决，全面保障了农牧民住房安全。针对涉藏地区在彩钢房建设和房屋鉴定中存在标准不健全的问题，青海省制定了相关指南，填补了青海省农牧区彩钢房建设和签订标准的空白。

2. 坚持多元化实施方法，全面完成易地搬迁任务

脱贫攻坚期间，青海省完成了 38 个县 1234 个村的 5.2 万套 20 万人易地扶贫搬迁任务，累计投入 95.44 亿元（其中，群众自筹 10.35 亿元），将生态脆弱区、气候恶劣区、交通不便区的农牧民搬迁至安置新区。坚持多元化的实施方法，综合考虑搬迁群众个人意愿、后续发展和地方生态环境、人口承载等因素，形成了以集中安置为主、以自主搬迁为辅的搬迁安置模式。搬迁户基本上都选择在县城或交通沿线周围安置，青海省有 10.1 万人被安置到了城镇，占搬迁人口的 50.50%，占涉藏地区人口的 16%，有力助推了城镇化建设进程。搬迁社区的基础设施配套较为完善，行业部门累计投入基础设施和公服务设施配套资金 14.3 亿元，修建饮用水管道 1668 千米，建设各类井体 1.8 万个，架设输电线路 1762 千米，购置太阳能电源 2138 套，硬化村级道路 3440 千米，建设学校 36 所、幼儿园 55 所、村级卫生室 297 个。虽然搬迁户原有的生计策略被改变，适应新的搬迁环境等问题需要后续逐步解决，但形成了许多搬迁示范村，如互助县班彦村、尖扎县德吉村等。脱贫攻坚期间青海省危旧房改造情况见表 4-8。

表 4-8　脱贫攻坚期间青海省危旧房改造情况

类型	项目	措施	累计覆盖范围	投入资金/亿元
危旧房改造	危旧房改造	优先安排贫困户、低保户、农村分散供养特困人员和贫困残疾人家庭 4 类人员的危房改造	累计完成 20 万户，4 类重点对象改造任务 7.8 万户，其中，贫困户 5.5 万户	48.33
	动态新增	“回头看”大排查	767 户	

续表

类型	项目	措施	累计覆盖范围	投入资金/亿元
易地扶贫搬迁	搬迁至安置新区	选择在县城、乡镇或交通沿线安置	5.2 万栋（套）20 万余人搬迁，易地搬迁集中安置点 297 个	82.38
	人居提升工程	修建饮用水管道 1668 千米，建设各类井体 1.8 万个，架设输电线路 1762 千米，购置太阳能电源 2138 套，硬化村级道路 3440 千米，建设学校 36 所、幼儿园 55 所、村级卫生室 297 个	易地扶贫搬迁社区	14.30

资料来源：根据青海省统计局调研资料整理所得。

4.3.3　生态优势资源合理开发，自然资本收益提高

1. 全面发展光伏扶贫产业，积极开发生态公益性岗位

脱贫攻坚以来，在符合环境承载力的情况下，青海省充分挖掘生态资源优势努力转换为产业发展动力。绿色减贫包括易地扶贫搬迁、光伏扶贫、绿色产业发展、绿色生态资源开发、生态保护补偿机制五大方面。光伏扶贫是在贫困地区利用光伏电站建设，投资运营后产生资金收益并与各项补贴政策有效整合，为当地群众带来资金分红收益的能源产业扶贫手段。光伏扶贫政策是青海省一次性投入资金最多、持续时间最长、资金收益最多的新型扶贫模式，并在农牧区形成了“农光互补”“牧光互补”等发展模式。例如，共和县塔式光热发电项目、乐都区光伏扶贫电站、湟中区光伏扶贫电站，甚至“青海之巅”玛多县也发展了光伏扶贫惠民产业。据统计，截至 2020 年底，青海省四类光伏扶贫项目完成投资运营，产生扶贫收益 5.7 亿元，将光伏收益合理划分为发展扩大村集体经济与建立扶持机制，特别是开发公益性岗位，涉及 7.7 万户 28.3 万贫困人口，超过 40%的建制村与超过 50%的贫困农牧民享受到光伏扶贫资产红利，打破了受疫情影响难以外出打工谋取生计的困局。在三江源地区、祁连山国家公园以及重要生态功能区设立生态管护岗位 4.99 万个，且大部分安排给贫困农牧民，累计发放劳务报酬 39.6 亿元，年人均增收近 2 万元，三江源地区年人均增收达到 2.16 万元，带动青海省近 18 万贫困农牧民脱贫，实现了“一人护林，全家脱贫”的脱贫致富与生态保护共赢发

展模式。

2. 大力发展生态畜牧业合作社，逐步推进农牧区产业融合发展

畜牧业是青海牧区的主导产业，青海省涉藏地区96%以上的农牧民依赖畜牧业增收。截至2020年底，青海省共组建生态畜牧业合作社961个，实现了牧区和半农半牧区全覆盖，脱贫农牧民入社率达到72.50%，牲畜整合率达到67.82%，草场整合率达到66.94%，先后推出泽库“拉格日模式”、果洛“甘德经验”、天峻县梅陇等典型样板。从青海省来看，带贫能力强的合作社有限，需要进一步推进农牧区产业融合发展，将农业生产、林草产业与加工、物流、旅游、餐饮等第二、第三产业融合发展。2020年，汉藏药材种植面积超过1.33万公顷，枸杞种植面积4.97万公顷，苗木培育面积13.8万亩，年均可提供造林绿化的各类苗木近9.63亿株，林草产业年产值达400亿元左右。实施有机枸杞基地、沙棘采摘基地、汉藏药材种源基地、汉藏药材种植基地、油用牡丹基地、杂果经济林基地、藏茶园、林麝等特色养殖，森林人家、林家乐等林业生态旅游扶贫项目，打造部分参与感强、体验感丰富、活动形式多样、服务人性化的科技示范园、旅游体验点、农家乐、田园牧歌，等等。例如，湟中区卡阳、大通边麻沟等森林花海乡村旅游景区。另外，有条件的县还大力发展产业强镇政策，优化产业结构布局，充分挖掘青海省富有自然景观和人文景观特色的小镇，借助产业集群效应发展了一批特色镇、产业镇，如龙羊峡小镇、壹方圆小镇、平安驿等。但在发展过程中后续管理人才匮乏的问题比较突出，详见表4-9。

表4-9 脱贫攻坚期间青海省生态产业基本情况

类型	项目	措施	累计覆盖范围	投入资金
光伏扶贫	“农光互补”、“牧光互补”	企业全额投资、贫困县落实用地、贫困户直接受益	1622个建档立卡贫困村和99个有建档立卡贫困人口的非贫困村，带动7.7万户28.3万贫困人口	—
	公益性岗位开发	技能培训，就近安排岗位	累计培训贫困农牧民10.6万人次，稳定就业率达到60%以上	青海省光伏扶贫项目总收益的80%用于公益性岗位开发

续表

类型	项目	措施	累计覆盖范围	投入资金
生态畜牧业	绿色种植业、农牧结合、草畜联动	资源变股权、资金变股金、牧民变股民	共组建生态畜牧业专业合作社 961 个，涉藏州县建制村实现全覆盖	中央资金 28.5 亿元，省级资金 15.5 亿元
生态产业发展	林业种植、林下经济	枸杞、沙棘、藏茶、杂果、汉藏药，野生动物驯养、特种植养殖	带动 50.29 万农牧民人均增收	—

资料来源：根据原青海省扶贫开发局调研资料整理所得。

4.3.4　压实产业扶贫责任，金融资本存量有所增加

1. 大力发展县域扶贫产业园，保障无劳动能力贫困户脱贫

按照“建园区、引龙头、扩基地、强基础”的发展思路，青海省在 8 个省市（州）39 个县（市、区）建成扶贫产业园，辐射带动贫困户 37271 户 122988 人，人均年增收 1309 元。同时，扶持并带动 481 个建制村增加村集体经济收入。例如，天峻县扶贫产业园，统筹扶贫专项资金，实施建设了天峻县扶贫产业园交通物流园区建设项目，给县内无劳动能力的贫困户平均分配 50%的收益分红资金，在一定程度上破解了无劳动能力贫困户稳定脱贫保障难题。

2. 发展高原特色扶贫产业，村集体经济全面“破零”

为确保打好打赢脱贫攻坚战，青海省制定且先后出台了《牦牛和青稞产业发展三年行动计划（2018—2020 年）》《关于实施全省村集体经济“破零”工程的指导意见》《关于推动村集体经济高质量发展的若干措施》等一系列产业扶贫政策。一方面，依据独特的地理位置和气候条件，逐步建立起牦牛、青稞、冷水鱼、枸杞、藏羊等具有高原特色的扶贫产业，这些产业的发展不仅推进了当地脱贫攻坚的进程，对当地的经济发展也起到了促进作用；另一方面，把增强村集体经济实力作为脱贫农牧民增收的根本途径，开启村集体经济“破零”工程。通过挖掘具有旅游资源的贫困村与企业、创客、电商、金融专项扶贫相结合，尝试开展农家乐、牧家乐、休闲农庄、康养基地等多种发展形势的旅游扶贫产业。针对精准识别的 53.9 万贫困人口中因缺资金致贫的贫困户占到 27.21%的实际，建立村互助资金组织，为发展生产缺乏

资金的贫困农牧民提供便利资金支持，以破解“融资难、融资贵”的难题。实践表明，建立互助资金需要村集体经济发展良好作为支撑。另外，通过“三专一平台”建设、电商扶贫等建设项目，以及线上、线下相结合的销售方式，在一定程度上解决了农产品难卖的问题，拓宽了农产品销售渠道（见表4-10）。

表4-10 脱贫攻坚期间青海省特色产业发展基本情况

类型	项目	措施	累计覆盖范围	投入资金
高原特色产业	牦牛产业、青稞产业、冷水鱼产业、枸杞产业、藏羊产业	牦牛良种繁育、生态养殖、生产加工，青稞订单种植与订单收购，鲑鳟鱼网箱养殖，枸杞种植与加工，藏羊养殖与加工	牦牛产区带动3.2万建档立卡贫困户10.7万人，人均增收4000元。青稞产业带动4.3万建档立卡贫困户，人均实现年增收872元。冷水鱼产业带动5000人就业，建档立卡贫困户400余人，人均月增收3500元。枸杞产业带动脱贫户5.9万人，建档立卡贫困户1.8万人。藏羊产业带动农牧民120万余人，建档立卡贫困户9.86万人	原省扶贫开发局筹资2亿元作为风险补偿金，银行贷款10亿元专项资金用于牦牛与青稞产业发展
村集体经济收益	实施村集体经济“破零”工程	提升集体经济实力和村级组织带贫益贫能力	1622个贫困村建立村级光伏电站，2358个有贫困人口的非贫困村培育壮大村集体经济	累计投入73.33亿元，扶贫资金69.19亿元
乡村旅游扶贫项目	旅游资源建制村实施乡村旅游扶贫项目	旅游发展带动扶贫开发，扶贫开发促进旅游发展	辐射带动脱贫户10816户35805人	累计投入扶贫资金7.89亿元
互助发展资金	通过发放借款、撬动银行贷款等模式，为群众发展生产提供资金支持	群众借款发展生产、改善生活	互助金组织扩大到1862个村（增加非建档立卡村240个），入会23.5户60万人，资金规模发展壮大到9.94亿元	省财政一次性投入8.1亿元，按每村50万元标准
消费扶贫	直播、直销、电商企业、建平台	顶层设计、“三专一平台”建设、电商扶贫，多渠道促进扶贫产业销售	电商进农村项目累计开展培训9万余人次，为建档立卡户实现线上销售2115万元，带动就业2800人	2020年底投入4250万元，完成消费扶贫顶层建设

资料来源：根据原青海省扶贫开发局调研资料整理所得。

4.3.5　社会帮扶格局逐步形成，社会资本稳步积累

脱贫攻坚以来，青海省坚持自主脱贫与外部助力相结合，全面统筹东西部扶贫协作，援青扶贫、中央定点扶贫、社会扶贫、国际农发基金项目等帮扶资源，助力脱贫攻坚。其中，利用东西部协作对口支援的发展机遇，积极搭建合作平台，2016 年以来，对口援青六省份累计投入帮扶资金 39.71 亿元，十年对口援青工作为青海省注入了资金保障、技术保障、人才保障，以及定点扶贫和社会各界爱心扶贫，充分促进了青海省经济发展的后发优势（见表 4-11）。

表 4-11　脱贫攻坚期间青海省援青扶贫情况

<table>
<tr><th>类型</th><th>项目</th><th>措施</th><th>累计覆盖范围</th><th>投入资金</th></tr>
<tr><td rowspan="3">援青扶贫</td><td>教育方面</td><td>开设异地高中班、异地中职班</td><td>援青省份开设异地高中班 20 个，输送学生 8700 余人；开设异地中职班 10 个，招收中高职学生 1300 余人</td><td rowspan="3">2016 年以来，对口援青六省份累计投入帮扶资金 39.71 亿元</td></tr>
<tr><td>医疗帮扶</td><td>医疗队对口帮</td><td>选派 31 支医疗队对口帮扶涉藏六州及各市县级医院，新设重点科室 42 个，填补 400 余项医疗技术空白</td></tr>
<tr><td>就业帮扶</td><td>产业发展、消费扶贫、转移就业</td><td>开展就业培训 4.3 人次，通过产业发展、消费扶贫、转移就业等方式实现 3.86 万人在省内外就业</td></tr>
</table>

资料来源：根据原青海省扶贫开发局调研资料整理所得。

4.3.6　建立脱贫帮扶政策体系，生计资本逐步改善

自治理贫困问题与脱贫攻坚以来，青海省始终贯彻落实中共中央印发的各类政策文件，根据省情因地制宜地出台相关政策文件。自 2015 年 12 月制定印发《关于打赢脱贫攻坚战提前实现整体脱贫的实施意见》成为青海省脱贫攻坚总的纲领性文件以来，青海省委、省政府先后出台了督查考核、投入保障、基础设施、利在长远四大类政策。督查考核类有中央制定的扶贫工作开发成效考核、退出机制考核、东西部扶贫协作以及专项资金管理办法等政策；投入保障类涉及易地扶贫搬迁、教育扶贫、转移就业等政策；基础设施类涉及医疗保障和救助、低保兜底以及交通、水利、电力、医疗卫生、通信等行业专项扶贫政策；利在长远类包括东部、环湖、青南地区的发展特色种养业、农畜产品加工业、乡村旅游业、商贸服务业、特色文化业等相关政策。

具体来说，在易地搬迁方面，对生存与发展条件脆弱的地区实施了易地扶贫搬迁政策和相关完善管理政策；在转移就业方面，凭借社会扶贫对口支援平台，加大和支援地的交流与合作，推进人才“引进来”和“走出去”相结合的合作模式，将青海省富余劳动力进行了有效转移；在医疗保障和救助方面，逐渐扩大大病和慢性病救助范围，完善医保药品支付政策与支付标准，实现基层卫生治理体系和治理能力现代化；在教育方面，着力做好“雨露计划”，将短期技能培训、职业教育扶贫助学补助政策、职业教育提上教育扶贫的日程，辅以产业扶贫、消费扶贫助力精神脱贫（见表 4-12）。这些政策的实施为打赢脱贫攻坚战提供了制度保障，也改善了脱贫户的生计资本。

表 4-12　青海省脱贫攻坚与防止“返贫”的部分政策或文件汇编

政策类别	代表性政策或文件
督查考核类政策	《省级党委和政府扶贫开发工作成效考核办法》《关于建立贫困退出机制的意见》《关于进一步加强东西部扶贫协作工作的指导意见》《青海省建档立卡贫困人口和贫困村退出及贫困县脱贫摘帽实施方案》《青海省贫困县脱贫攻坚绩效考核办法（试行）》等
投入保障类政策	《关于进一步加快农牧民易地扶贫搬迁的指导意见》《关于印发推进全省农牧民居住条件改善工程实施方案的通知》《青海省易地搬迁脱贫攻坚行动计划》《关于做好雨露计划职业教育扶贫助学补助政策宣传工作的通知》《国务院扶贫办、教育部、人力资源和社会保障部关于加强雨露计划支持农村贫困家庭新成长劳动力接受职业教育的意见》《关于深入推进青春创业扶贫行动的实施意见》《关于开展扶贫扶志行动实施意见》《青海省转移就业脱贫攻坚行动计划》等
基础设施类政策	《青海省交通扶贫专项方案》《青海省水利扶贫专项方案》《青海省电力扶贫专项方案》《青海省医疗卫生扶贫专项方案》《青海省通信扶贫专项方案》《青海省文化惠民扶贫专项方案》《青海省金融扶贫专项方案》《青海省科技扶贫专项方案》《青海省电子商务和市场体系建设扶贫专项方案》等
利在长远类政策	《青海省 2016 年农牧业保险实施方案》《2020 年青海省农牧业保险实施方案和藏区牦牛藏系羊保险实施方案》《金融支持精准扶贫青海行动方案》《青海省消费扶贫三年行动方案（2020—2022 年）》《青海省人民政府办公厅关于推动县域创新驱动发展的实施意见》《青海省人民政府办公厅关于深入推行科技特派员制度的实施意见》《青海省科技扶贫专项方案》《关于全力抓“六保”促“六稳”的若干举措的通知》《青海省人民办公厅关于印发青海省推进养老服务发展若干措施的通知》《青海省人民政府关于减征残疾、孤老人员和烈属个人所得税有关政策的通知》《关于开展消费扶贫促进精准脱贫的实施意见》《关于做好农村最低生活保障制度与扶贫开发政策有效衔接实施方案的通知》等

资料来源：根据原青海省扶贫开发局调研资料整理所得。

4.4 实施脱贫攻坚政策对脱贫户生计资本的影响

为打赢脱贫攻坚战，青海省投入的财力、人力、物力以及一系列超常规扶持政策的实施和各级扶贫干部的辛勤努力与全力付出是史无前例的。帮扶政策在取得脱贫攻坚任务胜利中发挥了决定性作用。本研究选取黄南州尖扎县为政策实施情况的调研县，通过对当地部分基层干部、基层工作人员、新乡贤进行实地调研访谈，旨在充分掌握脱贫攻坚政策实施对青海省民族地区“脱贫摘帽”户可持续生计的稳定乃至今后在过渡期内各类帮扶政策应该延续或者与时俱进不断优化，因地制宜地使用好“四不摘”政策①。

调研主要围绕实施脱贫攻坚政策对脱贫户生计资本产生的影响展开，主要基于产业扶贫、就业创业扶贫、转移就业扶贫、易地搬迁扶贫、教育扶贫、健康扶贫、生态保护扶贫、兜底保障扶贫、社会扶贫九大方面政策对脱贫户生计资本五个维度产生的影响等进行访谈。通过对当地基层干部进行访谈，选取了典型案例进行分析说明。例如，就业创业扶贫对脱贫户人力资本与社会资本产生的影响，如何维持“脱贫摘帽”户生计资本稳定与发展。因此，本研究采用归纳法对实际调研到的访谈进行统一归类整理。表 4-13 是相关政策在青海省民族地区实施的概况，以黄南州尖扎县为例，从基层干部角度加以阐述。

表 4-13　实施脱贫攻坚政策对青海省民族地区脱贫户生计资本的影响

政策类别	具体情况	政策分析
产业扶贫	2019 年，尖扎县措周乡俄什加生态畜牧业专业合作社面临资金短缺、发展场地受限等困难，县供销联社积极与州、省联社协调后，经省、州联社领导赴现场调查研究，采用“公司+合作社”的经营模式，投资 70 万元恢复重建措周乡基层供销社，为该生态畜牧业专业合作社解决了发展中的实际困难，为新时期县、乡基层供销社如何发展突破瓶颈，如何服务群众生产生活开创了新路子	产业扶贫政策在农牧区的影响程度，通过对基层经济组织的经济援助，再经过基层经济组织发展壮大，拥有一定的再创造实力以后，为周边的脱贫户提供就业岗位，产业扶贫政策间接为脱贫户的可持续增收发挥作用，从而提升脱贫户的金融资本和物质资本

① 摘帽不摘责任、摘帽不摘政策、摘帽不摘帮扶、摘帽不摘监管。

续表

政策类别	具体情况	政策分析
就业创业扶贫	尖扎县就业指导处××说：我县积极推进创业扶持政策，提升创业脱贫的积极性，为鼓励和引导广大贫困群众发展产业，自主创业，实现稳定增收和自主脱贫，积极协调县信用联社、尖扎邮储银行累计发放贫困户“530”小额贷款3722万元，为大学生青春创业贷款贴息18.75万元，有效带动创业脱贫。积极开发扶贫岗位，积极打造“打生态牌、走绿色路、算生态账”，尽最大努力让每户贫困户都参与到生态建设中来。使生态建设的每个环节服务于贫困户，让贫困户在此过程中受益，通过省级相关部门先后为建档立卡贫困家庭提供了1905个林管员、草管员等生态公益性岗位，其中，月工资标准800元的为613名，月工资标准1800元的为1292名	首先，就业创业扶贫政策主要针对脱贫户的福利性政策，政府无偿为脱贫户提供培训与实践认知机会，旨在提升脱贫户的人力资本与社会资本，增加个人寻找就业机会的动能，通过与政府、相关企业建立一定期限的合作关系，为脱贫户的产业发展开辟出一条新的道路。其次，小额贷款为脱贫户提供金融支持，为脱贫户打破了发展资金不足的瓶颈。最后，生态公益性岗位专门为脱贫户提供就业岗位，让其在“不离土不离乡”的基础上增加收入，并使生态保护与脱贫攻坚有效结合，同时产生环境和经济两重效益
转移就业扶贫	尖扎县为全县2062名建档立卡贫困户开展了挖掘机、电焊工、中式烹饪、民族歌舞、管道工、瓦工等创业技能培训，并对贫困户大学生进行了扶贫救助，发放补助资金。提高贫困地区群众脱贫致富的能力，激发贫困群众脱贫增收的自主性和积极性。引导搬迁群众发展农家乐，专门为德吉村19名藏族易地搬迁户开展了一对一中式烹饪培训，使学员熟悉并掌握了5~10例菜品烹制。同时，对全县排查出的从未参加技能培训的262名贫困劳动力制订详细的培训计划，分别在尖扎滩、昂拉乡、康杨、坎布拉镇、能科乡、多加办事处为贫困劳动力开展挖掘机、拉面工等技能培训	转移就业政策是政府为脱贫户开展“开发式扶贫”的重要路径。案例中提到为德吉村的藏族易地搬迁户开展了农家乐烹饪培训，让他们可以发展农家乐，在家门口赚到钱，在提升人力资本后使原本从事农业、牧业等第一产业的脱贫户进行了产业转移，进入专项收入更高、劳动力素质更高的第三产业。此外，在省内还有很多发达省份对口帮扶的劳务输出政策，也使劳动力达到饱和的农牧区牧民实现了就业
易地搬迁扶贫	尖扎县德吉村是易地扶贫搬迁的示范村。以前在山区的时候，生存条件恶劣，基础设施严重滞后，群众的住房、交通、医疗、教育等问题得不到保障。现在，德吉村的易地扶贫搬迁户都住上了统一的新房子，村里新建了幼儿园，为村民提供了很大的便利，不需要再将孩子送到县里的幼儿园，因县里的公立幼儿园名额有限，而私立幼儿园收费高。现在孩子们不仅不用交费，还可以在自家门口上学	易地扶贫搬迁政策深刻改变了原来生活在山大沟深、交通不便地区贫困户的生计方式。德吉村的脱贫户在完成搬迁后，社会资本（教育、医疗）、物质资本（交通、住房）都得到了很大的改善，维持生计资本变成了改善生计资本

续表

政策类别	具体情况	政策分析
教育扶贫	尖扎县全面实施贫困家庭学生补助工作，实现贫困家庭和城镇低保家庭学生资助全覆盖，防止贫困家庭因学致贫、因学返贫、因贫辍学的问题。全县落实建档立卡户学前教育保教费、义务教育阶段在校学生“两免一补”政策，建档立卡贫困户学生补助工作、高中三年免费教育补助工作、三江源补奖资金异地学生补助政策，以及面向青海省大中专学生的“雨露计划”	教育扶贫政策是改善贫困人口人力资本最主要的政策扶持手段，从案例中可以看出尖扎县在教育补助方面，从学前教育到高等教育的每一个教育阶段都实现了不同层面的补助与奖励，助力脱贫户的人力资本改善，是阻断代际贫困的有力保障
健康扶贫	尖扎县建立了医疗卫生服务团，成立村级政策保障团队，对全县建档立卡贫困人口开展了家庭医生签约服务。一是免费为全县农牧区贫困人口提供 15 项基本公共卫生服务。开展了育龄妇女叶酸补服、新生儿疾病筛查、儿童营养包发放等妇幼重大公共卫生服务，并对全县棘球蚴病人群筛查与免费手术、免费药物治疗，资助贫困先天性心脏病患者。二是落实贫困患者就诊“六减免”政策。三是完成建制村的村卫生室设备及人员配备工作等标准化建设工作	健康扶贫政策是改善脱贫户人力资本和社会资本的一种政策性手段。通过建设医疗服务机制、提供基本公共服务、落实患者就诊“六减免”政策、重大疾病治疗、村卫生室标准化建设等为脱贫户的健康提供保障，以防止因病致贫、因病返贫情况的发生
生态保护扶贫	2017 年，尖扎县投入巨资在尖扎滩乡萨尕尼哈为全县 34 个贫困村建设实施 7.8 兆瓦的光伏发电项目；2018 年底，开始并网运营。利用华能集团对口援建 1204.27 万元资金，在德吉村实施了户用光伏扶贫项目，为 251 户贫困户屋顶安装光伏发电系统并接入电网，采用“自发自用、余电上网”模式，每户屋顶光伏装机 8.4 千瓦，总计 2.1 兆瓦，按年日照可利用 1600 小时计算，预计每户每年可实现 4000 元以上的稳定收入	生态保护扶贫政策是针对生态脆弱、有利用优势的发展地区开展的扶贫政策，其中，光伏扶贫在生态保护扶贫中最具深远意义。通过“自发自用、余电上网”的模式节省了脱贫户家庭用电开支，并通过“余电上网”在不消耗任何人力资本和物质资本的基础上产生收益，这无疑提升了脱贫户的金融资本
兜底保障扶贫	尖扎县加强农村最低生活保障制度与扶贫政策的有效衔接，将符合条件的贫困家庭及时纳入最低生活保障范围，做到应保尽保。对无劳动能力并且无法依靠产业扶持与就业帮助脱贫的特殊贫困人口（低保人口）和重度残疾人，实行政策性保障兜底。将具备劳动能力，能够通过发展产业等帮扶措施脱贫的人口（低保人口），纳入脱贫攻坚政策扶持范围	兜底保障扶贫政策是针对贫困特殊群体没有发展能力，难以维持基本生活的保障性政策。在案例中可以看到，对无劳动能力并且无法依靠产业扶持与就业帮助脱贫的特殊贫困人口（低保人口）和重度残疾人开展了最低生活保障扶持，并发放低保金以及进行临时救助，对于没有发展能力的群体来说增加了金融资本，脱贫户依靠这一转移性收入维持基本生计

续表

政策类别	具体情况	政策分析
社会扶贫	尖扎县通过政府和社会的帮助，先后创办了文化创意公司、手工艺品公司、文化传播公司，并且开发了就业扶贫车间，将就业岗位与贫困户对接，前后共吸纳了100户贫困户，推动扶贫车间周边贫困户初步实现了技术和经济脱贫	社会扶贫政策主要包括中央单位定点扶贫、省市县各级党政机关企事业单位包村扶贫、企业扶贫以及社会各界扶贫。通过政府帮助成功脱贫并成为致富带头人，为贫困户进行专门的技能培训并提供就业岗位。这说明脱贫户在脱贫致富中获得了很多社会资本，这些社会资本完成利益联结以后产生各方效益，因此社会资本对于脱贫户来说非常重要，是自我发展的催化剂

由此可见，国家制度优势为大规模减贫奠定了坚实的基础，经济高速增长提供了物质保障。实施脱贫攻坚帮扶政策对青海省民族地区脱贫户生计资本的改善起到了决定性作用，对维持脱贫户可持续生计意义深远。在过渡期内坚持“四不摘”政策的前提下，在乡村振兴战略背景下，只有按照层次性、针对性、科学性的原则对以上政策做出相应调整与优化，才能使脱贫户提升生计资本、在选择生计策略中多一重巩固，在脱贫成果巩固拓展之路上多一重保障，在奔向第二个百年征程上多一重动力。

4.5 小结

本章从民族人口、资源区位、产业发展现状、居民收入情况、社会保障水平、健康与教育状况等方面阐述了青海省的基本情况。青海是国家西部经济欠发达省份，生态地位重要而特殊，属于原国定“三区三州”深度贫困区、原六盘山连片深度贫困区。从教育扶贫、基本医疗保障、住房安全保障、大力发展生态产业、构建立体式扶贫产业状况到形成扶贫大格局等方面总结了青海省脱贫攻坚成果和经验。脱贫攻坚以来，青海举全省之力如期实现贫困县全部“脱贫摘帽”，实现“两不愁三保障”的退出标准，脱贫户的生计资本得到不断积累与改善，尤其涉藏地区是前所未有的。其中，国家制度优势是根本保障，在整理青海省重要脱贫攻坚和防返贫政策与措施的基础上，基于对黄南州尖扎县基层干部访谈的实际案例，阐述了实施脱贫攻坚政策对脱贫户生计资本的影响。研究发现，各级政府帮扶政策的实施是脱贫攻坚取得胜利的决定性因素。因此，分析影响脱贫户可持续生计的因素，增强自我发展能力，坚决守住不发生规模性返贫的底线和来之不易的脱贫成果，是我国全面建成小康社会征途赋予我们的历史使命和时代挑战，决定着青海省民族地区脱贫攻坚工作的质量和成效。

第5章
chapter 5

青海省民族地区“脱贫摘帽”户可持续生计现状的量化分析

基于可持续生计理论，运用量化分析方法，研究青海省民族地区“脱贫摘帽”户可持续生计的影响因素。基于此，本章首先借助 SPSS23.0 软件进行因子分析，检验问卷中设计的 25 个自变量是否符合逻辑，提取 9 个公因子并解释与其他因子的关系，旨在说明脱贫户生计资本五个维度中各变量的相互关联程度，为下文的结构方程模型提供更加可靠合理的指标体系与思想脉络；其次运用 AMOS24.0 软件提出研究假设，验证生计资本五个维度与其各个变量的相关程度，利用显著性水平与路径系数，厘清生计资本之间的相互关联程度；最后利用二元 Logistic 回归分别解释选择不同生计策略的脱贫户，生计资本之下的各变量对生计策略的影响程度，旨在说明不同影响因素对不同生计策略的影响。

5.1 生计资本指标量化及策略类型划分

5.1.1 生计资本指标量化分析

本研究基于 Scoones 提出的生计资本理论和 DFID 提出的著名的可持续生计分析框架，在参考借鉴众多国内外知名学者对可持续发展和可持续生计的文献，以及国内一些著名专家关于少数民族地区生计资本和生计策略选择的学术著作基础上，结合青海省民族地区脱贫户的实际生活现状，通过咨询当地相关领域专家和研究民族问题的高校教师的指导与建议，对相关指标进行了初步设计与分析整理，经过多次甄选调整，最终确立了重要评价指标。在此基础上，构建了青海省民族地区脱贫户家庭可持续生计资本评价指标体系，共有一级指标 5 个、二级指标 25 个，在每个一级指标下均设有相应的二级指标。

（1）人力资本（H）。人力资本这一概念最早由美国的经济学家西奥多 · W. 舒尔茨提出，指一个人所拥有的知识、技能、健康、体能等。人力资本对其他生计资本的影响很大，在生计资本中处于核心地位，也决定了脱贫户驾驭其他 4 种生计资本的能力。本研究采用 2 个指标对人力资本加以衡量：家庭成员健康状况、成年劳动力学历水平。

（2）社会资本（S）。社会资本包括两部分，一部分是社会网络、社会制度、社会关联，另一部分是世界观、价值观、亲密度以及信任度等。在脱贫户的生计研究中，社会资本主要是指其为实现不同的生计策略所能使用的各种社会资源，包括社会制度、社会关系网、社会组织以及邻居亲戚的帮助等。本研究采用 3 个指标对社会资本加以衡量：政府部门支持、技术部门支持、家庭困难时的求助对象（上级领导、第一书记、普通朋友、直系亲属、好朋友、邻居、其他）。

（3）自然资本（N）。自然资源分为有形的自然资源和无形的自然资源两种，有形的自然资源包括土地、水资源、矿产资源、生物资源等，对于脱贫户而言，他们生活的环境很脆弱，因此自然资源拥有量在很大程度上决定了他们的生存状况和水平。在脱贫户的生计研究中，自然资本主要指为脱贫户家庭提供最基本生存保障的可持续利用的自然资源，如耕地和林地。本研究采用 4 个指标对自然资本加以衡量：耕地数量、草场数量、林地数量、饮用水来源。

（4）物质资本（P）。物质资本和消费品资本不同，它并不是通过生产物品从而带来收益的资本。在脱贫户的生计研究中，物质资本是指他们能够满足家庭生计需求的物质组成和基础设施建设，如安全的住房、牲畜数量、交通工具等，这些在乡村经济发展中发挥着重要作用，有利于提高脱贫户的可持续生计能力。本研究采用 4 个指标对物质资本加以衡量：住房类型、生活耐用品、家畜数量、生产交通工具。

（5）金融资本（F）。金融资本包括贷款、个人存款以及可支付现金。在脱贫户的生计研究中，金融资本是脱贫户家庭投入的现金或存款，用来实现他们的生计目的，它也是脱贫户家庭能够维持生计系统正常运转的关键。本研究采用 4 个指标对金融资本加以衡量：家庭积蓄、可支配现金、国家补贴、家庭获得贷款机会。

5.1.2 生计策略划分

在影响脱贫户生计策略选择的多种因素中，收入是核心影响因素，因此，本研究将以收入为基准，按被调查脱贫户家庭一年中各种生计活动的收入占家庭年总收入来源的比重来划分脱贫户所选择的生计策略类型。依据生计活动收入来源于农业、牧业、混合以及副业收入各占家庭总收入的比例将脱贫户家庭生计策略类型划分为 4 种：以农为主型、以牧为主型、（半农半牧）混合型、以副业为主型（见表 5-1）。

表 5-1 脱贫户家庭生计策略类型

所选生计策略	备注
以农为主型	农业收入所占家庭总收入大于等于 65%
以牧为主型	牧业收入所占家庭总收入大于等于 65%
（半农半牧）混合型	有些脱贫户家庭收入涉及农牧副业，来源并不集中，因此将这类脱贫户家庭生计策略归为混合型
以副业为主型	副业收入所占家庭总收入大于等于 65%

5.1.3 资料来源

本课题组在查阅关于可持续生计大量文献，参考脱贫户生计资本各指标的基础上，结合青海省民族地区脱贫户的实际情况，设计了“青海省民族地区贫困户“脱贫摘帽”后可持续生计现状调查问卷”，依据可持续生计理论对问卷内部和外部有效性进行检验，并通过一次预调研来调整调查问卷的合理性和规范性，随后利用该问卷开展实地调研。

本研究的调查样本来自青海省 2 市 6 州，调研时间为 2019 年 5 月至 2021 年 5 月，鉴于各贫困县退出贫困序列的时间前后顺序，本课题组调研问卷的时间有跨度，共发放 1350 份问卷，最后回收 1321 份，其中，有效问卷 1051 份，有效问卷回收率为 77.85%，获取了第一手调研问卷的数据资料。根据表 5-1 得出，以农为主型、以牧为主型、以副业为主型、（半农半牧）混合型脱贫户分别占有效样本 1051 份的 19.10%、34.03%、19.71%、27.16%。

5.2　问卷基本信息统计

5.2.1　被调研脱贫户家庭户主性别分布

由图 5-1 可知，被调研脱贫户中的男性较多，所占比例为 64.43%；而女性较少，所占比例为 35.57%。脱贫户中男性占主体地位，作为家里的顶梁柱，他们是家庭的主要决策人，对他们进行调查能较好地反映一户家庭的基本情况。

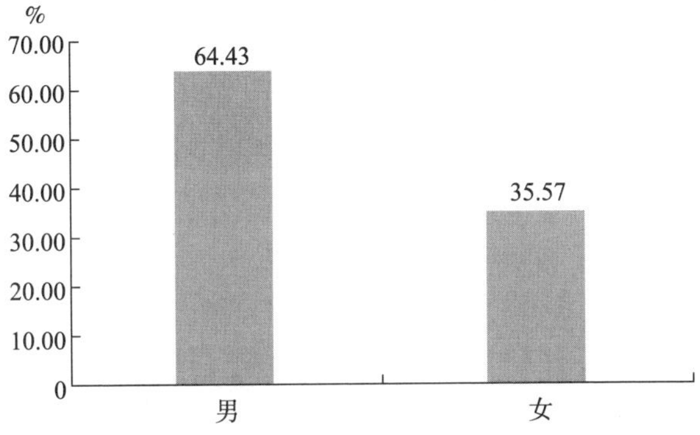

图 5-1　被调研脱贫户家庭户主性别分布

5.2.2　被调研脱贫户家庭接受问卷调查的年龄分布

由图 5-2 可知，调查的脱贫户年龄大都集中在 31~40 岁与 41~50 岁，分别占 1051 个有效样本的 30.27%和 28.94%；61 岁及以上的脱贫户最少，仅占 3.65%，这说明脱贫户中以中青年为户主的情况较为普遍。

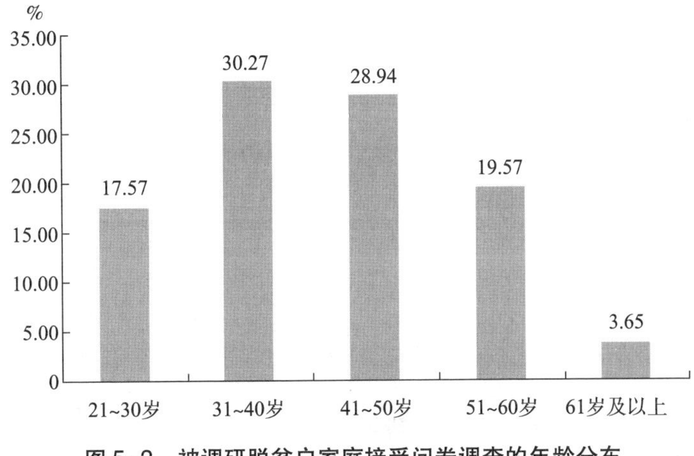

图 5-2　被调研脱贫户家庭接受问卷调查的年龄分布

5.2.3 被调研脱贫户家庭的民族分布

由图 5-3 可知，被调查脱贫户民族涉及了青海省主要的 5 个少数民族，藏族所占比例较大，达到了 42.30%，土族所占比例最少，为 4.23%，“其他”主要是蒙古族、撒拉族等，其余民族所占比例为 10%~20%。从图 5-3 中可以看出，本研究调研对象符合“青海省民族地区”这一显著特征。

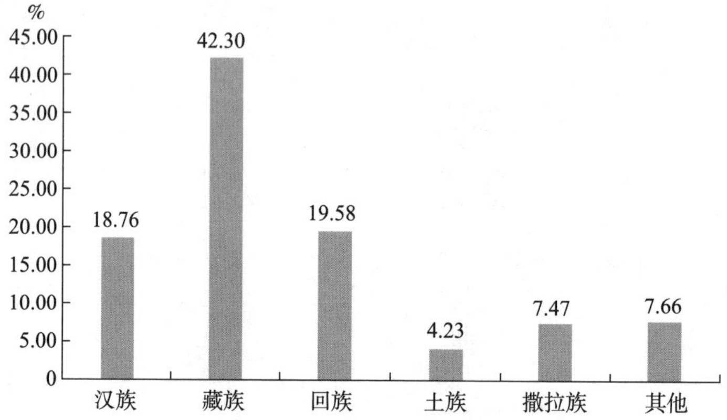

图 5-3 被调研脱贫户家庭的民族分布

5.2.4 被调研脱贫户家庭劳动力分布

由图 5-4 可知，被调查对象中家庭劳动力以 1~2 人居多，占有效样本的 72.61%；劳动力为 3 人的占有效样本的 22.04%；劳动力为 4 人的较少；5 人

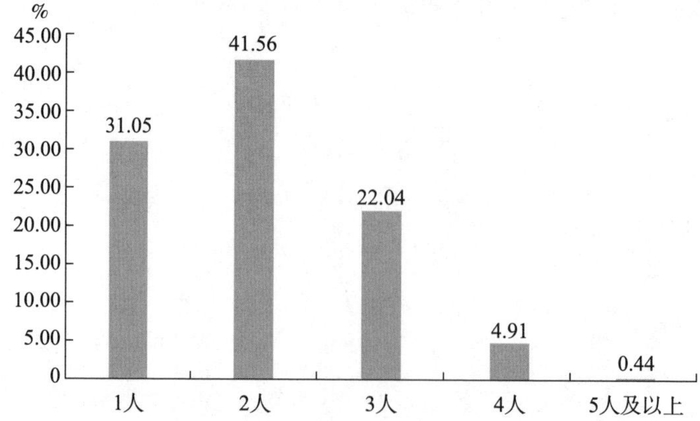

图 5-4 被调研脱贫户家庭劳动力分布

及以上的寥寥无几。从这种情况来看，脱贫户家庭劳动力人数制约着他们的学习技能与相应的生产能力，从而影响可持续生计。因此，脱贫户家庭劳动力总体上负担较重。

5.2.5　被调研脱贫户学历水平分布

由图 5-5 可知，脱贫户受教育程度普遍不高，没上过学的与只有小学文化水平的占了大多数，分别占比 37.07%、38.39%；初中学历的占 12.07%；高中及中专、中技学历的占 11.87%；大专、本科及以上学历的最少，仅占 0.60%。可以看出，脱贫户文化素质整体较低，家庭可持续生计能力会受到很大影响。

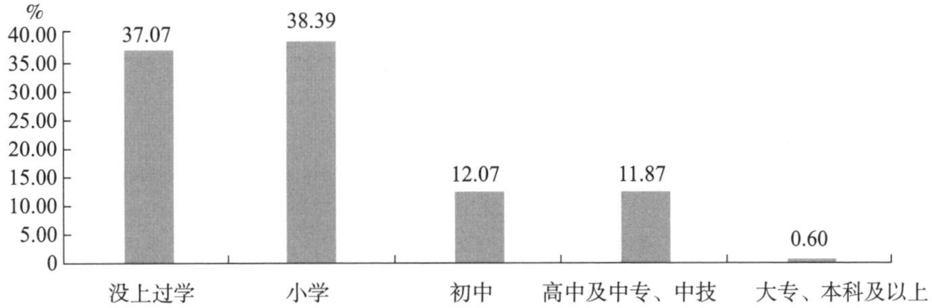

图 5-5　被调研脱贫户学历水平分布

5.3　影响生计资本因子的统计特征分析

首先对样本进行 KMO 分析和 Bartlett's 球形检验。KMO 是 Kaiser-Meyer-Olkin 的取样适当性量数（其值为 0~1），当 KMO 值越接近 1 时，表示变量间的共同因素越多，变量间的净相关系数越低，越适合进行因子分析。本研究对样本数据进行检验，KMO 的检验值为 0.745。一般认为，若 KMO<0.5，则样本数据不适用于因子分析法，而研究中 KMO 的检验值为 0.745>0.5，效果良好，说明变量间有共同因素存在，变量适合进行因子分析。此外，Bartlett's 球形检验的近似卡方分布为 3946.588（自由度为 300），显著性概率值为：$p=0.000<0.05$，已达到显著性水平，检验通过。因此，研究可以拒绝虚无假设，即拒绝净相关矩阵不是单元矩阵的假设，接受净相关矩阵是单元矩阵的假设，代表总体的相关矩阵间有共同因素存在，适合进行因子分析。KMO 分析与 Bartlett's 球形检验结果，具体见表 5-2。

表 5-2　KMO 分析和 Bartlett's 球形检验结果

取样足够多的 Kaiser-Meyer-Olkin 度量		0. 745
Bartlett's 球形检验	近似卡方	3946. 588
	df	300
	Sig.	0. 000

由表 5-3 可知，笔者选取大于 1 的 9 个选项，这 9 个选项的方差贡献率达到 58. 431%，大于 50%的方差贡献率意味着所研究的指标信息量有效，说明检验通过。为使因子更加合理，笔者对其进行旋转，旋转后因子方差贡献率不变，依旧为 58. 431%。

表 5-3　解释的总方差

成分	初始特征值			提取平方和载入			旋转平方和载入		
	合计	方差百分比/%	累积百分比/%	合计	方差百分比/%	累积百分比/%	合计	方差百分比/%	累积百分比/%
1	3. 535	14. 140	14. 140	3. 535	14. 140	14. 140	2. 069	8. 277	8. 277
2	2. 042	8. 169	22. 309	2. 042	8. 169	22. 309	1. 944	7. 774	16. 051
3	1. 952	7. 808	30. 117	1. 952	7. 808	30. 117	1. 741	6. 962	23. 013
4	1. 472	5. 887	36. 004	1. 472	5. 887	36. 004	1. 687	6. 747	29. 760
5	1. 297	5. 187	41. 191	1. 297	5. 187	41. 191	1. 667	6. 668	36. 428
6	1. 172	4. 686	45. 877	1. 172	4. 686	45. 877	1. 558	6. 231	42. 659
7	1. 111	4. 444	50. 321	1. 111	4. 444	50. 321	1. 497	5. 990	48. 649
8	1. 027	4. 109	54. 430	1. 027	4. 109	54. 430	1. 388	5. 550	54. 199
9	1. 000	4. 000	58. 430	1. 000	4. 000	58. 430	1. 058	4. 232	58. 431
10	0. 936	3. 742	62. 172	—	—	—	—	—	—
11	0. 873	3. 492	65. 664	—	—	—	—	—	—
12	0. 835	3. 339	69. 003	—	—	—	—	—	—
13	0. 793	3. 171	72. 174	—	—	—	—	—	—
14	0. 771	3. 082	75. 256	—	—	—	—	—	—
15	0. 683	2. 732	77. 988	—	—	—	—	—	—

续表

成分	初始特征值			提取平方和载入			旋转平方和载入		
	合计	方差百分比/%	累积百分比/%	合计	方差百分比/%	累积百分比/%	合计	方差百分比/%	累积百分比/%
16	0.666	2.666	80.654	—	—	—	—	—	—
17	0.654	2.618	83.272	—	—	—	—	—	—
18	0.619	2.474	85.746	—	—	—	—	—	—
19	0.607	2.427	88.173	—	—	—	—	—	—
20	0.593	2.373	90.546	—	—	—	—	—	—
21	0.553	2.210	92.756	—	—	—	—	—	—
22	0.527	2.108	94.864	—	—	—	—	—	—
23	0.456	1.822	96.686	—	—	—	—	—	—
24	0.430	1.720	98.406	—	—	—	—	—	—
25	0.398	1.591	99.997	—	—	—	—	—	—

5.4　模型结果分析

笔者根据因子分析方法的原理，运用统计软件 SPSS23.0 可计算出各因子对应的特征值、贡献率、累计贡献率与各指标变量正交旋转后的因子载荷矩阵等，按照设定的特征值大于 1 的原则，SPSS23.0 提取 9 个影响脱贫户生计的公共因子替代原来的 25 个指标。前 9 个因子作为公共因子已经对大多数数据给出了充分概括，最后结果确定提取 9 个影响脱贫户可持续生计的公共因子。与未旋转前相比，旋转后各因子意义更加明确、合理，也更加有利于对数据进行解读和应用（见表 5-4、表 5-5、表 5-6）。

表 5-4　成分矩阵 a

项目	成分								
	1	2	3	4	5	6	7	8	9
彩电	0.718	—	0.298	—	—	—	-0.184	—	—
政府部门支持	0.603	—	0.124	—	0.101	-0.294	0.294	-0.113	-0.157

续表

项目	成分								
	1	2	3	4	5	6	7	8	9
家庭积蓄	0. 600	—	0. 322	−0. 118	0. 157	0. 136	0. 235	−0. 192	—
洗衣机	0. 594	—	0. 268	0. 124	—	—	−0. 302	0. 163	—
国家补贴	0. 517	—	−0. 302	−0. 128	−0. 256	—	0. 219	—	—
饮用水来源	0. 514	0. 197	—	0. 113	−0. 104	—	−0. 192	−0. 218	—
草场数量	0. 440	0. 261	−0. 406	−0. 388	0. 203	—	—	—	—
家畜数量	0. 433	0. 225	−0. 374	−0. 329	0. 294	0. 239	—	−0. 101	0. 125
技术部门支持	0. 425	0. 161	—	—	−0. 292	−0. 353	0. 299	—	0. 141
第一书记	0. 321	−0. 196	−0. 250	0. 307	0. 276	0. 108	0. 237	0. 300	—
普通朋友	—	0. 708	—	—	−0. 213	—	0. 113	—	—
住房类型	0. 221	−0. 643	—	0. 187	—	0. 190	−0. 135	−0. 229	—
其他	—	0. 425	—	0. 357	−0. 214	−0. 115	—	−0. 239	0. 221
家庭获得贷款机会	—	—	0. 534	—	—	−0. 300	0. 240	0. 110	−0. 254
成年劳动力学历水平	−0. 141	0. 241	0. 514	0. 112	0. 229	0. 383	—	—	0. 178
耕地数量	−0. 348	—	0. 477	0. 143	—	—	0. 103	−0. 207	—
好朋友	−0. 183	−0. 397	0. 164	−0. 526	−0. 418	—	—	—	0. 108
上级领导	0. 178	−0. 396	−0. 219	0. 511	0. 122	—	0. 237	−0. 141	−0. 177
邻居	—	−0. 250	0. 300	−0. 472	0. 324	−0. 328	—	—	—
直系亲属	0. 110	0. 390	0. 168	0. 114	0. 516	−0. 148	−0. 315	—	−0. 118
家庭成员健康状况	0. 316	—	0. 117	—	−0. 342	0. 342	−0. 168	0. 186	−0. 206
可支配现金	0. 395	—	0. 357	−0. 228	—	0. 440	0. 138	−0. 256	—
生产交通工具	−0. 269	0. 232	0. 221	—	—	0. 317	0. 481	0. 278	—
冰箱	0. 373	—	0. 205	—	−0. 136	—	−0. 155	0. 617	—
林地数量	—	−0. 233	—	—	0. 175	−0. 147	0. 190	0. 205	0. 798

表 5-5　旋转成分矩阵

项目	成分								
	1	2	3	4	5	6	7	8	9
草场数量	0.756	0.164	—	—	—	0.116	—	—	—
家畜数量	0.753	—	—	—	0.243	0.152	—	—	—
耕地数量	-0.541	—	-0.216	-0.163	0.201	0.109	—	—	—
技术部门支持	—	0.689	—	—	—	—	-0.157	—	0.130
政府部门支持	0.101	0.665	—	0.165	0.203	0.162	0.203	—	—
国家补贴	0.410	0.459	0.126	0.122	—	-0.252	—	—	—
冰箱	—	—	0.751	—	—	—	0.114	-0.119	—
洗衣机	—	0.211	0.617	—	0.193	0.110	—	0.322	—
彩电	—	0.353	0.539	—	0.341	—	—	0.352	—
家庭成员健康状况	—	—	0.530	—	0.164	-0.124	-0.187	—	-0.310
上级领导	—	0.116	—	0.751	—	—	-0.104	0.129	—
第一书记	0.221	—	0.188	0.612	—	0.142	—	-0.132	0.159
住房类型	-0.107	-0.138	0.106	0.469	0.276	-0.257	—	0.441	—
普通朋友	—	0.314	—	-0.409	—	0.236	-0.374	-0.296	-0.118
可支配现金	0.109	—	0.121	—	0.755	-0.127	—	—	—
家庭积蓄	0.120	0.367	0.140	0.148	0.618	—	0.199	—	—
成年劳动力学历水平	-0.269	-0.276	—	-0.151	0.493	0.316	-0.121	-0.206	0.127
直系亲属	—	—	—	-0.131	—	0.746	0.117	0.116	—
好朋友	-0.114	—	—	-0.326	—	-0.681	0.292	0.110	—
邻居	—	—	—	-0.182	—	—	0.738	0.127	—
其他	-0.220	0.179	—	-0.244	—	0.207	-0.529	0.135	—
家庭获得贷款机会	-0.409	0.305	—	—	—	0.125	0.437	-0.186	—
生产交通工具	-0.130	—	—	—	0.143	—	—	-0.742	—
饮用水来源	0.176	0.343	0.182	—	0.156	0.162	-0.206	0.350	-0.137
林地数量	—	—	—	—	—	—	—	—	0.903

表 5-6 成分转换矩阵

成分	1	2	3	4	5	6	7	8	9
1	0.434	0.561	0.487	0.213	0.359	0.104	0.024	0.272	-0.027
2	0.186	0.204	-0.072	-0.547	-0.011	0.541	-0.438	-0.332	-0.157
3	-0.675	0.059	0.281	-0.282	0.522	0.151	0.275	-0.094	0.046
4	-0.460	0.056	0.109	0.550	-0.153	0.344	-0.558	0.120	0.062
5	0.205	-0.240	-0.287	0.284	0.148	0.686	0.436	-0.013	0.235
6	0.225	-0.566	0.150	0.201	0.561	-0.136	-0.337	-0.296	-0.178
7	-0.046	0.484	-0.348	0.318	0.157	-0.219	0.032	-0.662	0.170
8	0.078	-0.146	0.664	0.053	-0.437	0.071	0.184	-0.497	0.227
9	0.093	-0.059	-0.017	-0.221	0.146	-0.118	-0.286	0.142	0.895

提取方法：主成分。
旋转法：具有 Kaiser 标准化的正交旋转法。

5.4.1 草场数量因子分析

第一个公因子草场数量与家畜数量、国家补贴负荷量高，特别是在家畜数量上最为明显。草场数量与家畜数量、国家补贴存在正相关关系。家畜数量的负荷量最大（0.753），说明草地资源是脱贫户赖以生存的重要基础生计资本，对于完全依靠自然资本的脱贫户来说尤为重要，如畜牧业生产基地，草场的数量与质量影响着可承载的牲畜数量。牲畜数量是生计的物质资本，是脱贫户生产能力的体现，草场数量与牲畜数量两个因子呈正相关关系。由此说明，自然资本越多，其物质资本拥有量就越大。但自然资本易受“脆弱性环境”影响，外部风险冲击力对脱贫户生计破坏严重，且其抵抗脆弱性能力较弱。

国家补贴的负荷量为0.410，说明草场数量与国家补贴呈正相关关系。国家补贴政策是可持续生计的外部政策支持力量，是脱贫户生计中非常重要的一项收入来源。如草原生态补助奖励政策，该政策的实施对青海省草场退化的遏制与草地生态系统的恢复起着至关重要的作用；为保护生态环境，对大江大河水源涵养区的草原实行禁牧封育政策，使这些区域的脱贫户通过获得国家政策补贴维持生计。据调研访谈与统计，在以牧为主的脱贫户家庭总收入中超过50%的收入来源于草原补奖等各类政府转移性收入。因此，国家补贴可以作为脱贫农牧民家庭社会资本与金融资本的典型代表，而草场数量可以作为物质资本的典型代表。由于草场数量与国家补贴呈正相关关系，脱贫户物质资本与金融资本存在相关关系。可以说，物质资本越丰富，其获得的金融资本就越多，脱贫户家庭生计稳定性就越强。

5.4.2 家畜数量因子分析

第二个公共因子家畜数量与技术部门支持（0.689）、政府部门支持（0.665）、国家补贴（0.459）3个因子负荷量较高，表明家畜数量与这3个因子存在正相关关系。家畜数量是脱贫户家庭重要的物质资本，技术部门的支持对于家畜数量影响最为明显，为其提供防疫技术、接种技术、饲喂技术能够有效减少牲畜因病因疫造成的减产，从而降低生计风险。在脱贫攻坚进程中，政府为脱贫户提供了产业发展资金，用于购买家畜，或由政府（提供销售渠道）直接发放牛、羊等物质资本交由他们养殖，逐步改善物质资本水平，说明他们的可持续生计与政府部门的支持高度相关。技术部门支持与政府部门支持是脱贫户社会资本的典型代表，而家畜数量是物质资本的典型代表。因此，脱贫户的社会资本与物质资本存在相关关系，可以说，脱贫户社会资本的支持系统会影响其物质资本的丰富程度，社会资本越丰富，物质资本积累越多，且脱贫户物质资本依赖社会资本的政府扶持表现非常显著。

家畜数量与国家补贴的负荷量较高（0.459），意味着家畜数量与国家补贴呈正相关关系，这一结论符合事实逻辑。在调研时，课题组了解到，脱贫户家畜数量越多，其获得的保险补贴、饲草补贴就越多，国家补贴也较大程度地影响着家畜数量，应该正确引导脱贫户对资金的有效使用。家畜数量作为脱贫户物质资本代表，数量越多，物质资本越丰富；国家补贴作为家庭生计重要的收入来源，也是抑制返贫的重要因素。可见，物质资本与金融资本存在相关关系，这也是脱贫户较为容易相互转化的生计资本，在其生计可持续中扮演着重要角色。

5.4.3 耕地数量因子分析

第三个公共因子耕地数量主要在冰箱（0.751）、洗衣机（0.617）、彩电（0.539）3个因子中负荷量较高，说明耕地数量与这3个生活耐用品因子存在正相关关系。在脱贫攻坚的进程中，冰箱、洗衣机、彩电是体现脱贫户生计达到“脱贫摘帽”的重要指标，冰箱中食物种类的丰富度反映出脱贫户生活方式的改变；洗衣机是脱贫户生活水平提升以及基础设施健全的指标；彩电是脱贫户文化生活丰富的代表，充分表现了脱贫户物质资本拥有程度。耕地数量是以农为主型、（半农半牧）混合型脱贫户的重要自然资本类型，也是维持生计持续的重要生产要素。耕地数量与冰箱、彩电、洗衣机呈正相关关系，意味着脱贫户的自然资本与物质资本也呈正相关关系，反映出脱贫户自然资本与物质资本的关系非常密切。

耕地数量在家庭成员健康状况（0.530）上也有较大的荷载，说明脱贫户家庭成员身体健康程度也会明显影响耕地数量。青海省种植养殖业的发展受地理位置影响，机械化水平低，在很大程度上依靠家庭劳动力的体力劳作，家庭劳动力的数量与质量对农牧业生产非常重要。耕地数量作为以农为主型、（半农半牧）混合型生计策略脱贫户的重要自然资本，为其提供了维持生计的收入来源；同时，家庭成员的身体健康作为脱贫户最基本的人力资本要素，是创造财富不可或缺的条件之一，是人力资本的代表，由此可以推断，脱贫户人力资本与自然资本的联系非常紧密，这说明人力资本的脆弱性对脱贫户造成的生计风险非常大，要愈加关注脱贫户的人力资本。

5.4.4 技术部门支持因子分析

第四个公共因子技术部门支持与上级领导（0.751）和第一书记（0.612）荷载较高，说明在脱贫户拥有的社会资本中，技术部门的支持、上级领导和第一书记的联系较为紧密，上级领导、第一书记对技术部门支持存在明显的正相关关系。青海曾是我国深度贫困区之一，是国家脱贫攻坚的主战场。在脱贫攻坚中，上级领导与第一书记、技术部门的有效支持形成了脱贫户强有力的社会支持系统，三者相互促进、相互协调的良性循环，发挥了三者的带贫优势，对提升脱贫户的可持续生计资本具有重要作用。同时，说明了社会网络的相互重叠性，社会网络线条越密集，获取的社会资本越丰富，对可持续生计的维持越稳定。

技术部门支持与住房类型（0.469）荷载也较大，说明技术部门支持与住房类型呈正相关关系。国家为改善脱贫户的生活环境与生活质量，提升其自我发展的能力和主动性，提供了不同层面的技术支持，如在种植业、畜牧养殖、手工业加工、农家乐、乡村旅游等方面的技术支持，由此可知，技术部门的支持可以作为脱贫户有效获取社会资本的重要内容；国家对深度贫困区实行易地搬迁、危房改造等措施，解决了生计困难和住房安全问题，有利于他们发展产业或寻求致富路径，因此可以作为物质资本的重要内容。技术部门支持与住房类型呈正相关关系，说明物质资本与社会资本呈正相关关系，脱贫户的物质资本越丰富，在一定地域范围内其社会地位就越高，社会资本就越容易获得，可以获取到其他资本的可能性就越大，越有利于创造富裕生活。

5.4.5　政府部门支持因子分析

第五个公共因子政府部门支持与可支配现金（0.755）、家庭积蓄（0.618）的负荷量较大，影响也最为明显，说明脱贫户获取政府部门的支持越多，这种支持既包括物质方面也包括精神方面，生计资本改善越明显，所获得的可支配现金与家庭积蓄就越多。政府部门支持可以作为社会资本的重要内容，而可支配现金与家庭积蓄又可以作为金融资本拥有量，成为获得或构建重要生计的要素。因此，脱贫户的社会资本与金融资本之间呈正相关关系，脱贫户获得的金融资本越多，其社会地位就越高，就越能较大程度获得政府部门的支持，或者为其提供方便快捷的贷款方式，支持发展乡村产业。但脱贫户家庭受当地民族风俗、宗教信仰的影响，对于家庭储蓄有不同的认识，储蓄知识淡薄、消费行为不健康，使家庭中种植养殖业往往不能长久和规模发展，这需要政府部门相关金融政策的引导与支持，转变脱贫户的理财观念。

政府部门支持与成年劳动力学历水平（0.493）负荷量较大，意味着政府部门支持与成年劳动力学历水平呈正相关关系，说明脱贫户的学历水平越高，越容易获得政府部门的支持。对于一些文化水平较低、自身发展能力弱、家庭生活压力较大的脱贫户，其社会资本获取能力弱，政府部门的支持是他们唯一能够获取到的社会资源，也是抵制他们返贫的最后一道红线。政府部门的支持是脱贫户最重要的社会资本，而脱贫户的学历水平则决定了其社会融入能力与社会地位，是人力资本的重要表征。政府部门支持与成年劳动力学历水平呈正相关关系，因此，脱贫户的人力资本会影响其社会资本，一定的技能水平与知识素养有助于获得更多的社会资本，也表明技能劳动力有利于拓宽家庭收入来源，提高家庭生活质量。

5.4.6 国家补贴因子分析

第六个公共因子国家补贴与直系亲属（0.746）的负荷量最大，说明国家补贴与直系亲属存在正相关关系。国家补贴是脱贫户重要的外部国家政策支持系统，也是重要的金融资本。直系亲属是脱贫户在遭遇突发情况时首先选择寻找帮助的对象，这种现象常见于以血缘和地缘为关系纽带的家族与宗族氛围浓厚的涉藏地区，可以将直系亲属作为社会资本的代表。国家补贴与直系亲属呈正相关关系，说明社会资本与外部国家政策支持的关系较为密切，这与实际情况相符，在前期开展的调研中发现，从贫困户的精准识别到各类国家扶贫政策的实施，以及享受各类补贴的发放，脱贫户直系亲属在乡镇、村两委的社会地位与脱贫户获得的补助相关。

国家补贴与成年劳动力学历水平（0.316）负荷量较大，说明国家补贴与成年劳动力学历水平呈正相关关系。脱贫户有较高学历能够抓住更多帮扶机会，在申报相关材料时更具有优势，因而在产业帮扶或者就业补助上获得较多的支持。国家补贴将作为脱贫户金融资本的重要来源，成年劳动力学历水平也是脱贫户重要的人力资本，脱贫户的金融资本与人力资本之间相互影响，共同促进脱贫户的生计可持续。因此，应加强对脱贫户的技能培训或者学历提升，帮助他们提升享有国家补贴的机会，从而实现从“输血”到“造血”的转变。

5.4.7 生活耐用品因子分析

第七、第八、第九公共因子分别为冰箱、洗衣机、彩电，这三者同属生活耐用品，为脱贫户的物质资本。其中，冰箱在邻居（0.738）、家庭获得贷款机会（0.437）的荷载最大，说明农牧区人口稀少，邻居成为他们信息传播、寻求帮助的重要社会资本，冰箱作为银行借贷重要的参考指标，代表了脱贫户物质资本的丰裕程度，使得物质资本可以有效转化为金融资本；洗衣机与住房类型（0.441）负荷量较高，说明随着物质生活的改善，脱贫农牧民居住条件和生活习性也有了很大的改变，物质资本之间可以相互促进形成良性循环；彩电在林地数量（0.903）负荷量最高，说明在政府生态补偿机制政策下脱贫农牧民经济收益得到良好转变，物质资本得到积累，有效改善生态环境提升自然资本。因此，可以看出，脱贫户的物质资本同社会资本、金融资本、自然资本呈正相关关系。

综上所述，本研究通过综合提取影响青海省民族地区脱贫户可持续生计的 9 个公因子，充分解释相关因子之间的关系，证明指标选取合理，能够完全说明各因子对脱贫户可持续生计的重要影响。

5.5　结构方程模型结果分析

运用 AMOS24.0 软件能够很好地说明各生计资本内在变量之间的关系，阐述五大生计资本之间与各资本中各内在变量的相关程度，利用显著性水平与路径系数，厘清各大生计资本之间与资本内部各指标的相关程度。

5.5.1　结构方程模型

结构方程模型也称“协方差分析模型”，包含数理统计分析中的线性回归分析和因素分析方法，是对路径分析、探索性因子分析与方差分析等方法的综合运用和改进，主要包括测量模型和结构模型。

（1）测量模型。

测量模型也称“外生变量观测模型”，可根据路径的因子负荷量描述各测量变量和潜变量的关系，其中，测量变量可以通过测量得到，潜变量无法直接测量得到。数学表达式为

$$X=\Lambda_x\xi+\delta \tag{5-1}$$

$$Y=\Lambda_y\eta+\varepsilon \tag{5-2}$$

其中，X 为外生变量组成的向量，Y 为内生变量组成的向量，Λ_x 为 X 的因子负荷量，Λ_y 为 Y 的因子负荷量，ξ 与 η 分别为外生潜变量向量和内生潜变量向量，δ 与 ε 为测量误差向量。

（2）结构模型。

结构模型可以反映结构方程模型中不可直接测量的潜变量之间的内在关系（包含直接关系和间接关系），数学表达式为

$$\eta=B\eta+\Gamma\xi+\zeta \tag{5-3}$$

其中，η 为内生潜变量向量；B 与 Γ 为因素路径系数矩阵，B 表示内生潜变量之间的影响关系，Γ 表示外生潜变量对内生潜变量的影响关系；ζ 为残差项，反映内生潜变量 η 未能被解释的部分。

影响青海省民族地区脱贫户可持续生计的因素众多，本节在依据上文因子分析评价指标的基础上，结合青海省民族地区脱贫户的生计资本现状，设计测量变量指标，如表 5-7 所示。

表 5-7　测量变量

变量名称	变量标签	变量名称	变量标签
e_1	耕地数量	e_{11}	政府部门支持
e_2	草场数量	e_{12}	技术部门支持
e_3	林地数量	e_{13}	困难时求助对象
e_4	饮用水来源	e_{14}	家庭积蓄
e_5	家畜数量	e_{15}	国家补贴
e_6	生活耐用品 3	e_{16}	家庭获得贷款机会
e_7	生活耐用品 2	e_{17}	可支配现金
e_8	生活耐用品 1	e_{18}	生产交通工具
e_9	成年劳动力学历水平	e_{19}	住房类型
e_{10}	家庭成员健康状况		

在结构模型潜变量中，自然资本包括 e_1~e_4 共 4 个测量变量，社会资本包括 e_{11}~e_{13}共 3 个测量变量，金融资本包括 e_{14}~e_{17}共 4 个测量变量，人力资本包括 e_9~e_{10}共 2 个测量变量，物质资本包括 e_5~e_8、e_{18}~e_{19}共 6 个测量变量。

根据已设潜在变量和测量变量，并且结合青海省民族地区脱贫户可持续生计现状，做出研究假设如下：自然资本、社会资本、金融资本、人力资本、物质资本之间存在互相影响、相互转化、相互支撑、互为因果的关系。分析生计资本五个维度之间的结构路径系数可以体现生计资本相互影响的程度。

5.5.2　模型结果分析

根据图 5-6 的模型标准化路径，可以看出生计资本五个维度之间存在相互关联影响关系，根据前文所提假设，对模型路径进行分析并判断验证假设是否成立。

(1) 物质资本与自然资本。

根据模型路径分析，物质资本与自然资本的路径系数为 0.63（$p<0.001$），反映了两个潜变量之间有正向直接相关性。由此可知，在一定程度上提高脱贫户的物质资本，其自然资本也会相应提高，脱贫户拥有较多的生活耐用品、家畜、生产交通工具、住房，可以将其一部分转化为扩大再生产的金融资本，再转化为自然资本。而自然资本也以同样的转化路径转化为物

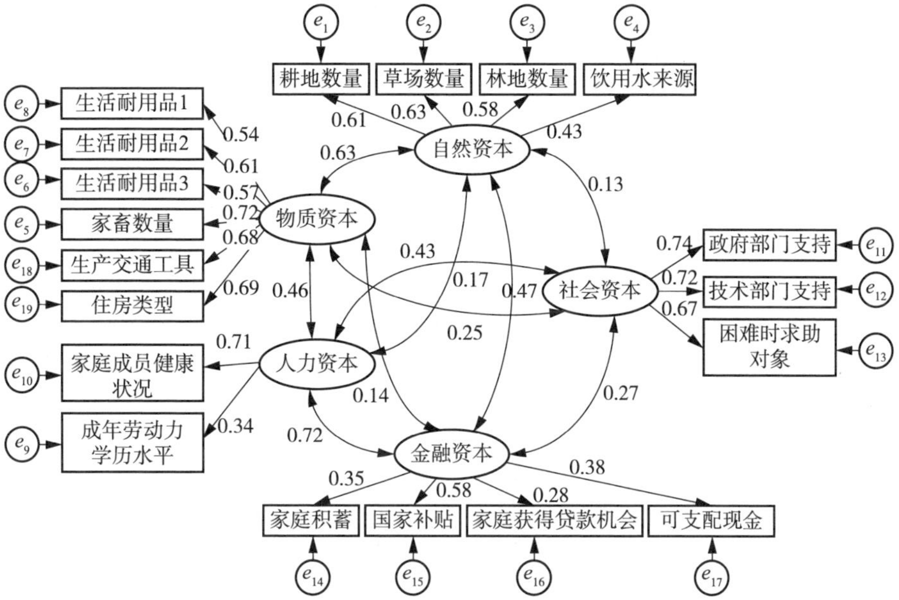

图 5-6　生计资本五个维度结构方程模型

质资本。

在物质资本的测量变量中家畜数量（e_5）的因子负荷量为 0.72，对物质资本的影响最大，表明增加脱贫户家畜数量的拥有量是提升物质资本的有效措施，同时也验证了脱贫户对畜牧产业发展的依赖性较高，外出打工等收入较低。其次是生产交通工具（e_{18}）的因子负荷量为 0.68，对物质资本的影响较大，由此可知，增加脱贫户生产交通工具拥有量对物质资本的意义较大，没有运输工具，便无法将有限的产品运到市场，生产与运输成本的增加意味着其在市场竞争中处于不利地位。生产交通工具的拥有量与减轻劳动量密切相关，这反映出脱贫户大多从事的是劳动密集型产业，生产交通工具的拥有程度可以反映其生活质量。生活耐用品 2（e_7）、住房类型（e_{19}）、生活耐用品 3（e_6）、生活耐用品 1（e_8）4 个测量因子负荷量分别为 0.61、0.69、0.57、0.54，说明这 4 个测量变量对物质资本的影响程度不大，原因是在脱贫攻坚进程中对脱贫户的帮扶政策中包含住房保障、物质帮扶等政策，他们已或多或少地享受了相关政策，因此，住房类型、生活耐用品与物质资本的相关性并不强。

（2）物质资本与社会资本。

物质资本与社会资本的路径系数为 0.25（$p<0.05$），反映了两个潜变量

之间存在直接正相关性，但二者之间相互关联性并不强。由此可知，在一定程度上提高脱贫户的物质资本，其社会资本也会相应提升。通常，脱贫户家庭拥有的生产交通工具、牲畜、生活耐用品等的存量会在一定程度上拓宽社会网络资源，从而提高社会资本。根据两者的相互关系影响较小，可以推断出，青海省农牧区社会网络关系比较复杂、松散。同时，提高脱贫户的社会资本，其物质资本也会相应提升。调研走访时，课题组发现，在一些农牧区，脱贫户的亲属如果是村干部或者是其他正式工作人员，他们就有可能获得小到柴米油盐，大到大型社会耐用品以及各类动产与不动产的物质资本。

（3）自然资本与社会资本。

自然资本与社会资本的路径系数为0.13（$p<0.05$），反映了两个潜变量之间有直接正相关性，但相互关联性不强。由此可知，在一定程度上提高自然资本，其社会资本也会相应提高。例如，在青海省涉藏地区依旧存在“千户”“百户”，是清朝雍正年间管辖藏区属民的一种管理制度，他们拥有数量非常多的草场等自然资本，直到现在其部分子孙后代依旧传承，因此就诞生了“草场大户”。他们不仅在物质上富有，在社会中也是“精英人士”般的存在。两者相互关系影响较小，可以推断出，脱贫户中没有这样的“千户”“百户”，这可能是由于在生态环境脆弱区，大多数脱贫户拥有的自然资本较少，农牧业生产效益较低，对改善社会资本的影响较小。同时，社会资本也会影响自然资本，在部分农牧区由于基层管理体系不完善，与村干部关系密切的部分脱贫户承包的土地与关系一般的脱贫户承包的耕地、林地、草地，在质量、地理位置上会出现绝对的不公平。可见，社会资本会影响自然资本。

在自然资本的测量变量中，草场数量（e_2）的因子负荷量最大，为0.63，说明增加草场数量能够有效提升自然资本储备，对于生计以草场为基础开展生产活动的脱贫户来说，自然资本非常重要。同时，验证了在青海省民族地区的自然资源中，草场数量与质量对脱贫户生计策略的影响非常重要，已从维持生计转向与其他资本相结合，能够更好地利用自然资源。其次是耕地数量（e_1），其因子负荷量为0.61，说明增加耕地数量能够较大程度地提升自然资本，在青海省东部农业区依旧存在较多依靠耕地维持生计的脱贫户，耕地也是其重要的自然资源。最后是林地数量与饮用水来源，其因子负荷量分别为0.58和0.43，对自然资本的影响程度相对较低，这是由青海省特殊的省情与自然资源状况决定的，依靠林果业维持生计的脱贫户较少，林地数量对自然资本影响不显著。由于青海省为实现贫困地区“两不愁三保障”的脱贫目标，在饮用水资源的开发与维护中投入了巨大的人力、物力和财力，饮用水质量与效率的提升并不会直接影响脱贫户的生计策略的选择。

（4）自然资本与金融资本。

自然资本与金融资本的路径系数为0.47（$p<0.001$），反映了两个潜变量之间有直接正相关性。由此可知，在一定程度上提升自然资本，其金融资本也会相应提升。脱贫户在拥有较为充足的自然资源时，会将多余的自然资源以流转或者入股的方式将使用权转让给他人或者其他社会团体。例如，在草原补奖政策的影响下，果洛州部分脱贫户逐渐从牧业生产中转移出来从事其他产业，他们所拥有的草场资源便会流转给养殖大户或者将草场转化为股份的形式入股合作社，享受合作社产生收益时的分红。同时，提升金融资本，其自然资本也会提升，最直接反映在脱贫户利用金融资本扩大种植养殖规模进行的草场、耕地、林地的租赁上，金融资本会影响自然资本，通过培育人力资本转变生计发展方式，是实现可持续生计发展的重要策略。

（5）社会资本与金融资本。

社会资本与金融资本的路径系数为0.27（$p<0.05$），反映了两个潜变量之间有直接正相关性，但相互关联性不强。由此可知，在一定程度上提升脱贫户的社会资本，其金融资本也会相应提升。当脱贫户拥有了较为丰富的社会资源、社会关系网时，其社会融入能力、获取信息能力会大大提升，提高就业机会和增收能力，拥有财富的机会也会大大增加。同时，提升脱贫户拥有金融资本的能力，其社会资本也会相应提升。例如，当脱贫户拥有较多财富时，其获得更高层级的教育、医疗、养老的机会相应提升。相互关联影响较弱表明，脱贫户的整体生活水平还未提升到金融资本能够直接影响社会资本的水平程度，脱贫质量有待提高。

在社会资本的测量变量中，政府部门支持（e_{11}）的因子负荷量最大，为0.74，说明增加脱贫户获得政府部门支持的机会能够有效提升脱贫户的社会资本，也充分验证了社会资本与政府行为、政府部门的政策关系最为密切，可以把青海省民族地区脱贫户的社会资本看成政府部门建立的扶持网络的产物。同时，表明在生态脆弱、经济总量小、贫困程度深的民族地区，获得政策扶持机会对脱贫户稳定脱贫成果、创造自我发展的内生动力极其重要。因此，在未来很长一段时间，对于脱贫户的政策扶持应该继续并且持续优化，才能确保脱贫户不发生规模性返贫。其次是技术部门支持（e_{12}），其因子负荷量为0.72，说明增加获得技术部门支持的机会能够有效提升社会资本，也验证了脱贫户产业发展能力不足、技术水平低、经营管理不完善，因此对技术部门的帮助是特别需要的。例如，在青海省牧区，脱贫户非常需要兽医站的技术人员提供防疫技术提高牲畜的生产能力。最后是困难时求助对象（e_{13}），其因子负荷量为0.67，说明在一定程度上提升脱贫户困难时求助对象的能力，其拥有的社会资本也会相应提升，这种情况在青海省很普遍。例如，大部分脱贫户对村两委班子、驻村干部和基层干部的依赖性较大。

（6）社会资本与人力资本。

社会资本与人力资本的路径系数为0.43（$p<0.001$），反映了两个潜变量之间存在直接正相关性。由此可知，在一定程度上提升脱贫户的社会资本，其人力资本也会相应得到提升。脱贫户在拥有较多政府部门、技术部门的支持机会时，获得职业技能培训的机会也会增多，从而提升其技能水平与实践能力。同时，提升脱贫户的人力资本，其社会资本也会相应提升。脱贫户通过不同方式提升技术能力后，获得就业机会的能力会大大增强，这种情况在青海省农牧区普遍存在，脱贫户通过接受政府支持的各种就业培训后，会进行劳务输出或者在附近就业创业，德吉村村民通过厨师培训在家门口经营农家乐就是一个很好的例子。

（7）人力资本与物质资本。

人力资本与物质资本的路径系数为0.46（$p<0.001$），反映了两个潜变量之间存在直接正相关性。由此可知，提升脱贫户的人力资本，其物质资本也会相应提升。受教育程度和学历水平越高，思想越活跃，想要尝试新鲜事物的动力或者能力就越强，会购置便于自己发展的生产交通工具或者牲畜，也会购置一部分生活耐用品提高生活质量，丰富文化生活。同时，提升脱贫户的物质资本，其人力资本也会相应提升。脱贫户在拥有了数量较多的牲畜时，会主动学习养殖技术便于生产管理，其人力资本也会相应提升。

在人力资本的测量变量中，家庭成员健康状况（e_{10}）的因子负荷量最大，为0.71，说明了脱贫户家庭成员的健康状况对其人力资本的影响非常显著，这个输出结果与实际调研观察一致。在大部分农牧区，脱贫户因病致贫的概率非常大，尤其是在地方病、高原病频发地区，患大病后得不到有效及时的治疗，治愈的可能性极低，给家庭生计带来压力。其次是成年劳动力学历水平（e_9），其因子负荷量为0.34，如果承认极端值存在的意义，则说明脱贫户劳动力学历水平普遍非常低，因学历高低反映生计策略不同的现象并不多见，体现了脱贫户家庭对子女教育极其不重视。

（8）人力资本与自然资本。

人力资本与自然资本的路径系数为0.17（$p<0.05$），反映了两个潜变量之间存在直接正相关性，但二者之间相互关联性不强。由此可知，提升脱贫户的人力资本，其自然资本也会相应提升。若脱贫户的健康状况越好，劳动力质量越高，胜任农业生产的能力越强，则可以通过林地、耕地、草场租入的方式扩大再生产。但脱贫户家庭人力资本的质量不高和数量不足，对自然资本相互关联性较低，进一步说明了脱贫户人力资本水平普遍较低。同时，脱贫户拥有的自然资本数量也会影响人力资本，当脱贫户拥有数量较大的自然资本时，会提升技术能力，产生较多收益，自然资本投资与更高收入之间存在正相关关系，进而对人力资本产生影响。

（9）金融资本与物质资本。

金融资本与物质资本的路径系数为0.14（$p<0.05$），反映了两个潜变量之间有直接正相关性，但相互关联性不强。由此可知，脱贫户的金融资本增加，物质资本也会相应增加，但两者相互影响较小。通常收入越高，越能提高家庭生活水平，通过购置生活耐用品、生产交通工具来满足高标准生活的需要，两者相互关系较弱表明，脱贫户金融资本依旧匮乏，对物质资本的改善作用有限。同时，脱贫户会通过出售物质资本提高金融资本的水平，如牧区牲畜交易，但由于产业基础薄弱，市场对接困难，销售难以得到保障。

在金融资本的测量变量中，国家补贴（e_{15}）的因子负荷量最大，为0.58，说明国家补贴对金融资本的解释力较弱，可能的原因是，尽管脱贫户获得的政策性收入对家庭金融资本改善具有影响（通常情况下，国家补贴超过年总收入的一半，尤其是草原补奖政策补贴），但对于禁牧区、退耕还林等地区的脱贫户来说，家庭主导生计资源的重新配置产生的损失、生计能力的再造过程成本比国家补助支出的要多，这类现象在牧区非常普遍，说明国家补贴的力度还不够。从侧面反映出脱贫户对政策补贴的依赖性比较强。其次是家庭获得贷款机会（e_{16}），其因子负荷量为0.28，说明贷款机会对脱贫户的金融资本的影响不显著，脱贫户通过贷款获取发展资金扩大产业发展规模的机会少，缺乏发展资金。最后是家庭积蓄（e_{14}）和可支配现金（e_{17}），其因子负荷量分别是0.35与0.38，说明脱贫户家庭积蓄和可支配现金对金融资本是存在影响的，由于摆脱贫困时间不长与受宗教信仰的影响，家庭存储能力并不强。

（10）金融资本与人力资本。

金融资本与人力资本的路径系数为 0.72（$p<0.001$），反映了两个潜变量之间有直接的正相关性。由此可知，脱贫户的金融资本增加，人力资本也会相应提升。当脱贫户有了富余的资金时，会比较重视自身健康水平与知识水平的提升，因此金融资本影响人力资本。同时，脱贫户的人力资本会影响金融资本，脱贫户只有拥有健康的身体和丰富的人生阅历才能创造财富，这也是政府大力宣传和实施“扶志”“扶智”的重要原因。

综上可知，通过结构方程进一步检验，研究假设成立，测量变量设置合理。影响脱贫户可持续生计的生计资本五个维度间存在相互影响、相互转化、相互支撑、互为因果的关系，但也存在生计资本之间相互关联不紧密、转换能力弱的情况，由此可以推断，青海省脱贫质量有待提高。

5.6 基于二元回归的不同生计策略脱贫户生计指标分析

通过对脱贫户生计资本之间相互关系的梳理，进一步分析不同生计策略的脱贫户如何利用脱贫后家庭现有的生计资本，采取怎样的生计策略使生计资本实现增值，如何利用当地政策制度的支持达到生计可持续，其不同的生计策略不仅影响生态环境的保护和自然资源的利用，更影响脱贫户生计的可持续和脱贫攻坚成果的巩固，以及共同富裕目标的实现。

我们常常在许多领域的分析中，遇到因变量只能取二值的情形，如是与否、有效与无效等。对于这种问题，在建立回归模型时，通常先将取值在实数范围内的值，通过 Logit 变换转化为目标概率值，然后进行回归分析，这就是 Logistic 回归。其中，Y 为被解释变量，相应的类型编码用“1”和“0”表示，设 $Y=1$ 的概率为 P，则 $Y=0$ 的概率为（$1-P$）。在本研究中，模型的因变量是生计策略［以农为主型、以牧为主型、（半农半牧）混合型、以副业为主型］的选择，1=选择一类生计策略，0=否定其他 3 类生计策略。影响生计策略选择的因素有耕地数量、草场数量、林地数量、饮用水来源、住房类型、生活耐用品、家畜数量、生产交通工具、家庭成员健康状况、成年劳动力学历水平、家庭积蓄、可支配现金、国家补贴、家庭获得贷款机会、政府部门支持、技术部门支持、困难时求助对象共 17 个生计资本指标，分别设为 X_1，X_2，…，X_{17}；P 代表选择某一类生计策略的概率；β_0 表示截距项；β_1，β_2，…，β_{17}分别为 25 个相应影响因素的回归系数。由此可构建模型

$$Logistic\ (P) = \beta_0+\beta_1X_1+\beta_2X_2+\cdots+\beta_{17}X_{17} \tag{5-4}$$

所以可推理得出

$$P = 1/1+ê-\ (\beta_0+\beta_1X_1+\beta_2X_2+\cdots+\beta_{17}X_{17}) \tag{5-5}$$

5.6.1　以农为主型脱贫户生计策略影响因子分析

以农为主型脱贫户生计策略类型的具体影响因子，将以农为主型生计策略赋值为 1，其他 3 种生计策略类型均赋值为 0。以农为主型生计策略为因变量，25 个具有显著差异的指标为协变量，把所有数值导入 SPSS23.0 统计分析软件进行二元 Logistic 回归分析，可得出以农为主型脱贫户生计策略具体生计资本影响因子，详见表 5-8。

表 5-8　以农为主型脱贫户生计策略具体生计资本影响因子的分析

资本因子	*B*	S. E.	Wald	*df*	显著性	Exp（B）
耕地数量	0. 062	0. 021	8. 989	1	0. 003	0. 003
草场数量	−0. 003	0. 001	10. 696	1	0. 001	0. 001
林地数量	−0. 037	0. 015	5. 891	1	0. 015	0. 015
饮用水来源	−0. 254	0. 398	0. 408	1	0. 523	0. 523
住房类型	−2. 067	0. 325	40. 470	1	0. 000	0. 000
冰箱	1. 537	0. 780	3. 883	1	0. 059	0. 049
彩电	−1. 037	0. 625	2. 751	1	0. 097	0. 097
洗衣机	−0. 521	0. 743	0. 493	1	0. 483	0. 483
家畜数量	−0. 039	0. 011	12. 500	1	0. 000	0. 000
生产交通工具	0. 643	0. 171	14. 205	1	0. 000	0. 000
家庭积蓄	−0. 810	0. 279	8. 406	1	0. 004	0. 004
可支配现金	−0. 885	0. 326	7. 351	1	0. 007	0. 007
国家补贴	0. 095	0. 229	0. 173	1	0. 678	0. 678
家庭获得贷款机会	−0. 061	0. 324	0. 036	1	0. 850	0. 850
家庭成员健康状况	0. 031	0. 365	0. 007	1	0. 932	0. 932
成年劳动力学历水平	0. 804	0. 254	10. 059	1	0. 002	0. 002
政府部门支持	−0. 795	0. 365	4. 738	1	0. 029	0. 029

续表

资本因子	B	S. E.	Wald	df	显著性	Exp（B）
技术部门支持	0. 157	0. 352	0. 200	1	0. 654	0. 654
第一书记	−0. 554	0. 338	2. 684	1	0. 101	0. 101
好朋友	−1. 083	0. 353	9. 384	1	0. 002	0. 002
普通朋友	2. 610	0. 357	53. 372	1	0. 000	0. 000
邻居	0. 084	0. 382	0. 049	1	0. 825	0. 825
上级领导	−0. 987	0. 378	6. 802	1	0. 009	0. 009
其他	0. 845	0. 344	6. 042	1	0. 014	0. 014
直系亲属	−0. 432	0. 346	1. 560	1	0. 212	0. 212
常量	4. 518	1. 091	17. 147	1	0. 000	0. 000

对以农为主型脱贫户生计策略的生计资本影响因子分析可得出：耕地数量、生产交通工具、成年劳动力学历水平、普通朋友、其他 5 个指标显著性水平均低于 0. 05，具有一定显著性，并呈正相关关系；草场数量、林地数量、家畜数量、家庭积蓄、可支配现金、政府部门支持、好朋友、上级领导 8 个指标显著性水平均低于 0. 05，具有一定的显著性，并呈负相关关系。

耕地数量（B=0. 062）的增加会显著增加以农为主型脱贫户生计策略类型的选择，回归系数为正，体现了两者的正相关关系。耕地是以农为主型脱贫户生计策略的重要生产要素，也是农业生产重要的资源禀赋，所以耕地是以农为主型脱贫户重要的生计来源。生产交通工具（B=0. 643）的增多会显著增加以农为主型脱贫户生计策略类型的选择，回归系数为正，体现了两者的正相关关系，其内在逻辑一是农区交通区位条件相对优越，二是生产交通工具对于农业生产具有一定的辅助作用。因此，以农为主型的脱贫户更加倾向于购置生产交通工具。成年劳动力学历水平（B=0. 804）的提高会显著增加以农为主型脱贫户生计策略类型的选择，回归系数为正，体现了两者的正相关关系，其原因一是以海东市为代表的以农业为主地区教育资源相对牧区较为发达，资源获取较为容易；二是在当前农业现代化发展趋势下，涉农科技快速进步，更高的学历水平有利于提高农业管理水平，推广现代农业职业教育较为简单，也能受到脱贫户的认可。在遇到困难时的求助对象层面，普通朋友（B=2. 610）、其他（B=0. 845）两个指标的增加会显著增加以农为主型脱贫户生计策略类型的选择，回归系数为正，体现了两者的正相关关系，在实地调研过程中发现，以农为主型脱贫户由于地域、生产生活方式等因素，人际关系网相对更广、更复杂。

草场数量（$B=-0.003$）、林地数量（$B=-0.037$）的增加会显著降低对以农为主型脱贫户生计策略类型的选择，回归系数为负，体现了两者的负相关关系，一是农区集中于青海省东部，耕地数量多且利用率较高，而林地、草地可利用面积相比半农半牧区与牧区较少，因此林地、草场数量增加会降低脱贫户对以农为主型生计策略的选择。二是在“生态立省”战略背景下，长期实施退耕还林政策，维护生态平衡，草地、林地数量与以农为主型脱贫户生计策略类型的选择呈负相关关系符合一般逻辑。家畜数量（$B=-0.039$）的增加会显著降低对以农为主型脱贫户生计策略类型的选择，回归系数为负，体现了两者的负相关关系，一是青海省情决定了畜牧养殖收入一般高于农业种植收入，当农牧民具有同等资源禀赋，在可以选择畜牧养殖时，一般种植饲草料辅助牧业生产，而不是将种植业确立为主要产业。另外，也反映出东部农业区外出打工脱贫户较多。二是东部农业区可利用草地较少，且草地呈细碎化状态，受生态保护的限制无法在距离水源较近的地方进行牧业生产。家庭积蓄（$B=-0.810$）、可支配现金（$B=-0.885$）的增加会显著降低对以农为主型脱贫户生计策略类型的选择，回归系数为负，体现了两者的负相关关系，其原因是散户农业种植成本高而收益低，以农为主的脱贫户往往将农业生产作为抵御自然风险的保守办法，当脱贫户家庭积蓄、可支配现金较高时，往往不会继续从事农业种植，而是从事收益快、风险低的其他行业。政府部门支持（$B=-0.795$）的提升会显著降低对以农为主型脱贫户生计策略类型的选择，回归系数为负，体现了两者的负相关关系，其原因是当政府给予脱贫户更多元化的产业帮扶政策支持时，其往往会选择收益更高或更轻松的生计策略而非坚持农业种植。在遇到困难时的求助对象层面，对好朋友（$B=-1.083$）、上级领导的求助（$B=-0.987$）会显著降低对以农为主型脱贫户生计策略类型的选择，回归系数为负，体现了两者的负相关关系，说明了脱贫户与好朋友、上级领导联系越紧密，获得的外界资源就越多，越倾向于转移生计策略。其余指标显著性水平均高于0.05，不具有显著性。

5.6.2　以牧为主型脱贫户生计策略影响因子分析

以牧为主型脱贫户生计策略类型的具体影响因子，我们将以牧为主型生计策略赋值为 1，其他 3 种生计策略类型均赋值为 0。以牧为主型生计策略为因变量，25 个具有显著差异的指标为协变量，把所有数值代入 SPSS23.0 统计分析软件进行二元 Logistic 回归分析，可得出以牧为主型脱贫户生计策略具体生计资本影响因子，详见表 5-9。

表 5-9　以牧为主型脱贫户生计策略具体生计资本影响因子的分析

资本因子	*B*	S. E.	Wald	*df*	显著性	Exp（B）
耕地数量	-0. 830	0. 106	61. 765	1	0. 000	-0. 830
草场数量	0. 005	0. 001	39. 933	1	0. 000	0. 005
林地数量	-0. 012	0. 003	12. 948	1	0. 000	-0. 012
饮用水来源	-0. 160	0. 314	0. 259	1	0. 611	-0. 160
住房类型	-0. 045	0. 395	0. 013	1	0. 908	-0. 045
冰箱	6. 042	14. 477	0. 174	1	0. 676	6. 042
彩电	3. 428	3. 740	0. 840	1	0. 359	3. 428
洗衣机	14. 789	4486. 647	0. 000	1	0. 997	14. 789
家畜数量	0. 022	0. 004	26. 756	1	0. 000	0. 022
生产交通工具	-0. 350	0. 222	2. 482	1	0. 115	-0. 350
家庭积蓄	-0. 462	0. 392	1. 392	1	0. 238	-0. 462
可支配现金	0. 086	0. 452	0. 036	1	0. 850	0. 086
国家补贴	0. 032	0. 201	0. 025	1	0. 875	0. 032
家庭获得贷款机会	0. 052	0. 339	0. 023	1	0. 879	0. 052
家庭成员健康状况	0. 426	0. 407	1. 099	1	0. 295	0. 426
成年劳动力学历水平	-0. 099	0. 285	0. 121	1	0. 728	-0. 099
政府部门支持	0. 034	0. 472	0. 005	1	0. 942	0. 034
技术部门支持	0. 005	0. 366	0. 000	1	0. 988	0. 005
第一书记	0. 439	0. 377	1. 355	1	0. 244	0. 439
好朋友	-0. 288	0. 404	0. 510	1	0. 475	-0. 288
普通朋友	-0. 120	0. 523	0. 053	1	0. 818	-0. 120
邻居	0. 382	0. 408	0. 878	1	0. 349	0. 382

续表

资本因子	B	S. E.	Wald	df	显著性	Exp（B）
上级领导	-0. 898	0. 402	4. 992	1	0. 025	-0. 898
其他	-0. 808	0. 542	2. 226	1	0. 136	-0. 808
直系亲属	-0. 103	0. 357	0. 083	1	0. 774	-0. 103
常量	-23. 671	4486. 672	0. 000	1	0. 996	-23. 671

以牧为主型脱贫户生计策略的生计资本影响因子分析如下：草场数量、牲畜数量 2 个指标显著性水平均低于 0. 05，具有显著性，并呈正相关关系；耕地数量、林地数量、上级领导 3 个指标显著性水平均低于 0. 05，具有显著性，并呈负相关关系。

草场数量（B=0. 005）的增加会显著增加以牧为主型脱贫户生计策略类型的选择，回归系数为正，体现了两者的正相关关系，草地是牧业生产重要的资源禀赋，也是以牧为主型脱贫户的重要生计来源，一般来说，可利用草地面积越多，脱贫户饲养的家畜就越多，越倾向于以牧为主的生计策略；家畜数量（B=0. 022）的增加会显著增加以牧为主型脱贫户生计策略类型的选择，回归系数为正，体现了两者的正相关关系，家畜数量越多，以牧为主型脱贫户的物质资本拥有量就越多，相应地，在一定范围内社会地位就会越高，越倾向继续从事牧业生产，表明当前脱贫户牧业发展资源基础良好，畜牧产业后续可持续发展动力充足。

耕地数量（B=-0. 830）的增加会显著降低对以牧为主型脱贫户生计策略类型的选择，回归系数为负，体现了两者的负相关关系，当脱贫户拥有更多耕地时，一般会选择农业，进行农业生产、辅助牧业的生产行为，将财力与物力投入农业生产方面；林地数量（B=-0. 012）的增加会显著降低对以牧为主型脱贫户生计策略类型的选择，回归系数为负，体现了两者的负相关关系，当脱贫户拥有较多林地时，一般会选择林业相关发展产业，而不是进行牧业生产；在遇到困难时的求助对象层面，上级领导（B=-0. 898）的求助会显著降低对以牧为主型脱贫户生计策略类型的选择，回归系数为负，体现了两者的负相关关系，说明在青海省牧区，因宗教信仰和生活习俗影响，选择以牧为主型生计策略的脱贫户在很大程度上依赖地缘、血缘关系，在困难时求助对象更倾向亲朋好友。其余 20 个指标显著性水平均高于 0. 05，不具有显著性。

5.6.3 （半农半牧）混合型脱贫户生计策略影响因子分析

首先，分析（半农半牧）混合型脱贫户生计策略类型的具体影响因子，将（半农半牧）混合型生计策略赋值为1，其他3种生计策略类型均赋值为0。以（半农半牧）混合型生计策略为因变量，25个具有显著差异的指标为协变量，把所有数值代入SPSS23.0统计分析软件进行二元Logistic回归分析，可得出（半农半牧）混合型脱贫户生计策略具体生计资本影响因子，如表5-10所示。

表5-10 （半农半牧）混合型脱贫户生计策略具体生计资本影响因子的分析

资本因子	*B*	S. E.	Wald	*df*	显著性	Exp（B）
耕地数量	0.045	0.015	8.987	1	0.003	1.046
草场数量	0.005	0.001	73.108	1	0.000	0.995
林地数量	-0.015	0.003	25.552	1	0.000	1.015
饮用水来源	0.581	0.227	6.544	1	0.011	1.787
住房类型	1.145	0.213	28.909	1	0.000	3.144
冰箱	-1.454	0.560	6.752	1	0.009	0.234
彩电	-0.399	0.497	0.644	1	0.422	0.671
洗衣机	0.253	0.604	0.175	1	0.676	1.287
家畜数量	0.001	0.003	0.115	1	0.734	1.001
生产交通工具	-0.084	0.117	0.519	1	0.471	0.919
家庭积蓄	0.614	0.192	10.254	1	0.001	1.847
可支配现金	-0.659	0.241	7.492	1	0.006	0.517
国家补贴	0.275	0.130	4.494	1	0.034	1.317
家庭获得贷款机会	0.164	0.210	0.611	1	0.434	1.179
家庭成员健康状况	-0.071	0.231	0.094	1	0.759	0.932
成年劳动力学历水平	-1.100	0.196	31.628	1	0.000	0.333
政府部门支持	0.868	0.243	12.741	1	0.000	2.383
技术部门支持	0.976	0.215	20.635	1	0.000	2.654

续表

资本因子	B	S. E.	Wald	df	显著性	Exp（B）
第一书记	0.741	0.221	11.238	1	0.001	2.098
好朋友	0.832	0.234	12.641	1	0.000	2.298
普通朋友	−1.724	0.292	34.790	1	0.000	0.178
邻居	0.152	0.231	0.431	1	0.511	1.164
上级领导	1.017	0.223	20.877	1	0.000	2.765
其他	0.225	0.173	1.706	1	0.191	1.253
直系亲属	−0.050	0.218	0.053	1	0.819	0.951
常量	−2.210	0.774	8.144	1	0.004	0.110

（半农半牧）混合型脱贫户生计策略的生计资本影响因子分析如下：耕地数量、草场数量、住房类型、家庭积蓄、政府部门支持、技术部门支持、第一书记、好朋友、上级领导 9 个指标显著性水平均低于 0.05，具有显著性，并呈正相关关系；林地数量、成年劳动力学历水平、普通朋友 3 个指标显著性水平均低于 0.05，具有显著性，并呈负相关关系。

耕地数量（$B=0.045$）和草场数量（$B=0.005$）的增加会显著增加脱贫户对（半农半牧）混合型生计策略的选择，回归系数为正，体现了两者的正相关关系。耕地和草地是农业种植与畜牧养殖中重要的生产要素，当脱贫户同时具有耕地与草地两种资源禀赋时，会充分利用资源要素选择（半农半牧）混合型生计策略。家庭积蓄（$B=0.614$）的增加会显著增加脱贫户对（半农半牧）混合型生计策略的选择，回归系数为正，体现了两者的正相关关系，家庭积蓄的增加，一方面使脱贫户拥有了发展种植及养殖的启动资金；另一方面表明脱贫户通过半农半牧生计方式获得了较为稳定的收益，并继续坚持这种可持续的生计方式，且选择（半农半牧）混合型生计策略的脱贫户能够抵御脆弱性风险的能力，比选择其他生计策略的脱贫户强。政府部门支持（$B=0.868$）、技术部门支持（$B=0.976$）、第一书记（$B=0.741$）、好朋友（$B=0.832$）、上级领导（$B=1.017$）的增加会显著增加对以（半农半牧）混合型脱贫户生计策略类型的选择，回归系数为正，呈现正相关关系。上述影响因子均与社会资本有关，尤其是上级领导的系数最大，主要是脱贫攻坚过程中领导、第一书记等负责人关于政策的实施、产业的发展对生计策略的选择起到了引导作用。其余 13 个因变量对于（半农半牧）混合型生计策略不具有显著性。

5.6.4 以副业为主型脱贫户生计策略影响因子分析

分析以副业为主型脱贫户生计策略类型的具体影响因子，将以副业为主型生计策略赋值为 1，其他 3 种生计策略类型均赋值为 0。以副业为主型生计策略为因变量，25 个具有显著差异的指标为协变量，把所有数值代入 SPSS23.0 统计分析软件进行二元 Logistic 回归分析，可得出以副业为主型生计策略的具体影响因子，如表 5-11 所示。

表 5-11 以副业为主型脱贫户生计策略具体生计资本影响因子的分析

资本因子	*B*	S. E.	Wald	*df*	显著性	Exp（B）
耕地数量	0.038	0.019	3.801	1	0.051	1.038
林地数量	−0.007	0.005	1.902	1	0.168	0.993
饮用水来源	0.247	0.376	0.429	1	0.512	1.280
住房类型	0.839	0.344	5.960	1	0.015	2.313
冰箱	−0.486	0.934	0.271	1	0.603	.615
彩电	2.992	1.141	6.875	1	0.009	19.931
洗衣机	0.506	1.081	0.219	1	0.640	1.659
家畜数量	−0.036	0.010	11.484	1	0.001	0.965
生产交通工具	−0.239	0.185	1.662	1	0.197	0.788
家庭积蓄	−0.270	0.310	0.759	1	0.384	0.763
可支配现金	2.287	0.401	32.581	1	0.000	9.842
国家补贴	−0.643	0.211	9.306	1	0.002	0.526
家庭获得贷款机会	−0.479	0.325	2.177	1	0.140	0.619
家庭成员健康状况	0.005	0.362	0.000	1	0.990	1.005
成年劳动力学历水平	0.606	0.237	6.520	1	0.011	1.832
政府部门支持	−0.656	0.336	3.826	1	0.050	0.519
技术部门支持	−1.524	0.351	18.899	1	0.000	0.218
第一书记	−1.078	0.357	9.113	1	0.003	0.340
好朋友	0.018	0.346	0.003	1	0.958	1.019
普通朋友	−0.913	0.498	3.364	1	0.067	0.401

续表

资本因子	*B*	S. E.	Wald	*df*	显著性	Exp（B）
邻居	−0. 424	0. 350	1. 464	1	0. 226	0. 655
上级领导	0. 233	0. 335	0. 483	1	0. 487	1. 262
其他	−1. 749	0. 550	10. 121	1	0. 001	0. 174
直系亲属	0. 113	0. 336	0. 113	1	0. 737	1. 120
常量	−9. 148	1. 636	31. 260	1	0. 000	0. 000

以副业为主型脱贫户生计策略的生计资本影响因子分析如下：可支配现金、成年劳动力学历水平 2 个指标显著性水平均低于 0. 05，并呈正相关关系；家畜数量、国家补贴、技术部门支持、第一书记、其他 5 个指标显著性水平均低于 0. 05，具有显著性，并呈负相关关系。在调研中发现，以副业为主要生计策略的脱贫户家庭贫困得较少，除非是家庭或生意遭遇到意外变故。

可支配现金（B=2. 287）的增加会显著增加对以副业为主型脱贫户生计策略的选择，回归系数为正，体现了两者的正相关关系，这得益于脱贫攻坚期间国家给予脱贫户的大力帮扶和支持。根据青海省 2021 年统计年鉴，青海省农牧民人均可支配收入由 2015 年的 7933 元上升至 2021 年的 13604 元，其中，经营性收入由 2015 年的 3058 元上升至 2021 年的 5304 元。脱贫攻坚五年的帮扶带动，在增加脱贫户家庭收入的同时，也让很大一部分脱贫农牧民在生产技能、金融知识、管理能力、开阔思维眼界等方面有了长足进步。他们增收致富的方式不再局限于田地耕作和牲畜养殖，而是将商品经营纳入自己家庭收入方式，不但在一定程度上规避了农业生产的风险和脆弱性，而且提升了抗风险的能力，有助于维持自身生活的可持续性。2020 年以来，受新冠疫情的影响，外出务工虽然受到了一定的限制，但农村常住居民人均可支配收入仍然达到了 13604 元，增长 10. 2%，可见，脱贫户可支配收入与以副业为主型生计策略选择呈正相关关系。

家畜数量（B=−0. 036）的增加会显著降低对以副业为主型脱贫户生计策略的选择，回归系数为负，体现了两者的负相关关系，随着家畜数量的增加，脱贫户会越发购入大量生产资料扩大养殖规模，而不是去考虑发展副业，降低了以副业为主型生计策略的选择；国家补贴（B=−0. 643）的增加会显著降低对以副业为主型脱贫户生计策略的选择，回归系数为负，体现了两者的负相关关系。近几年的国家补贴主要是针对发展农业、牧业，国家补贴基数越高越会吸引农牧民从事农牧业，从而降低对以副业为主型生计策略的选择；技术部门支持（$B=-1.524$）的增加会显著降低对以副业为主型脱贫户生计策略的选择，回归系数为负，体现了两者的负相关关系。技术部门对脱贫户的帮扶重点集中在特色种植业、养殖业，对于副业的发展主要倾向于培训、提供技术与资金支持，因此技术部门与以副业为主型生计策略的选择呈负相关关系；第一书记（$B=-1.078$）的增加会显著降低对以副业为主型脱贫户生计策略的选择，回归系数为负，体现了两者的负相关关系。青海省特殊的发展环境和发展实际，第一书记的主要帮扶与关注领域是在农业生产和畜牧养殖，发展基础产业，因而与以副业为主型生计策略的选择呈负相关关系。而其他19个因子的显著性水平均大于0.05，说明其均对以副业为主型脱贫户生计策略选择无显著影响。

利用二元 Logistic 回归分析了各个变量与选择不同类型生计策略之间的关系，表明生计策略的选择取决于脱贫户家庭拥有的生计资本情况，生计资本越多的家庭具有越多的选择权及越强的抵御风险的能力，发现和利用生计改善的机会，能够在不同生计策略中转换，使其生计资本存量不断增值。同时，也看到，大多数脱贫户生计策略的选择受政府帮扶政策的影响非常显著。

5.7 小结

第一，本章通过对影响因子的解释验证发现：①国家补贴、政府部门支持、上级领导和第一书记、技术部门支持、家庭成员健康状况显著影响脱贫户生计资本存量，可以明显看出脱贫户生计资本的增加、生计能力的提升很大程度上依赖政府扶持政策；②脱贫户的社会资本与政府帮扶息息相关，脱贫攻坚任务完成后，转换这些生计因子，可能会限制其自我发展能力，导致他们致贫、返贫；③耕地数量、草场数量、家畜数量是脱贫户家庭维持生计的重要资本；④脱贫户自有生计资本还不能很好地维持生计可持续，依旧需要政府部门、技术部门的支持。

第二，本章通过对脱贫户生计资本五个维度之间的关系验证发现：①脱贫户的金融资本与物质资本的相互关联度低，可见脱贫户金融资本存量依旧匮乏，对物质资本的改善作用有限；②脱贫户的人力资本与自然资本相互关联度低，表明脱贫户的人力资本水平普遍偏低，无法有效地与自然资本相结合，实现价值转化；③脱贫户的社会资本与金融资本相互关联度低，表明脱贫户在有限的金融资本存量下，自身开拓社会资本的能力极其微弱，其社会资本主要支持系统是由村干部和帮扶工作队组成的；④脱贫户物质资本与社会资本相互关联度低，可见脱贫户目前物质资本并不丰厚甚至有少量不足，无法借助当前拥有的物质资本拓宽社会网络关系。

从生计资本五个维度与内部各变量之间的因子负荷量来看，可得出以下向点。①物质资本测量变量中，家畜数量的因子负荷量最大，表明脱贫户生计对畜牧产业依赖非常大，而畜牧业市场风险高，易遭受自然环境的威胁，单一的畜牧业对生计脆弱性的影响非常显著。②自然资本的测量变量中，草场数量的因子负荷量最大，表明脱贫户对草地资源的依赖程度非常高。对于易地扶贫搬迁的脱贫户来说，生计再造时容易导致维持生计的资本缺乏，面临返贫风险。③社会资本的测量变量中，政府部门支持因子负荷量最大，由此可见，脱贫户目前的生计状况依旧离不开政府部门在资金、技术、就业方面的支持。④人力资本的测量变量中，家庭成员健康状况的因子负荷量最大，表明脱贫户可持续生计资本的拥有程度依旧无法抵御内外部风险给家庭劳动力带来的损伤。特别值得注意的是，人力资本的测量变量中成年劳动力学历水平出现极端值，由此可见，脱贫户人力资本水平普遍偏低，对受教育能够改善家庭生计的重要性完全没有意识到。⑤金融资本的测量变量中，国家补贴的因子负荷量最大。由此可见，从目前脱贫户的生活生产状况来看，金融资本存量极小的现状依旧存在。在巩固拓展脱贫攻坚成果同乡村振兴有效衔接过程中仍需大规模的财政资金支持。整体来看，脱贫质量还有待提高。

第三，利用二元 Logistic 回归进一步分析了不同生计策略脱贫户如何利用脱贫后家庭现有的生计资本存量，采取何种生计策略，有利于脱贫户获取好的生计结果，提高抵抗生计风险能力。①以农为主型脱贫户：随着耕地数量、生产交通工具、成年劳动力学历水平、普通朋友、其他这 5 个指标的提升，会越发促使脱贫户对以农为主型生计策略的选择。②以牧为主型脱贫户：以牧为主型生计策略选择显著受草场数量、牲畜数量 2 个指标影响。③（半农半牧）混合型脱贫户：对于这一生计策略的选择有较多影响因素，包括耕地数量、草场数量、住房类型、家庭积蓄、政府部门支持、技术部门支持、第一书记、好朋友、上级领导。④以副业为主型脱贫户：其主要的生计策略影响因素有可支配现金、成年劳动力学历水平。总体来看，脱贫户生计资本存量有限，生计策略选择比较单一，增收渠道狭窄，抵御风险压力大。政府政策的引导对生计策略的选择影响非常显著。

第6章

chapter 6

青海省民族地区“脱贫摘帽”户可持续生计现状的质性分析

可持续生计理论涵盖了复杂而丰富的贫困人口生计问题。青海省民族地区属于国家原深度贫困地区，为了确保脱贫攻坚期间积累的生计资本得到不断改善和增值，在量化分析的基础上，通过面对面访谈的研究方法，了解脱贫户内心最深处的想法以及诉求，深入分析他们可持续生计的现状，对获取的第一手资料进行质性分析，全面把握影响脱贫户可持续生计主要因素和面临的现实难点与问题。

6.1 质性分析的研究方法及研究工具选择

质性分析是使用归纳法对自然情境下收集的资料进行整合，并在对社会现象进行整体分析的基础上，构建研究对象行为和意义上具有解释性的一种活动。作为质性分析的杰出代表，扎根理论的最大优势在于强大的编码功能。扎根理论是由社会学家格拉斯（Glaser）等提出的一种质性研究方法，在严谨的数据收集以及分析的基础上通过开放性编码、主轴性编码和选择性编码等一系列流程进行理论构建，目的在于从获取的丰富资料中“自下而上”建立实质理论，尤其是在所研究的课题尚不成熟的情况下进行理论构建，该方法尤为适用。本研究采用扎根理论作为研究方法是基于以下两点原因：①当前研究可持续生计的较多，研究民族地区贫困户脱贫后可持续生计的较少，现有研究多采用定量研究方法，确实在检验理论方面占有较强优势。但在民族地区贫困户脱贫后可持续生计相关理论不够成熟、不能清晰解释青海省这个特定地域现实中涌现出的新现象时，质性研究会更加有优势。②扎根理论是质性研究的杰出代表，具有科学规范的操作流程，理论的产生扎根于现实数据，有助于产生贴近现实且有价值的结论。本书借助最新版本的专业质性研究软件 Nvivo12.0Plus 对调研获取的访谈文本、录音、图片等数据资料进行导入、编码、查询分析等过程，为三段式编码提供资料支撑。

6.2　访谈实施过程

6.2.1　访谈提纲设计

本书在对国内外相关文献整理、概括、总结的基础上，对相关地区脱贫户生计资本、政策扶持、产业发展、易地搬迁、生计风险、生计压力、内生动力、生计能力等方面的问题设计相应的访谈提纲，进行访谈，归纳分析。

6.2.2　访谈资料搜集

本书调研时间为 2019 年 5 月至 2021 年 5 月，历时两年。调研对象包括青海省 2 市 6 州 21 个县（市、区）57 个村 362 户已脱贫的贫困户。访谈样本抽样的村与问卷抽样村一致，即在同一个抽样村，对部分被调研脱贫户进行了问卷调研，对未参加问卷调查的脱贫户进行了访谈调研。本书脱贫户访谈文本提取的抽样点明细详见表 6-1。

表 6-1　青海省脱贫户可持续生计研究访谈取样地点

取样地点	样本数量/个	详细地点
西宁市大通县	8	青林乡全家湾村、青林乡雪里合村
西宁市湟中区	9	土门关乡土门关村、土门关乡贾尔藏村
西宁市湟源县	17	日月藏族乡哈城村、日月藏族乡乙细村、大华镇池汉村、后庄村
海东市乐都区	8	马营乡卡拉村、康巴村
海东市互助土族自治县	48	东沟乡石窝村、东沟乡纳卡村、五十镇班彦村、五十镇柳家村、红崖子沟乡加克村、红崖子沟乡芦草沟村
海东市循化撒拉族自治县	27	查汗都斯乡乙麻亥村、查汗都斯乡红光村、街子镇孟达山村
玉树州治多县	12	多彩乡达生村、多彩乡江荣村、多彩乡拉日村、多彩乡聂恰村

续表

取样地点	样本数量/个	详细地点
玉树州曲麻莱县	22	巴干乡代曲村、巴干乡麻秀村、巴干乡通吉村
玉树州结古镇	20	结古镇果青村、结古镇新寨村
海北州门源县	16	仙米乡大庄村、麻莲乡瓜拉村
海北州祁连县	12	八宝镇黄藏寺村、扎麻什乡郭米村
海南州贵德县	15	拉西瓦镇曲乃亥村、拉西瓦镇罗汉堂村、尕让乡阿言麦村
海南州贵南县	7	沙沟乡拉扎村
黄南州尖扎县	29	昂拉乡德吉村、措周乡洛哇村、坎布拉镇尖藏村、昂拉乡牙那东村、当顺乡古浪堤村、贾加乡贾加村、贾加乡羊勒村、贾加乡上李家村
黄南州泽库县	6	和日乡四麻村
果洛州玛沁县	8	当洛乡格雅牧委会、当洛乡加青村
果洛州甘德县	18	青珍乡休玛村、青珍乡典哲村
果洛州玛多县	18	玛查里镇江措牧委会、玛查里镇刊木青牧委会
果洛州达日县	27	窝赛乡依隆牧委会、桑日麻乡红旗牧委会
海西州格尔木市	10	唐古拉山镇长江源村
海西州德令哈市	18	柯鲁柯镇花土村、柯鲁柯镇金源村
海西州都兰县	7	香加乡团结村

6.2.3 访谈资料整理

先将 362 位脱贫户的访谈录音转录为 362 份共计 20 多万字的访谈文稿，为保证访谈资料的真实性和可信性，在转录过程中需要注意检查转录的准确性，及时修改与实际访谈不符、转录错误的信息。在此基础上给每一份访谈文稿进行编号，如 TR-0901-ZH-01 表示 2019 年 9 月 1 日赵昊在同仁县形成的第一份访谈文稿。随后，在质性分析软件 Nvivo12. 0Plus 的资料分类中建立文件名分别为文献资料、访谈文稿、图片和录音等多个文件夹，将这 362 份第一手原始资料全部导入文件夹进行统一管理及后续编码分析。

6.3 数据分析过程

编码是扎根理论的核心和关键过程，包括开放性编码、主轴性编码和选择性编码 3 个级别。为了不遗忘任何一个想法与心得，及时记录每个灵感，养成随时写备忘录的习惯，备忘录等资料与访谈获取的第一手资料同等重要，数据收集和数据编码同时进行，持续迭代。为了最大限度保证数据分析过程的科学性与系统性，本研究以人工编码为主，导入质性研究软件 Nvivo12. 0Plus 进行编码分析。根据逐渐抽象的程度对文本进行三个不同层次的编码：开放性编码截取出初始范畴 16 个；主轴编码归纳出主范畴 6 个；选择性编码提炼出核心范畴 6 个，即风险状况、生存压力、生计资本、政策扶持、市场洞察、预期认知。最后据此初步进行青海省民族地区贫困户“脱贫摘帽”后可持续生计模型构建。

6.3.1 开放性编码

开放性编码是将所获得的数据逐步进行概念化和范畴化，用概念和范畴正确反映数据内容，并把数据记录以及抽象出来的概念打破、揉碎并重新整合的过程。直接使用访谈者的原始语句能够有效避免研究者的主观偏差，增加研究信度，因此，本研究将尽可能使用被访者的原始语句进行概念的分解与重组。运用 Nvivo12. 0Plus 的范畴编码功能，共提取初始概念 70 个和初始范畴 16 个，对它们进行反复比较，随后将访谈原始资料进行分析，挑选与研究问题最相关的范畴形成初始概念，并分析初始概念与初始范畴之间的关系。例如，在 362 份访谈文本中，有 278 份突出接受过职业技能培训，因此，我们便将“培训机会”作为一个节点，在资料中寻找与脱贫户提到有关职业技能培训方面的内容，将这些内容编码至“培训机会”这一节点下。根据不同初始概念之间的潜在关系，逐级“缩编”为十六大类的初始范畴，分别是外部风险、内部风险、内部生存压力、外部生存压力、补贴状况、保障状况、产业分红、自我认同、发展预期、社会资本、人力资本、自然资本、物质资本、金融资本、市场开拓、认知需求。本研究仅选取内部生存压力、外部生存压力、社会资本、金融资本、发展预期这 5 个开放性编码范畴及其有代表性的原始访谈记录语句予以罗列。表 6-2 反映了本书对原始访谈记录概念化和范畴化的过程，为主轴式编码奠定基础。

表 6-2　开放性编码举例

访谈范畴	高频词（频率）/次	开放性编码（类别-日期-调研人-编号）	访谈材料案例
内部生存压力	建房费用（263）	MQ-0809-WY-01	2014 年，我家修建了这处房子，政府补贴了 4 万元，自己花了 1.5 万元，总共花费 5.5 万元
		MY-0706-JYF-04	我们家修建这一排房子，贷款 10 万元，加上国家补助的几万元，总共花费 16 万余元，现在贷款已还清
	教育费用（241）	GN-0509-LJ-01	我家里有 1 个学生在青海师范大学上学，每年学费加住宿费要花费 4300 元，再加上平时的生活费，每年大概花费 1 万多元
		ZK-0614-WYC-01	我们家的 3 个子女都在上大学，一年教育支出要花费 3 万多元，我们愿意支持孩子的教育
	医疗费用（301）	HY-0513-BSC-01	日常要花费的医药费很多，我腿疼了就吃点止疼药，不做体力活就不会腿疼，家里人得了重病外地就医很难报销
		GD-0813-WY-03	我们县的医疗水平不高，如果得了大病，我们通常去西宁的大医院看病
		GN-0508-BSC-01	我老公因车祸致残丧失劳动能力，家里老人也体弱多病，两个儿子还在上学，家里每年医药费需要花费 6000 多元，所以家里的经济只能靠我挖虫草来维持
		GD-0506-LJ-02	我老公在水电站打工，他患有癫痫，犯病时不但不能工作，还要花钱治病，为了治疗他这个病，我们家已经欠了十几万元的外债
		GN-0508-WY-01	我妈患有关节炎，今年 60 多岁了，一年医药费大概花费 5000 元，新农合报不了多少，我身体也不好，也需要吃很多药
		MY-0708-JYF-02	现在看病很方便，我家老头子生病时，新农合报销了 5000 多元，自己花费了 3000 元
		HZ-0519-ZH-04	我们村残疾人很多，大家看病的钱大部分都可以报销。我儿子有智力残疾，我身体也不好，我们看病的花费大部分能走新农合报销，但我不懂报销流程
		HZ-0518-JYF-01	我以前因在碳化硅厂工作得了严重的尘肺病，但工厂老板不给赔钱，我虽然才 40 多岁，但是身体不好无法干重活，媳妇也离家出走了。现在，我和父母只能靠低保维持生活

续表

访谈范畴	高频词（频率）/次	开放性编码（类别-日期-调研人-编号）	访谈材料案例
内部生存压力	医疗费用（301）	ZK-0613-JYF-01	4 年前，我老婆得病去世了，家里给她治病花费了十几万元，我现在心灰意冷，什么也不想干，有时去寺院帮个忙，对生活也没有什么希望
	思想保守（119）	QL-0710-JLS-02	政府给我们找的工作在对口支援的外地，我们不适应那边的气候和饮食，就又回青海来了。国家给的补贴够我们应对本地的基本生活，就不想出去找工作了
		XH-0725-ZH-03	政策很好，但要求多而且经常变，我们基层人文化水平低，害怕犯错误，不懂得变通，想干成点事比较难
	思想僵化（23）	JZ-0608-JYF-01	我们没上过学，文化水平低，不敢出去工作，我们更愿意在家里面接受资助
		LD-0515-WY-03	我们村里面有些人靠做生意赚了钱，让我们过去给他们打工，虽然他们赚那么多钱，但是给我们发的工资很少，我们不愿意给他们打工
		HZ-0518-LJ-02	我们有低保，吃的、穿的都够了，我有空就喝酒、打麻将、晒太阳，我住在边远深山地区，40 多岁了没有娶到媳妇，一个人吃饱了全家不饿，我希望以后能一直有低保
外部生存压力	劳动成本（19）	QML-0724-JYF-02	家里牛羊主要吃草料，我们平时主要种点玉米、青稞，玉米和青稞营养价值相当高，糖分也高，牛羊很喜欢吃
		MY-0709-WY-05	我们家在县上开了一家饭馆，夏天旅游旺季的时候生意特别好、客人特别多，但就我们家里几个人在忙，每年也就趁旅游旺季赚点钱，如果雇人经营成本就变多了
		DL-1110-ZH-02	我们村附近有一片外地人承包的菜地，雇用我们过去打工，一天只给 60 元的工资，如果我们不去那里干活的话，那么一天就没啥钱可以挣了
		GEM-1104-LJ-02	我们家的玉石雕刻厂，就我一个人会玉雕，一件作品要三四天才能雕刻出来，如果请人来帮忙的话，一天就要几百元钱，几天还卖不出去一个，劳动力成本实在太高了
	自然环境（33）	QL-0710-CYJ-01	我们这里山大沟深，山上的土很松，一下雨就会发生泥石流，把山上的沙土全都冲到路面上、田地里，我们也不知道该怎么办，如果发生不可预知的自然灾害，就会对我们好不容易发展起来的产业造成较大的冲击

续表

访谈范畴	高频词（频率）/次	开放性编码（类别-日期-调研人-编号）	访谈材料案例
外部生存压力	自然环境（33）	GD-0813-WY-01	我们这里是牧区，靠天吃饭，我们放牛的草场里鼠害严重，草的质量比较差
		DR-0818-JYF-02	我们每年从冬季草场转场到夏季草场的时候，因为之前居住的房子很久没有人住，会被熊破坏掉，我们得修葺房子。还有，我们这里野驴很多，常常与家里饲养的牛羊抢夺草场
		GD-0504-JYF-01	我们村资源匮乏，处于深山，尤其是交通非常不便，去趟县城要70多千米，我们没有摩托车，所以很难出去；运输成本很高，比如，一块砖头运到我们这里就要1.5元，生活成本特别高
	就业狭窄（78）	MD-0816-ZH-01	我们生活在牧区，自身文化水平比较低，不懂汉语，所以在当地的就业机会非常少，很多年轻人去别的县打工，有些人还出省去打工，我们就在家照顾孩子、放牛
		ZD-0716-WY-01	现在村里年轻人存在的最大问题就是没工作，而且很难找到打工的地方，主要原因是不识字、听不懂汉语
		DLH-1106-JYF-01	政府给我们贫困户安排了一些培训，但我们仍然不好找工作，主要原因是培训技能和市场需求不相符，比如，经过驾驶员培训给我们发了驾照，但是我们自己家里没车可练，这就会出现问题
		HZ-0520-LJ-01	我们这里是农业区，每家的耕地都不多，靠种地挣不到钱，村里的年轻人都出去打工了，大部分都不回来，家里条件好的在西宁买了房子。我家穷，因为缺劳动力、家里老人有病
社会资本	亲情收入（43）	DL-1110-ZH-04	逢年过节，儿子便会给我买新衣服、买煤，还会给我钱，大概一年给1000元
		DR-0818-ZH-05	我们两个女儿，家庭条件都不好，一年给不了我多少钱，大概每人每年给1500元
	单位帮扶（102）	HZ-0518-WY-01	我们村和就业局进行了合作，村民可以参加培训，合格了会颁发相关技术证书
	干部帮扶（245）	JZ-0610-JLS-01	我们村是搬迁村，我以前生活在牧区，习惯吃藏餐，不会做菜，现在搬到了地理位置好的地方，村里要发展农家乐，政府也给我们培训烹饪技术，手把手教我们做菜，还让帮扶干部每天和我们交流，指导我们做饭，现在我们基本上会做汉餐了

续表

访谈范畴	高频词（频率）/次	开放性编码（类别-日期-调研人-编号）	访谈材料案例
社会资本	干部帮扶（245）	JZ-0611-WY-02	虽然我是贫困户，但我积极地努力脱贫，村里给我奖励了一辆三轮车，我很高兴
		HZ-0518-JLS-02	来帮扶的领导想办法给我们解决生活问题，基本上家里没有买过油、面、洋芋种子
		HZ-0519-WY-03	工作队的领导经常来我们家，问我们有什么困难
		GD-0504-BSC-02	我侄儿在州上当领导，我三个哥哥都在上班
		XH-0703-JYF-02	我们村的领导把草原管护员的岗位给了一个残疾人，没有给我，其实我们家生活也是很困难的
	人际交往（228）	ZK-0613-JLS-02	我是生意人，生意人首先应该注重的品质就是诚信。我现在试着经营藏香，我做生意注重诚信，不偷奸耍滑，因此人缘比较好
		DT-0509-JYF-01	我是远嫁过来的，我跟我婆婆关系不好，我婆婆老是鼓动我老公打骂我，我现在过得很困难，想出去干活但是没有手艺
	交通状况（46）	GN-0508-BSC-02	现在，村里的路都硬化了，有大巴车经过我们村，我们能去县上和西宁，也能去镇上拿快递了
		GD-0504-BSC-01	我们家附近没有公交站。村里都是硬化道路，但硬化道路有沙化的现象，路况很差
	合作社带动（245）	HZ-0519-TXJ-01	我们村党员、村干部带头，用产业发展资金成立了合作社，后来我们也用产业到户资金入股加入合作社，合作社给我们分红，但我们在合作社没有学到种植养殖技术
		JZ-0607-JLS-02	我们村里建立了合作社，种植花椒、核桃、当归等各种中药材，我也以劳动力入股的方式加入了合作社
	贷款机会（87）	JZ-0908-ZH-02	我用小额信贷贷款 3 万元养牛，现在贷款已经按期还了
		GN-0509-WY-02	我家贷了 3 万元用来买猪和猪饲料
		DL-1111-LJ-02	我们去银行申请贷款，银行需要很多贷款担保手续和相关资料，我没有交资料就不给我贷款
		DLH-1106-ZH-03	银行说我们村前几年赖账的人比较多，影响了我们村所有人的信用，就不给我们贷款了

续表

访谈范畴	高频词（频率）/次	开放性编码（类别-日期-调研人-编号）	访谈材料案例
社会资本	培训机会（278）	GD-0812-BSC-01	我儿子参加了政府的挖掘机技能培训班，但培训后政府没有安排工作，都是自己找地方打工
		GN-0507-WY-03	政府给我们安排了40天的培训，我们每天都去参加，培训内容主要是炒菜、擦玻璃、照顾小孩子等方面
	易地扶贫搬迁（32）	JZ-0902-BSC-07	以前我家在深山里面，孩子出门上学不方便，儿子媳妇出去打工也不方便，现在享受了政府的好政策，把我们搬到这里，居住环境和卫生条件都好了，打工的、上学的都方便了
		DR-0818-WY-01	我们从牧区搬到这里，生活还有点不习惯，周围的人也不太熟悉
		DR-0818-WY-02	我们原来在牧区放牧，现在搬到这里，我都50岁了，还得学习一些技能才能找工作，因此就业比较困难
金融资本	个体性工作收入（48）	GD-0506-BSC-01	受疫情影响，我们家小卖部去年一直关门，一年差不多亏了四五万元
		GN-0509-WY-03	我觉得帮扶政策实施以来，国家给的产业发展资金收入最多，我家每年有6400元的产业帮扶资金
		LD-0516-JYF-02	我想开个小卖部或者跑运输来增加家里的收入
		GN-0110-BSC-01	村里提供了公益性岗位，再加上各种补助，一年收入有3万多元
		MY-0901-ZH-01	大儿子、小儿子都在打工，但是他们都成家了，差不多每人一个月有4000元的收入，我一年打工有1万元的收入
	临时性工作收入（297）	ZD-0718-WY-02	我们家的收入主要是虫草收入、政府补贴、牛羊养殖收入
		MY-0706-WY-01	我出去打工一年挣了1.8万元，我媳妇一年挣了1.1万元
		GD-0506-BSC-02	今年儿子和儿媳妇没挣多少钱，也就两三万元。前几年，我儿子在同德县给别人盖房子收入还不错，一年能挣十几万元，今年挣不了那么多钱了
	养殖收入（172）	GN-0809-BSC-01	一年养殖收入2万多元，家里养了8头猪，全部卖了
		HZ-0518-WY-02	我们家今年养的3头猪全部卖了，每头卖了两三千元
	正式工作收入（138）	MQ-0508-WY-04	以前我女儿上学的时候家里比较困难，我小女儿毕业后，现在在州上当护士，一个月有6000多元的工资收入，家里的生活情况好多了

续表

访谈范畴	高频词（频率）/次	开放性编码（类别-日期-调研人-编号）	访谈材料案例
金融资本	种植收入（175）	GN-0508-WY-01	我们这边一斤蚕豆可以卖 2.8 元钱，我今年大概卖了 9000 元钱，是青海大学的公司来收购的。我们家今年牛羊因为有小崽都没卖，只有种地收入了 1 万元
	租赁收入（151）	MQ-0810-WY-01	我们年纪大了养不了牦牛，所以把自己家的草场出租给了别人，人家一年给我 1 万元的租金，这些钱再加上我们老两口的养老钱，生活费基本上就够了
		GN-0809-WY-04	我把我们家的耕地出租了，3 亩地每年给 1800 元
		HZ-0519-WY-03	草场补贴一年 340 元，草场租给别人，一年租金有 2500 元
发展预期	扩大规模（21）	XH-0704-JYF-03	我家共有 6 口人，有个残疾儿子，我老伴常有病，我们家经济特困难，村里的扶贫产业发展项目给我家分了 6 头西门塔尔母牛，后来又产了 4 头牛犊，日子慢慢好起来了
	工作稳定（266）	HN-0324-JYF-01	现在家里只有我和我媳妇是劳动力，家里种了几亩地，一年也挣不了多少钱，出去打工也找不到长期稳定的工作。我希望能有一份稳定的工作，多挣点钱
		ZK-0613-BSC-01	我现在在县上打工，但是家里有老人和孩子，所以我不能去外地打工。现在，我希望在离家近的地方找份稳定的工作，一边照顾家里人一边挣钱养家
	返贫担忧（297）	DT-0509-WY-02	我儿子去年去世了，儿媳妇也改嫁了，留下了两个孙子，我养了 3 头牛，我现在年纪大了，养不了太多牲畜，如果我们家没有政府的补贴，可能生活会更加贫困
		MQ-0810-JYF-01	我们家本来就比较困难，希望政府的优惠政策一直延续下去
		QML-0722-LJ-01	虽然我们每年有一定的虫草收入，但是我们生活在这么偏远的地区，条件这么差，希望政府的补贴政策能够延续下去
		GD-0813-WY-01	我们文化水平低，出去外面交流得也不通畅，希望能有个汉语的培训，让我们慢慢学，多学点知识多赚点钱
		HN-0322-LJ-03	我家里 3 口人，我有老伴和儿子，我儿子因为智力有问题，今年 40 多岁了还没有娶媳妇，外出打工也没人要，虽然儿子有残疾人补贴，但是家里现在没人挣钱，生活很困难
	相对贫困（48）	QL-0711-LJ-02	我们家以前是贫困户，现在经过政府帮助，生活条件慢慢变好了，但是比起村里面搞家庭农场的家庭，我们家的条件还是比较差的

续表

访谈范畴	高频词（频率）/次	开放性编码（类别-日期-调研人-编号）	访谈材料案例
发展预期	相对贫困（48）	MY-0708-BSC-01	我们村条件还可以，自然条件适合发展种植业和旅游业，但是我们家没有劳动力，只能靠补贴
		DT-0508-JYF-01	我爸爸在镇上的水泥厂工作，妈妈跟爸爸离婚后，也没回来过，平时我和奶奶在家。我上初中，家务活都是我来干，我希望爸爸能再给我找个新妈妈，希望爸爸生活得好一点，不再那么辛苦

6.3.2 主轴编码

主轴编码是将开放性编码中被分割的数据，通过类聚分析，在不同的范畴之间建立联系。在第一阶段开放性编码中，通过分析原始资料得到了青海省民族地区贫困户脱贫后可持续生计构成要素的16个初始范畴，对它们进行反复比较后归纳出6个大范畴：风险状况、生存压力、政策扶持、内生动力、生计资本、市场洞察。外部风险、内部风险是影响脱贫户可持续生计选择的基本要素，归纳为脱贫户的风险状况；内部生存压力、外部生存压力是脱贫户可持续生计选择的限制要素，归纳为脱贫户的生存压力；补贴状况、保障政策、产业发展是脱贫户进行可持续生计选择时的政策机遇与保障，归纳为对脱贫户的政策扶持；自我认同和发展预期是脱贫户进行可持续生计选择时是否形成内生动力的重要条件，因此归纳为脱贫户的内生动力；社会资本、人力资本、自然资本、物质资本、金融资本是构成脱贫户可持续生计选择的五大生计资本，因此归纳为脱贫户的生计资本；市场开拓、认知需求在一定程度上可以挖掘脱贫户对生计的发展与创新，因此归纳为市场洞察（见表6-3）。

表6-3 主轴编码形成的主范畴、副范畴及概念化　　单位：次

主范畴	副范畴	概念化
风险状况（230）	外部风险（77）	自然灾害风险（31） 市场风险（11） 缺乏发展资金（35）

续表

主范畴	副范畴	概念化
风险状况（230）	内部风险（125）	技术设备风险（7） 家庭变故（19） 财产损失风险（31） 健康风险（62） 信用风险（6）
生存压力（1077）	内部生存压力（947）	建房费用（263） 思想保守（119） 医疗费用（301） 思想僵化（23） 教育费用（241）
	外部生存压力（130）	劳动成本（19） 自然环境（33） 就业狭窄（78）
政策扶持（1977）	补贴状况（959）	其他补贴（146） 粮食补贴（226） 残疾补贴（79） 草场补贴（235） 耕地补贴（180） 住房补贴（93）
	保障政策（588）	低保（164）
		医疗保障（245）
		养老保障（179）
	产业发展（430）	光伏扶贫（125）
		创业就业（101）
		互助资金（32）
		村集体经济（172）
内生动力（1232）	自我认同（600）	回报心理（319） 标榜效应（22） 良好习惯（215） 诚信经营（44）
	发展预期（632）	扩大种养规模（21） 工作稳定（266） 返贫担忧（297） 相对贫困（48）

续表

主范畴	副范畴	概念化
生计资本（5358）	社会资本（1306）	亲情收入（43） 单位帮扶（102） 干部帮扶（305） 人际交往（228） 交通状况（46） 合作社带动（245） 贷款机会（87） 培训机会（218） 易地扶贫搬迁（32）
	人力资本（1261）	勤劳踏实（331） 家庭劳动力（229） 教育机会（181） 健康状况（279） 务工类型（241）
	自然资本（695）	耕地数量（115） 饮用水状况（363） 草场数量（217）
	物质资本（1115）	房屋结构（73） 基础设施状况（362） 生活耐用品（362） 养殖数量（238） 种植种类（80）
	金融资本（981）	个体性工作收入（48） 临时性工作收入（297） 养殖收入（172） 正式工作收入（138） 种植收入（175） 租赁收入（151）
市场洞察（103）	市场开拓（71）	产品细分（11） 市场定位（18） 市场细分（23） 销售渠道需求（19）
	认知需求（32）	市场划分（9） 销售技巧（23）

从本节主轴编码形成的副范畴中，可得出如下结论。

（1）在风险状况方面，内部风险的出现频次大于外部风险，说明脱贫户当前还未形成风险防御能力，对家庭变故、财产损失风险、健康风险的生计转移能力不强，主观上尚未形成化解风险的意识，并对产业发展的相关风险关注度较低。

（2）在生存压力方面，内部生存压力的出现频次大于外部生存压力，说明当前脱贫户非常重视基本物质资本需求的满足程度，主要关注日常生计支出，如建房、医疗、教育方面的费用，尚未树立有利于长远发展、解决尚存压力的思想观念，因而外部脆弱环境对脱贫户的压力被暂时忽视，生态保护意识仍需加强。

（3）在政策扶持方面，补贴状况的出现频次要大于保障政策，对于脱贫户来说，大部分群体是依靠政府各类转移性收入摘掉了贫困户的帽子，直到现在单方面的转移支付依旧是大部分脱贫户生计的主要收入来源，应对此高度关注；保障政策的出现频次大于产业发展，可见，当前脱贫户的生活质量、生产生活水平并未达到脱离政府帮扶还能持续提高的程度，政府还需在基本公共服务方面再送一程；产业发展对于部分有发展能力、发展意愿并立志能发展好的脱贫户而言，能够帮助他们解决资金、技术等方面的困难，使这部分脱贫户高质量脱贫。由此可见，依托产业发展打造增收主要渠道已成为脱贫户生计可持续的必由之路。

（4）在内生动力方面，脱贫户发展预期的出现频次略高于自我认同，对于脱贫不久的农牧民来说，早已被多年的贫困生活磨平了心智，甚至会担心再次返贫，他们强烈希望拥有一份稳定的收入来源以保证生计水平。自我认同出现频次较低，由于部分脱贫户通过政府各类政策帮扶获得了较多物质资本收益，短期内物质资本和金融资本的积累效果明显，造成各类生计资本增长不均衡，脱贫户精神方面和能力方面的提升滞后于物质资本的改观，改变长期形成的贫困心智模式还需要过程，“等、要、靠”思想依然存在，加剧了脱贫户对帮扶政策的依赖。

（5）在生计资本方面，脱贫户的社会资本出现频次较高，可见在青海省农牧区，尤其是在较为封闭的偏远地区，脱贫户只能通过熟人的信息传递来了解外界的发展趋势和新技术，而享受过精准扶贫政策的脱贫户，对先进思想极其渴求，积极从创业致富带头人、新乡贤、大学生那里获取新信息，因而脱贫户非常重视对自身社会资本的提升。集体经济的发展壮大是盘活农村资金的活力源泉，其充分发挥了吸纳、带动脱贫户的作用，几乎所有脱贫户都参与到了集体经济的发展或政府提供的相关公益性岗位中。人力资本的出现频次也较高，说明部分脱贫户已经意识到子女教育、拥有劳动技能的重要性，由此可知，当前阻断代际贫困的智力扶贫取得了一定成效。

（6）在市场洞察方面，脱贫户的市场开拓和认知需求的频次都相对较低，这反映了当前脱贫户对于市场洞察的参与度不高，对自身定位不准，无法利用有限的信息参与市场竞争。

6.3.3 选择性编码

选择性编码是指基于开放性编码和主轴编码来选择核心范畴，将其系统地与其他范畴予以联系，并将之概念化和理论化。在厘清核心范畴和各副范畴之间联系与脉络的基础上，围绕脱贫户可持续生计现状，在后续进行理论饱和度检验和经典案例验证的基础上，构建青海省民族地区贫困户“脱贫摘帽”后可持续生计初始模型。

6.4 理论饱和度检验

进行饱和度检验是理论构建完成后一项不可或缺的检验过程，对扎根理论的完整性、准确性、饱和性至关重要。因此，在完成对362名脱贫户所得访谈记录的三段式编码之后，课题组又抽取10名脱贫户进行面对面访谈来验证编码是否达到饱和，经检验访谈过程中没有出现新的概念与范畴，由此可得理论模型达到饱和状态。

6.5 脱贫户经典案例分析

基于以上对脱贫户可持续生计现状的三段式编码，构建了青海省民族地区贫困户“脱贫摘帽”后可持续生计初始模型，此处运用经典案例进行验证。

6.5.1 脱贫户易地扶贫搬迁政策实施案例分析

易地扶贫搬迁对青海省脱贫攻坚工作影响深远，不论是在组织领导、顶层设计，还是在资金投入与后续扶持方面，都进行了精心的设计和安排。享受到易地扶贫搬迁政策红利的脱贫户在后续生计选择上坚持政策扶持与自主发展相结合的模式，生活条件较以前大有改观。因此，将易地扶贫搬迁政策列入编码节点，结合访谈实际情况将易地扶贫搬迁政策实施前后进行对比，可以明显感受到易地扶贫搬迁政策带给脱贫户生计的变化。表 6-4 为部分脱贫户在享受易地扶贫搬迁政策前后的所思所想。

表 6-4　青海省易地扶贫搬迁政策实施前后脱贫户生活状况对比

主范畴	子范畴	开放性编码（类别-日期-调研人-编号）	编码举例
易地扶贫搬迁政策	政策实施之前	ZK-0615-WY-01	我们镇面积占到全县总面积的 1/3，共有 6000 多人，镇上距离县城 90 多千米，是距离县城最远的一个镇，交通不便是限制我们镇产业发展、劳动力就业的关键因素
		GD-0804-JYF-03	2019 年，我们村集体搬迁到镇上的安置点，我们以前住在阿尼玛卿山脚下，生活条件很艰苦，去县城的路比较远，一年四季气候非常寒冷，海拔高，风大，生病了也很不方便去医院看病。以前，我们主要靠放牧挣钱，但是冬天天气特别寒冷，一下雪好多牛都被冻死了，给我们带来了极大的经济损失，我们也赚不到钱。在那里生活，平时还会遇到狼和熊。我们有时候也去挖虫草，但收入很不稳定
		HY-0516-JYF-03	我们村是远近闻名的贫困村，停电停水是常事，有时候停水半个多月；全村人均耕地只有 2. 5 亩，遇到自然灾害，往往颗粒无收
	政策实施之后	ZK-0615-WY-01	从 2017 年开始实施易地扶贫搬迁政策，还实施了河道、道路等改造项目。到 2018 年 7 月，我们村多数人已经住上了新房子。现在，大家的房子一排排很整齐，还有太阳能发电的路灯，晚上特别亮，道路也平坦干净。我们村还成立了化解家庭纠纷矛盾的网格员。比较好的是，搬迁以后，政府给我们扶持了产业脱贫项目，还开展了一些专门针对贫困户的培训项目，但目前的主要问题还是就业比较困难
		GD-0804-JYF-03	自从 2019 年我们全家搬迁到这里，日子过得一天比一天好，以前我结婚的时候，是租的板房。搬迁后，我们家有三室一厅的房子，还有小院子，不论孩子上学还是去卫生院看病，都很方便。现在妻子是管护员，我在附近的建筑队打工，两个孩子都去了镇上的幼儿园上学。去年，我们家还清了银行贷款和外面借款，还买了一些藏式家具，现在，我们再也不用担心冬天没水吃了，只是现在在安置点花销比较大
		HY-0516-JYF-03	我们村整体搬迁后，入住了新居。我经过培训掌握了焊接技术，后来有企业招工，我就去那家企业工作了，现在我基本有稳定收入，就是对社区的人都不太熟悉

调研汇总显示，虽然易地扶贫搬迁户新房的入住率达到 100%，但是有不

少搬迁后家庭主要劳动力返回原址从事生产，少数搬迁户原房屋没有拆除，部分村还是存在复垦工作进展缓慢的情况，这类情况使易地扶贫搬迁政策并没有实现“搬得出、稳得住、能致富”。

6.5.2 脱贫户产业发展案例分析

产业发展一直是促进脱贫户实现持续稳定增收的重要渠道，也是今后生计可持续发展的重要支撑点。自脱贫攻坚政策实施以来，青海省将精准脱贫60%的资金用于产业发展，91%的贫困户依托产业和就业脱了贫。截至2021年1月，据原青海省原扶贫开发局统计数据显示，脱贫户人均可支配收入达到10504元，占青海省农牧民人均纯收入的85%左右，比2015年提升近60个百分点，其中，政策性收入下降到34%，这得益于青海省大力发展乡村产业。在发展产业政策中，产业就业、生态扶贫、互助资金、村集体经济是提升自我发展与村集体经济发展的关键因素，以下将产业发展作为案例节点，围绕产业就业、生态扶贫、互助资金、村集体经济展开子范畴案例论述，如表6-5所示。

表6-5 产业发展案例编码

主范畴	子范畴	开放性编码（类别-日期-调研人-编号）	编码举例
产业发展	产业就业	HZ-0519-BSC-01	我以前是贫困户，现在是村里的会计。我们村是人多地少的典型贫困村，现在村里将特色种植业作为主导产业，成立了5家当归种植合作社、1家马铃薯合作社、1家露天蔬菜合作社，“抱团”发展。村里还成立了县绿丰生态农业开发有限公司，成为村里的龙头企业。该企业通过销售产品，带动村里贫困户增收致富，当年村集体经济就盈利3万元
		HZ-0519-WY-02	我们家那里成立了八眉猪养殖基地，村集体统一供幼崽、统一供饲料、统一疾病防控、统一回收。村里实施了肉驴养殖项目，还大力发展土族盘绣，为贫困群众提供就业岗位，但是由于盘绣价格偏贵，销量不太好
		JZ-0506-LJ-02	以前我们村很贫困，后来村里积极响应国家号召发展传统手工民族服饰加工，是我们村特有的技能，村里人依靠这种技能和联点帮扶单位成立了藏服制作加工合作社。现在外出务工的人员逐渐回到家乡为藏服发展出谋划策，我也加入其中。一年除了有工资收入之外，我还有分红。现在，邻村也开始发展藏服制作加工，市场竞争比较激烈

续表

主范畴	子范畴	开放性编码（类别-日期-调研人-编号）	编码举例
产业发展	生态扶贫	DT-0508-BSC-01	我们家以前非常困难，自从入股了边麻沟旅游景区后，这两年每年都能得到分红。我现在和儿子在家里开了一家农家乐，每年夏天生意非常火爆，但是冬天不太好。平时，我丈夫在景区做售票员。生态旅游不仅带动贫困户稳定增收，也带动了周边村民
		DR-0819-JYF-01	我们依托班玛仁拓湿地公园等旅游资源投入资金，修建旅游宾馆和国家湿地公园生态教育体验基地，还有一些农家乐和牧家乐的项目，想着通过这些项目解决脱贫户就业问题，但项目后续由于没有带头人的引领，发展比较缓慢
		DT-0508-LJ-02	我参与了村里的专业合作社，合作社给贫困户供给苗木并提供销售渠道，增加了我们的增收途径，但收入不稳定，受市场影响较大
		DT-0508-LJ-01	村里给贫困户提供管护与灌溉苗木的工作岗位，工资比较低
		HZ-0520-WY-01	以前，我家只有 2 亩 3 分地，靠天吃饭，发展产业想都不敢想。2016 年，我拿出每人 5400 元的到户产业资金，又从村里的互助资金借了 2 万元，用这些钱买了 5 头牛，开始养牛；2017 年，我从“530”小额信贷中贷了 3 万元，扩大养殖规模；到今年我们家共养殖 12 头牛，现在每年养牛的收入至少 1 万多元
	互助资金	MY-0708-LJ-01	去年，我想发展养殖产业，但是没有资金，我就向村里的互助社提出申请。我拿到发展资金后，买了几头牛和几只羊，今年生了 3 只小牛犊，算是获得了收益吧。我想等着牛犊稍微长大一点就卖了，把钱还给村里，如果钱不够的话，我就去打工赚钱争取早日把借村里的钱还上，借款还完以后牛羊就真正是我自己的了
		MY-0708-LJ-02	村里的互助资金大部分为能力强的致富带头人服务了
		MY-0708-LJ-03	我还不知道村里有互助资金
		MY-0708-LJ-04	村里是不会给我们这些人借互助资金的

续表

主范畴	子范畴	开放性编码（类别-日期-调研人-编号）	编码举例
产业发展	村集体经济	QML-0721-JYF-01	我家在牧区，路太远，加上当地气候条件不好，什么都不好干。以前我们村里想搞点活动、办点事情，都是向上级政府伸手要钱。但是，现在通过发展集体经济，村里有钱了，能干一些实实在在的事情，平时我们做生意、养牛羊，不懂的可以问领导干部，我们就像一家人一样
		GD-0506-WY-02	虽然我们不是纯牧区，离县城也不是很远，但是我们村以前根本没有产业，大家就是自己忙自己的事情。后来，政府给我们村钱，发展村集体经济了，据说取得的收益还不少。这部分收益一些用于低收入群众临时性救助和公益岗位工资发放，一些用于村里的小型公益事业，剩下的钱还可以扩大再生产
		HY-0514-LJ-02	以前，我们这里什么都没有，除了旁边有一条高速公路，我们偶尔在路边做点小买卖。后来，我们村利用本地资源优势开发了旅游景区，景区每年产生的收益全部用于发展村集体经济，依靠村集体经济提供岗位与产生的收益分红，提高贫困户的收入
		HY-0514-LJ-03	我们村集体经济刚开始发展得还不错，后来由于附近各村竞争比较激烈，发展就不太好了

6.5.3 脱贫户内生动力案例分析

内生动力是指依据自身已有条件，勇于摆脱贫困，实现自我发展的精神追求。由于受传统观念的影响，薄养厚葬、高额彩礼等陈规陋习在一定程度上依旧存在，“一婚穷十年”“葬礼高消费”成为脱贫户经济生活中沉重的负担，因村穷、人穷、智穷，农牧区还是存在中青年男性娶不上媳妇的问题。在实地调研过程中发现，少数信教脱贫户宗教支出过大或者隐形宗教负担过重，仅经幡一项，年均户花费 2000 元，此外还存在牲畜禁宰惜售与“乱放生”等问题。本研究将脱贫户的人力资本作为编码节点，将家庭劳动力、教育机会、健康状况作为子范畴，将自我认同与发展预期作为编码节点，分别将回报心理、良好习惯、诚信经营与扩大养殖规模、工作稳定、多赚钱作为子范畴展开案例验证（见表 6-6）。

表 6-6　脱贫户内生动力案例编码

主范畴	子范畴	开放性编码（类别-日期-调研人-编号）	编码举例
人力资本	家庭劳动力	JZ-0608-JYF-02	我 57 岁才脱贫，因为家庭人口较多，缺少劳动力，生活非常困难，在政府帮助下我靠自己勤劳的双手和党的惠农政策开展了牲畜养殖，现在一步步走上了致富之路
		QML-0721-LJ-04	我是 QML 县的，丈夫因病去世了，家里还有 5 个未成年的孩子，只有我一个劳动力。我因为要照顾孩子，所以不能出去打工，生活非常困难，只能靠政府的低保维持生计。后来，林草部门在家门口的高速公路沿线实施绿化建设项目，我通过 1 个多月的勤奋劳动，获得劳务报酬 4800 元
	教育机会	GEM-1103-BSC-02	我家有两个孙子，其中一个 8 岁，上小学二年级，学费由国家补贴，生活费全免，此外孩子还享受了营养餐计划，学校教育很好，就是缺老师
		QML-0724-WY-01	2015 年，我开始在县技能培训中心学习理发。后来，我拿到了理发专业资格证书。我贷款在县城开了一家理发店，生意不太稳定，现在贷款还没还上
		DR-0817-WY-01	县城举办的各类技能培训班，我都会积极参加，但通过了培训，依然不好找工作
		XH-0703-LJ-01	我母亲是二级残疾人，需要照料，所以我无法外出务工，只能选择常年在家务农。我利用以前学的电脑知识和产业扶持资金，在村里开了一家打印店，后来购买了小汽车，生意还算稳定
	健康状况	GN-0508-WY-03	我们家有 6 口人，老两口年纪大了有慢性病，身体不太好，我有胃病，但孩子身体都挺健康
		DT-0110-WY-01	2015 年，我被查出直肠癌，病痛的折磨加上昂贵的医疗费用以及两个儿子的学习费用，家庭经济情况特别困难，我成了村里的贫困户，也是村里大病救治对象，5 年时间我先后住院 15 次，花费几十万元，不过 90% 的住院费用都得到了报销
		DLH-1103-WY-01	2012 年，我外出务工时发生意外导致下半身瘫痪，失去劳动能力，儿子也患有癫痫，女儿在上学，家里两个病人的看病费用支出和女儿的教育费用支出是家庭经济困难的主要原因。但我和家人并没有因为生病被打败，我通过自学掌握了手机打印照片的技术，购买了小型的打印设备，做起了打印照片的小生意，老婆在县城的住宅小区干保洁工作。现在，我成了村里的脱贫攻坚典型人物

续表

主范畴	子范畴	开放性编码（类别-日期-调研人-编号）	编码举例
自我认同	回报心理	LD-0516-JLS-01	以前我家里经济条件比较差，但帮助我的人很多。现在政府又有各项政策帮助我们发展产业，还有到户产业资金的支持，家里的经济条件和以前相比好多了。我想等以后家里经济条件再好点，也去做个志愿者，回报社会
		DL-1112-WY-01	我在村两委和驻村干部的帮助下加入畜牧业专业合作社，一步步走上了脱贫致富的道路。2020 年，湖北疫情期间，我以个人名义向武汉捐款 1 万元。是党帮助我在 2016 年实现脱贫，我时刻不忘党的恩情，现在国家有了困难，该是我报答国家的时候了
		GN-0508-WY-04	我以前是贫困户，通过国家政策帮扶和自己的不懈努力，日子一天天过得好了。在武汉疫情期间，我看到大家都在给武汉捐钱，我也从收入里拿出 100 元，捐给了当地红十字会
	良好习惯	HY-0513-JLS-01	我们贫困户更重要的是要思想脱贫，不然给再多钱也有花完的一天，只有养成好的消费习惯才能获得长久的幸福生活
		JZ-0610-LJ-03	我是 JZ 县脱贫户，以前父辈艰苦朴素，过着清贫的生活，现在我在帮扶干部的帮助下，在汽车修理店当学徒。我用了半年的时间就学会了汽车护理、美容等技术。后来，我开办了汽车修理厂和出租车保洁服务。现在我不仅挣到了钱，还为贫困户提供就业岗位，我依靠的是勤快与责任心
		JZ-0610-LJ-04	我知道勤劳能致富，但是我身体不太好，不想干活
		HY-0513-JLS-02	我总感觉自己不如别人
	诚信经营	HY-0513-WY-02	我以前是贫困户，靠着政府帮扶，低息贷款、技术指导等帮扶来经营藏香，这门手艺是祖上传下来的。我觉得要想发财，第一个重要的品质就是诚信，不能偷奸耍滑
发展预期	扩大养殖规模	GN-0509-WY-01	脱贫后，我想继续扩大养猪规模，多养几头猪，多卖几头猪。明年我还想继续种蚕豆赚钱，但贷款比较困难
		LD-0515-WY-03	我养殖的牦牛被电商企业销售到无锡以后，吃过的人说牛肉香味十足，但是肉质不够嫩。也就是说牦牛的饲养生长周期过长，所以我开始出栏 2 周岁的牦牛，这样不仅可以降低养殖成本，牦牛肉的品质也会更好。但我们这里现在缺少懂电商的技术人员，贷款也比较麻烦

续表

主范畴	子范畴	开放性编码（类别-日期-调研人-编号）	编码举例
发展预期	工作稳定	GN-0509-JYF-01	我今后生活最大的心愿，就是大儿子可以找一份稳定的工作，小儿子顺利毕业，找到好工作；家里再养几头猪，种几亩蚕豆。现在的生活水平相比过去改善了很多，有稳定的工作就能过上幸福的生活
		GD-0813-WY-02	我是 DGY 村的，因为自然环境恶劣，地理位置偏远，属于深度贫困地区。我非常向往大城市的生活，不甘心一辈子这样贫困，因此我平时多鼓励孩子好好读书，我也千方百计寻求外出务工的机会，终于在 2015 年经人介绍，找到了一份铁路路基维护的工作，每年能获得一笔稳定的收入
		ZD-0717-LJ-02	我家因为没有劳动力，生活极度贫困，我在政府的帮助下成为一名生态管护员，每年能拿到 21600 元的工资补贴，每年收入非常稳定，我也希望能一直有这个管护员的工作
	多赚钱	GD-0506-BSC-01	我娘家弟弟得了精神分裂症，我就在这边照顾弟弟和孩子，还照看小卖部。我希望小卖部能多赚点钱，种地也能多挣点钱。今年油菜价格好，希望明年还能继续涨价，让我多赚点钱。希望家人能健健康康的，孩子好好读书
		GD-0814-JYF-02	我在 EEJ 村，我们家搬到安置点后，生活有了很大的改善，我自己加工炒面去出售，家里有了收入，再也不会担心受冻、饿肚子了，我希望能多赚点钱，把日子过得越来越好
		HY-0516-LJ-02	当时，父亲脑梗住院需要 1000 元的住院费，我都拿不出来。村里给我提供了 3 年的免费中药材苗，我种当归，第一年种因为没有经验，所以赔了。后来，在技术人员的指导下，我第三年收入 5 万多元。这是以前我想都不敢想的事情，思想上也有所转变。我现在通过“530”政策贷款 80000 元，把家里的房子装修了，准备搞农家乐，种植、农家乐一起干，多挣些钱

6.5.4　脱贫户生存风险案例分析

生存风险是指获得生计资本的风险以及选择生计策略的压力。带给脱贫户生存风险的原因很多，外部环境脆弱性、生计资本不足，家庭变故、意外伤害、自然灾害等，周期性、季节性价格变动，市场发生变化等。此处将生计资本五个维度列入编码节点，展开案例验证，见表 6-7。

表 6-7 脱贫户生存风险案例分析

<table>
<tr><th>主范畴</th><th>子范畴</th><th>开放性编码
（类别-日期-调研人-编号）</th><th>编码举例</th></tr>
<tr><td rowspan="4">生计资本</td><td rowspan="2">自然资本</td><td>MD-0815-LJ-01</td><td>我今年47岁，父母年纪较大，无劳动能力，有一个儿子在西宁打工，女儿在省外读大学，我和妻子一年四季处于游牧状态，父母则在居民安置点养老。家中有8000多亩草场，禁牧草场与草畜平衡草场各占一半面积，我养了40多头牦牛、80多只羊，因地处三江源核心腹地，野生保护动物经常出没在自家草场，我家的羊经常被狼咬死甚至叼走，转场所住的房屋常常被黑熊破坏，自家的草场也经常被野驴、野马啃食践踏，牛羊的草料没有保证，碍于对野生动物的保护，我们对此没有阻止的方法。虽然政府下发了生态补偿政策，对咬死的牲畜给予一定赔偿，但是小羊都被狼叼走了，没有尸体也没有办法进行补偿。此外，山区极端气候频发，暴雨、泥石流、雪灾、冻害等自然灾害频发，家中草场去年就被泥石流冲毁了近100亩，无疑给家庭造成了巨大的经济损失</td></tr>
<tr><td>ZD-0716-JYF-05</td><td>我没有什么技能，主要是给别人打短工挣钱，有时候会帮同村的人放牧。今年7月有一天下着大雨，遇到狼群，600多只羊被狼群围住了，我们拿棍子去打狼群，但还是被狼群咬死了76只羊，很伤心</td></tr>
<tr><td rowspan="2">人力资本</td><td>GN-0509-BSC-01</td><td>我今年40多岁，因为家里没有劳动力，也没有多余的钱养殖牲畜，主要靠一辆陈旧的手扶拖拉机进行简单的农事生产。家中父母快80岁了，身体状况不大好，我没有读过书，目前村里给了我草原管护员的职位，因此，我一年能拿到21600元的管护员岗位补助，这对于我们家来说是一笔巨大的生活资金来源。因为家中只有我一个劳动力，父母年老没有贷款偿还能力，所以我没有向银行贷款。因为家里情况不太好，政府给了低保金，一年差不多有1万元，还有草补资金以及两位老人每年8400元的养老补贴和高龄补助、移民款等，上级政府部门的各类支持比较多。目前，家里的主要困难就是我还没有结婚，主要是彩礼比较贵，再加上父母年老看病开销比较大，我们家缺少劳动力，也缺少发展资金，我的想法是能得到政府的产业发展资金养牛、养羊，再多挣点钱</td></tr>
<tr><td>GEM-1103-LJ-02</td><td>我嫁到这个村很多年了，前几年丈夫因病去世，留下了80多岁的婆婆，6岁的女儿。我没上过学，一老一小都由我来照顾。因为要照顾老人和孩子，所以我没有出去打工，家境十分窘困，村干部给我安排去种植园负责种植工作，把家里的地也流转给种植园。现在我有了收入，还能照顾家里</td></tr>
</table>

续表

主范畴	子范畴	开放性编码（类别-日期-调研人-编号）	编码举例
生计资本	物质资本	GD-0504-WY-03	我今年 56 岁，有一个女儿、两个儿子。现在，女儿已经成家，大儿子也结婚了。平时我和儿媳妇在村里种几亩地、养十几头牲畜，农闲时候我还出去打工挣钱贴补家用。我家有 1 辆货车，但是家里人的身体都不太好，我只上过一年级。我们村里有个温泉项目，温泉水可以达到 80 多摄氏度，是青海省地热温度最高的温泉，温泉富含微量元素与矿物质，对人体机能的保健作用非常好，我们村每户筹措了 500 元钱入股温泉项目，现在项目没有建成，也没有产生收益，所以也没有分红。但项目已经上报上去了，还需要政府的大力支持。但是我们村到镇上差不多要 70 多千米，距离县城 80 多千米，道路状况与交通状况非常不便，一块砖从县城运送到村里要卖到 1.3~1.4 元，运输价格非常高，对本村农牧民生活的稳定性及农业生产的稳定性极为不利
		DLH-1108-WY-02	我家里只有 11.5 亩地，种植了青稞、大豆等农作物，家里没有别的经济来源，无法发展致富产业，也没发展资本
		JZ-0606-JYF-01	我们家脱贫前家庭情况不好，亲戚们和同村村民看到我们都躲着走，就怕我们借钱。现在有产业发展资金我可以搞养殖业，情况好多了
	金融资本	MY-0706-LJ-01	我今年 40 多岁，目前再婚状态，家里有 3 口人，有两个劳动力，孩子在中国人民大学上学。家里还有 1 辆货车，但是家庭成员的健康状况不大好，我只上过一年级，而且我患有癫痫，身体时好时坏，一年需要很多治疗费用，我目前暂时在当保安，一个月有 1700 元工资。家里有少量的贷款，但享受了很多政策补贴如草山补贴 3000 元，移民补助 600 元，粮补 400 元，退耕还林 150 元，等等。现在家里最大的困难是我生病欠了外债十几万元，儿子的教育费用一年也要 1 万多元，家里缺少劳动力，缺少资金，我希望妻子能够好好养病，把病治好，能有多余的钱买牛羊赚点钱
		MQ-0810-BSC-04	家中有 6 个孩子，生活开销极大，我和老婆没有技能，我主要养殖牦牛，我想扩大规模也缺发展资金，申请了“530”金融扶贫贷款，但没贷上款

续表

主范畴	子范畴	开放性编码（类别-日期-调研人-编号）	编码举例
生计资本	社会资本	QL-0710-WY-02	我今年58岁，丧偶，两个儿子均已成家，现与小儿子一起居住，平时帮儿子带孩子（注：这位受访者是移民搬迁户，2018年才搬迁至本村，以前的村落自然条件差，被分散安置在平原的安置区。据这位婆婆说，以前居住在汉族村落，邻里交往、走动得比较频繁，逢年过节都会自发组织活动，十分热闹。搬迁至藏族村落后，首先在交流上有障碍；其次因为宗教信仰、生活习惯的不同与邻居没有过多的交往，自己也不会主动参与村集体举办的活动，虽然搬迁下来生活条件改善了许多，但是特别想念以前的村落）
		GD-0813-WY-01	我和丈夫离婚了，带着一儿一女过着颠沛流离的生活。我父母也很早就离婚了，我平时还要照顾母亲，我没有文化，也没有亲戚朋友，现在住的这个不到20平方米的房子是租来的，平时靠打零工来维持生计，村里把我纳入了建档立卡贫困户，给我解决了临时住房问题，扶贫干部帮扶我们脱贫
		HZ-0518-LJ-03	我先天残疾，现在58岁了，一直没结婚，无儿无女，和弟弟一家生活在一起，他们家也比较困难

6.6 初始模型构建及范畴解释

基于对青海省民族地区362名脱贫户进行深入访谈，在不脱离原始资料的基础上对主轴性编码形成副范畴中词频进行了归纳，构建了青海省民族地区脱贫户可持续生计初始模型，该模型由四部分组成，即生计保障维度、政策保障维度、发展机遇维度、生计风险与压力维度。生计资本五个维度是脱贫户可持续生计保障维度；所享受的政策补贴、政策保障、产业分红等扶持政策则是脱贫户可持续生计的政策保障维度；自我认同、发展预期、市场洞察能力会给脱贫户的生计能力和可持续发展带来机遇，属于发展机遇维度；脱贫户无法控制的风险状况和生存压力会对其生计可持续带来间接影响，属于生计风险与压力维度。以下结合对归纳的副范畴频次，由表6-3和构建的模型维度（见图6-1）进行维度解释。

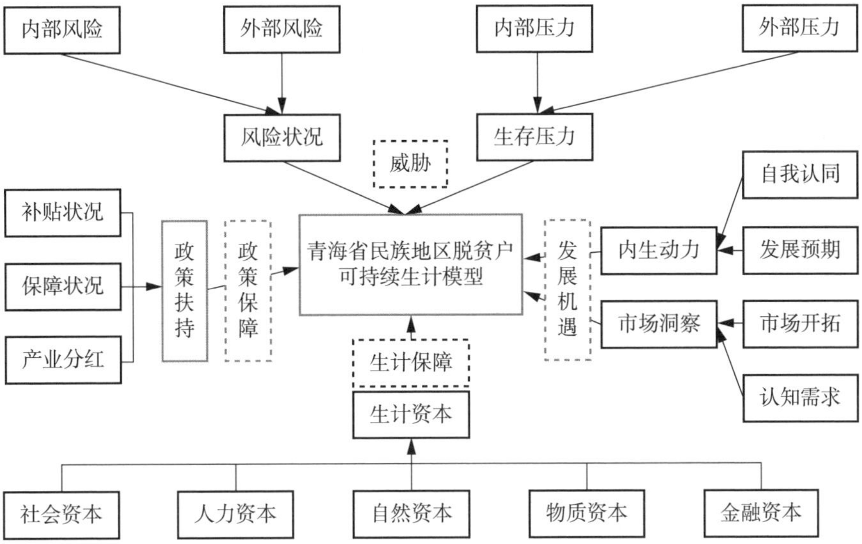

图 6-1　青海省民族地区脱贫户可持续生计初始模型

6.6.1　生计保障维度

（1）在人力资本方面，勤劳踏实、家庭劳动力、健康状况在访谈中累计出现频次占到前三位，意味着内生品质、家庭劳动力状况、健康状况对可持续生计影响最突出。在农牧区老龄化趋势日渐凸显的背景下，由健康状况导致的家庭劳动力缺少现象比比皆是，成为致贫、返贫的触发点。在实现脱贫后，虽然脱贫户的人力资本有所提升，主要包括教育水平与质量的提升、职业培训项目的不断普及、医疗卫生补救力度的不断加大，但还是存在“幼无所依”“壮无所用”“老无所养”的现象，因病致贫、因学返贫依旧存在（访谈资料见表 6-7 编码：GN-0509-BSC-01）。此外，以牧业为主的脱贫户，闭塞的交通条件使其生活习惯与宗教信仰紧密结合在一起，语言交流的限制和普遍受教育程度低，人力资本存量不足等原因，使其保持着小国寡民的状态，经济发展、文化交流与外界融合难度相当大。

（2）在社会资本方面，干部帮扶、合作社带动、人际交往在访谈中累计出现频次占到前三位，说明结对帮扶、第一书记、驻村工作组等措施扩大了脱贫户的社会网络支持系统，扶贫干部成为其主要的社会关系网络。这表现在脱贫户本身社会资本有限，相对狭窄的亲缘和地缘网络，在抵御生计风险时会感到孤立无助。可以说，脱贫攻坚成效是政府扶持的结果，一旦政策制度撤离，返贫风险非常高。此外，以农为主型和以半农半牧为主型的脱贫户中的年轻劳动力选择进城务工，由于农区平均耕地面积小且缺水，单纯靠种植业无法满足生计需求，“熟人效应”是获得外出打工机会的关键资源。大部分脱贫户中的劳动力选择在西宁市或者周边地区打工，很少会去外地城市，主要原因是气候条件与饮食习惯的差别，文化水平低也是主要原因之一，更有甚者听不懂汉语，缺乏基本的言语交流。值得一提的是，随着互联网和数字经济的不断发展，越来越多的人参与到抖音、快手、淘宝等平台经济的行列中，无形中提高了自己的社会资本。但是，依旧存在直播销售淡旺季明显、主播素质有待提升的现象，要谨慎利用，防止成也流量，败也流量。

（3）在自然资本方面，饮用水状况、草场数量、耕地数量在访谈中累计出现频次占到前三位，说明绝大多数脱贫户的生计依赖自然资源，以农牧业生产为主且与环境脆弱性关系密切。对于以牧为主型脱贫户来说，自然资本的拥有量决定其生计的可持续性，拥有草场的数量越多，得到的天然牲畜饲养饲草就越多，从而减少饲养成本，同时在草畜平衡区脱贫户得到的生态补偿越多，积累的金融资本就相对多（访谈资料见表 6-2 编码：GN-0508-WY-01）。对于以农为主型脱贫户来说，耕地数量决定了其生计能力。在东部农业区，人均耕地面积小，发展空间和条件有限，如今单一从事务农的农户很少，有劳动能力的脱贫户一般在农闲时选择进城务工成为兼业型，“熟人效应”对于兼业型脱贫户来说举足轻重，人力资本数量与质量决定其生计替换和生计创新的能力，学历较高接受新知识、新技术、新本领的能力较强，思想也较为开阔，愿意尝试产业发展与创新（访谈资料见表 6-6 编码：HY-0513-JLS-01）。

（4）在物质资本方面，生活耐用品、种养数量、基础设施状况在访谈中累计出现频次占到前三位，说明脱贫户的物质资本能够满足维持简单生活和生产的需要，基础设施的不完善和缺乏是核心问题。物质资本的不足会限制人们的生产能力，影响人力资源的合理配置，在家庭遭遇风险时无法转换为抵御生计脆弱性能力，会使生计陷入困境（访谈资料见表 6-4 编码：HY-0516-JYF-03）。此外，物质资本对以副业为主型脱贫户影响较大，例如，汽车、卡车的拥有量是以运输物流为生活来源的兼业型脱贫户的必备物资。以农为主的种植面积与种类决定了其种植业收入，以牧为主的养殖数量与种类决定了养殖业收入，半农半牧区两种物质资本都存在不足。例如，在以（半农半牧）混合型为主的脱贫户中，牲畜养殖数量不足也是限制其生计的一大重要因素（访谈资料见表6-7 编码：HZ-0518-LJ-03）。需要关注的是，虽然在脱贫攻坚时期将“厕所革命”纳入了重点工作的行列，但在实际调研中发现，部分牧区政府修建的厕所成为“摆设”，一方面是深受宗教信仰的影响不会去使用，另一方面是安置房中配备的水厕在冬季存在水管冻裂无法正常使用的状况，能解决脱贫户如厕问题的只有安置点的公共厕所，这无疑为基层工作增加了日常清洁、粪便处理、管理维护的压力。

（5）在金融资本方面，临时性工作收入、养殖收入、种植收入在访谈中累计频次占到前三位，这意味着脱贫户金融资本来源单一、不稳定，临时性工作收入占比较大，大部分依旧是靠种植养殖获取不可持续性的收入。以农为主型脱贫户的主要收入来源为种植业收入；以牧为主型脱贫户的主要收入来源为养殖业收入；以（半农半牧）混合型为主型脱贫户的收入既有养殖业收入，还有种植业收入；以副业为主型脱贫户的主要收入来源为租赁收入、临时性收入，可能还会有个体工作收入与临时工作收入。尤其是以农为主型脱贫户金融资本难以支撑家庭日常生活开支，资金不足难以发展产业创造收益（访谈资料见表6-2 编码：XH-0704-JYF-03）。总体来看，脱贫户生计资本得到有效改善，但生计资本之间增长不均衡，不同程度地表现在脱贫户人力资本滞后于物质资本、社会资本和金融资本的改善，自然资本的资产化改革较为滞后，生计资本之间的协同增加有待加强，还没有达到能够在各类生计策略中随意转换以保障其生计安全与可持续的程度。

6.6.2 政策保障维度

组织结构和制度程序作用于各个层面与各个领域，制度能绝对地限制人们对生计策略的选择。基层扶贫政策是由各类政策组成的丰富集合，无疑，脱贫攻坚任务的全面完成是各类扶贫政策催生的结果，因此，在与乡村振兴战略衔接的过渡期要充分意识到政策倾斜力度减小的利弊以及政策补贴抽离的危害，要用辩证的思维看待扶贫政策对贫困民族地区社会经济发展方面的促进作用。本研究将政策扶持划分为补贴状况、保障状况、产业发展三个方面，访谈累计频次最高的分别是草场补贴、医疗保障、村集体经济。

享受的政策补贴一般包括耕地补贴、粮食直补、草原奖补、退耕还林补助、其他补助，这类补贴对于增加脱贫户收入、保护当地生态环境、促进农牧区经济转型具有重要意义。除这些服务“三农”的普惠性支农政策外，以贫困区、贫困村、贫困户、贫困人口为帮扶对象的产业扶贫、就业创业扶贫、转移就业扶贫、易地扶贫搬迁、教育扶贫、健康扶贫、生态保护扶贫、兜底保障、社会扶贫九大扶贫政策也始终维护着脱贫户的脱贫利益。但是由于信息传递偏差、执行者主观性、补贴门槛高、政策推广困难等一系列因素，政策利益不会公平分配给每一个脱贫户。小额信用贷款是专门针对有发展动力的贫困户进行产业发展激励的政策，但是出现“贷不了款”“不知道怎么贷”“还不起”的情况（访谈资料见表 6-2 编码：DLH-1106-ZH-03）。

（1）从草场补贴政策来看，生计以生态畜牧业为主导产业的脱贫户基本上覆盖了草原生态补助奖励政策，该政策以草场大小为补奖标准，草场承包大户得到的补助奖励更多。但是，补奖政策也促使部分草场面积较小脱贫户放弃以牧为主的生计来源，将自家草场流转给亲邻，流转合同不规范、不完整导致草地遭到破坏后纠纷不断。

（2）从医疗保障政策来看，医疗保障制度的作用是有效缓解相对贫困家庭转移性支出压力和提高整体家庭健康福利，从而阻断相对贫困的代际传递。在调研中发现，脱贫户家庭灾难性医疗支出是影响家庭金融资本存量的关键因素之一，家庭成员一旦患慢性病、重病、大病，其人力资本、金融资本的存量就会呈同比例下降，看不起病的现象并没有因为绝对贫困的消失而成为历史。（访谈资料见表 6-7 编码：MY-0706-LJ-01）由此可知，医疗保障制度亟待完善，保障标准的提高与保障范围的扩大无疑成为相对贫困人口在遭遇灾难性医疗支出时的心声。

（3）从壮大村集体经济来看，村集体经济“破零”工程不可否认，该政策确实是站在贫困治理的角度上为脱贫户谋利益，是实现乡村振兴的重要手段。各级政府大力提倡发展村级产业，但是村村搞产业，面对随处可见同类化的复制品，资源配置效率低导致经济效益差，再加上缺资金、缺技术、缺人才导致了村级产业发展不良甚至发展畸形，产业规模小、发展能力弱是大部分乡村产业存在的问题。

（4）从就业创业扶贫政策来看，政府在就业培训方面做出了非常大的努力，也制定了分性别、分年龄、分意愿精准到个人的精细化就业培训。这一政策也受到了脱贫户的大力支持，富余劳动力纷纷加入就业培训大军，但是大部分就业培训以“一纸凭证”告一段落，无法对所有参与就业培训并培训合格的富余劳动力安排就业与实现就业转移是目前该政策的通病。在调研中，脱贫户对该话题的呼声较高。近些年盛行的产业扶贫政策、易地扶贫搬迁后续产业发展、民族团结与融合、生态保护与经济发展良性互动都是后期需要不断优化推进的保障政策。

6. 6. 3　发展机遇维度

发展机遇维度主要包括脱贫户的内生动力，将内生动力划分为自我认同、发展预期两个方面，访谈累计频次最高的分别是回报心理、良好习惯、工作稳定和返贫担忧。

部分贫困户在政策扶持下已经全方位脱贫，表现最突出的是思想脱贫较为明显。这部分脱贫户勤劳善良，他们返贫的可能性几乎不存在。在脱贫攻坚期间，政府初期通过资金支持、技术投入、培训帮扶、市场开发等方面帮扶，帮助部分脱贫户走上了脱贫致富的道路。不论是以农为主型、以牧为主型、（半农半牧）混合型，还是兼业型的脱贫户，在从事个体经济作物种植、畜牧养殖、手工艺品加工、物流运输、农产品加工时，基本上形成了诚信经营的企业家精神，并结合所信仰的宗教思想树立企业文化，这也是市场经济中所看重的文化之一。这类群体还有扩大发展规模，增加就业岗位，带领本村或邻村脱贫户共同致富的积极心态，形成了示范带动榜样效应。

（1）在自我认同方面，回报心理与良好习惯在访谈中累计出现的频次最高，意味着实现脱贫以后，脱贫户对党和政府心存感激，尤其是在涉藏地区民众对党和政府的拥护力度很大。在调研过程中，有很多贫困户表示现在的家庭状况与以前的家庭状况相比变化巨大，他们如今享受的政策无疑都是政府提供的，他们内心也逐渐树立起自我发展的信念。他们将宗教信仰与为人处世联系在一起，也将回报社会、感恩心态作为他们为人处世的态度。

勤劳善良是宝贵的个性特质，部分脱贫户思想保守、僵化，过分依赖扶贫政策，认为取消补助政策自己就无法维持正常生活的这些行为是令人不齿的，这种行为方式缺乏自我发展的动力与勇气。由此可以推断，“扶志+扶智”的帮扶政策还是有效果的，大部分脱贫户已经从思想上意识到“等、靠、要”不利于脱贫致富，但没有落实到行为上，在实际生产、生活中懒惰、不健康的行为方式没有发生根本性的转变，改变长期形成的安于现状、得过且过、缺乏自信的生活习惯需要漫长的过程。（访谈资料见表 6－2 编码：HZ－

0518-LJ-02）同时，宗教场所和设施建设追求规模奢华、信教群众婚丧嫁娶中相互攀比、宗教活动举办铺张浪费、牲畜禁宰惜售和“乱放生”行为等依然典型，给脱贫户生计带来了严重的经济压力。还有的突遇家庭变故，产生了很多光棍群体，尤其是在脑山地区①（访谈资料见表 6-2 编码：ZK-0613-JYF-01）。在脱贫成果巩固拓展和乡村振兴战略实施阶段，脱贫户树立积极向上的三观是非常重要的，政府也应加以引导。

（2）在发展预期方面，脱贫户对返贫担忧与工作稳定的关注力度较大，该话题占访谈累计频次最多。在返贫担忧方面，脱贫户认为因病致贫、返贫是最令人担忧的。可以预见，因病致贫、返贫是今后脱贫户再次发生返贫的主要因素。另外，在六盘山片区、涉藏六州以及深度贫困区，山大沟深、点多线长、气候恶劣，脱贫户也存在对自然灾害返贫的担忧，当家庭成员患重大疾病或者遭受严重的自然灾害时，只凭借自身的发展动力是远远不够的，这也从侧面体现出“脱贫不脱政策”的前瞻性。贫困人口生活中固有的脆弱性使他们无法应对压力，他们认为拥有一份稳定的工作对生计策略的稳定以及抵御风险的能力会更强（访谈资料见表 6-6 编码：ZD-0717-LJ-02）。

6.6.4 生计风险与压力维度

脱贫户的生计风险表现为内部风险与外部风险，生计压力包括内部压力和外部压力，这些因素会直接影响生计资产状况和生计策略的选择，以及有利的生计成果。

（1）在外部风险方面，发展资金缺乏与自然灾害风险在访谈中出现的累计频次较高。这表明脱贫户产业发展资金缺乏是非常普遍的现象，也是他们最为关注的问题；此外，他们对于自然灾害没有防御意识，甚至存在灾害过后就有补偿的心理。发展资金缺乏也是现如今青海省民族地区脱贫户面临的共同难题。一方面，脱贫户依靠产业发展政策脱了贫，如脱贫户家庭依靠产业补贴发展资金进行种植养殖产业发展，虽然产生了后续效益，但是后续效益能否提升、能否持续，我们有待商榷。在调研中发现，脱贫户均有扩大种植养殖规模的想法，但被金融资本牢牢牵制。另一方面，在大自然面前，人类往往是弱者，面对旱灾、洪涝、泥石流、冻害、雪灾等自然灾害，脱贫户往往无能为力，尤其是在生态脆弱区。虽然青海省从 2007 年就开始进行农

① 意指深山地区，一般为气候较寒冷、农作物不易生长的地方。

业保险试点工作，但是保险覆盖面小、保险种类少、报销金额少、存在侥幸心理等都限制了脱贫户购买保险的动机，自然灾害成为脱贫户可持续生计的主要障碍。在生态保护区，野生动物数量急剧增加，野驴、野马与家畜争夺饲草料、践踏草场，狼、熊、秃鹫等凶禽猛兽对农牧民饲养的家畜进行咬食，其财产受到严重损害。除此之外，脱贫户在面临市场风险时无法敏锐地把握市场变化，往往造成更大的经济损失。例如，以农为主型脱贫户往往是粮食价格下跌的“受害者”，若当年粮食产出不能覆盖种植粮食时的投入，只能将粮食进行封存，观望来年粮食价格再决定是否出售，但是不能保证来年市场状态与产品质量；牧民进行牲畜养殖也会发生同等状况。这方面的制度缺陷有待不断完善。

（2）在内部风险方面，健康风险、财产损失风险两个点在访谈中出现的累计频次最高，说明在脱贫可持续生计发展中还是比较关注脱贫户家庭中遭受的健康风险与财产损失风险。在调研中特别发现，许多脱贫户认为疾病是导致贫困的关键，因此避免发生这些风险成为他们的首要生计目标，因为健康风险与财产损失风险是密切相关的（访谈资料见表6-2编码：HZ-0518-LJ-02）。

（3）在外部生存压力方面，就业狭窄与自然环境在访谈中的累计频次较高，意味着这两个因素对脱贫户生计的影响较为显著。脱贫户对就业机会非常渴求，他们认为拥有一份稳定的工作是保障家庭生活质量的前提，也从侧面反映出他们的脱贫意识有所提高。导致脱贫户就业狭窄的因素有很多，首先是受教育程度低、思想较为保守、劳动力质量不高等内部因素，其次是农牧区产业发展水平低、劳动力吸纳程度有限、信息闭塞、市场环境等外部因素。就业狭窄也从侧面印证了人力资本质量不高，难以与当今高质量发展的经济社会相融合。

（4）在内部生存压力方面，医疗费用、建房费用、教育费用在访谈中出现的累计频次最高，这三个方面是影响家庭金融资本存量的主要因素。医疗费用对脱贫户生计可持续的威胁在前文提过，在此不做赘述；建房费用的压力主要体现在易地扶贫搬迁政策方面，虽然青海省已经在2017年全面完成易地扶贫搬迁工作，但从易地扶贫搬迁政策中不难看出农区与牧区的政策补贴标准是不同的，这也意味着在实施该政策时会出现政策弊端，农区的脱贫户得到的补偿款远不够再建新房，因此建房压力随之而来（访谈资料见表6-7编码：HZ-0518-LJ-03）。在教育费用方面，义务教育阶段的学生并没有给脱贫户家庭带来过多压力，真正的压力来源是高等教育，因此，家有大学生的脱贫户家庭教育费用压力可以成为日后的一大关注点。

经过质性研究发现，“脱贫摘帽”户生计资本改善明显，生计环境有效提升，生计策略选择逐步拓宽，但存在生计资本结构失衡的现象，潜在返贫风险仍然存在，生计策略选择受多方面因素限制。脱贫户中存在脱贫质量的差异，高质量脱贫户能够依靠政府脱贫攻坚帮扶政策，充分发挥自身潜能，合理利用生计资本，选择适合发展的生计策略，彻底摘掉贫困户的帽子。而部分脱贫户距离高质量脱贫仍有距离，分析总结发现，这部分脱贫户主要是人力资本水平普遍偏低，影响其他生计资本的改善。基于此，通过对创业致富带头人与脱贫户生计资本对比分析，更能深刻清晰地反映出脱贫户生计资本现状以及亟待解决的生计问题。

6.7 创业致富带头人可持续生计资本的现状分析

6.7.1 研究方法选择

此部分依旧选择扎根理论研究方法，研究青海省民族地区创业致富带头人生计资本五个维度如何影响生计可持续发展。此次研究方法与上述脱贫户可持续生计现状分析一致，因此不再赘述。

6.7.2 访谈提纲设计

本研究在对国内外相关文献整理、概括、总结的基础上，对青海省民族地区创业致富带头人可持续生计能力进行归纳分析，尤其是以致富带头人所拥有的五大生计资本与带动脱贫户维持生计为重点研究对象设计访谈提纲。

自 2019 年开始，本研究在做《青海省民族地区贫困户“脱贫摘帽”后可持续生计现状调查问卷》的同时，选择同一个或者相近的取样地点，抽取了当地较有影响力的致富带头人进行访谈，对来自青海省各个地区的汉族、藏族、回族、蒙古族、撒拉族等 45 位创业致富带头人进行面对面访谈并录音，后期及时进行文字转录、整理文稿，对创业致富带头人生计策略选择影响因素进行分析。取样地点与样本数量如表 6-8 所示。

表 6-8　青海省民族地区创业致富带头人样本地区选择

取样地点	样本数量/个	详细地点
黄南州同仁县	2	保安镇浪加村、保安镇全都村
黄南州尖扎县	3	昂拉乡牙那东村、措周乡洛哇村、当顺乡古浪堤村
果洛州甘德县	3	岗龙乡隆木切牧委会、江千乡恰曲纳合牧委会
果洛州玛沁县	4	当洛乡格雅牧委会、当洛乡加青村
玉树州曲麻莱县	2	巴干乡代曲村
玉树州治多县	2	多彩乡达生村
海南州贵德县	7	尕让乡千户村、尕让乡阿言麦村、河西镇格尔家村、拉西瓦镇罗汉堂村
海南州贵南县	2	沙沟乡扎拉村
海东市互助县	4	五十镇班彦村、五峰镇纳家村
海北州门源县	4	仙米乡大庄村、麻莲乡瓜拉村
海北州祁连县	4	八宝镇黄藏寺村、扎麻什乡郭米村
海西州德令哈市	3	柯鲁柯镇花土村
西宁市大通县	2	朔北乡边麻沟村
西宁市湟中区	3	西堡镇羊圈沟村

6.7.3　访谈对象基本信息

被调查者中 31~40 岁的人所占比例最高，达到 34.1%；41~50 岁的人达到 30.5%，说明致富带头人中青年人较多。被调查者中 90.2%的人已婚，拥有家庭。家中有 4 口人的家庭最多，达到 30.5%；其次为 3 口人的家庭，达 8.5%。被调查者中，50%的文化水平为初中，高中或中专学历者占到 26.5%，说明教育水平尚好。被调查者中，认为身体健康状况良好的占 86.4%，说明绝大多数被调查者身体状况能够满足生产的需要，身体状况不会成为致富路上的阻碍。

资料整理过程与上述脱贫户分析过程一致，不做详细赘述。此处将 45 份青海省民族地区致富带头人的访谈文本进行编码，如A01为第一份访谈文本，A02为第二份访谈文本。

6.7.4 访谈结果质性分析

（1）开放性编码。

通过运用Nvivo12.0Plus质性分析软件的范畴编码功能，提取70个初始概念和16个初始范畴，对它们进行反复比较，随后将访谈原始资料进行分析，挑选与研究问题最相关的范畴形成初始概念，并分析初始概念与初始范畴之间的关系。比如，在38份访谈文本中，有12位创业致富带头人会为贫困户提供就业岗位，以帮助他们脱贫致富，因此，我们便将“提供岗位”作为一个节点，在资料中寻找与创业致富带头人提到有关提供岗位的内容，将这些内容编码至“就业岗位”这一节点下。根据不同初始概念之间的潜在关系，逐级“缩编”为十大类的初始范畴，分别是土地资源、生活资料、生产交通资料、创业指导、创业扶持、思想道德素质、社会责任感、科技文化水平、政策性收入、经营性收入。本研究仅选取创业指导、思想道德素质、科技文化水平、政策性收入这4个开放性编码副范畴及其有代表性的原始访谈记录语句予以罗列。表6-9反映了本研究对原始访谈记录概念化和范畴化的过程，为主轴式编码奠定了基础。

表6-9 开放性编码举例

访谈范畴	高频词（频率）/次	开放性编码	访谈材料案例
创业指导	开阔眼界（3）	A12	政府组织我们到省外参加培训，通过学技术、参观考察等活动，开阔了我们的眼界，激发了我们脱贫致富的干劲
		A23	大学未毕业我就去新疆打工，8年后成家返乡，通过易地扶贫搬迁解决了我的住房问题，通过电焊工培训解决了我的工作问题，现在家里一切都稳定了下来
		A29	我们去外地参观人家的技术，学习人家的本领还是非常有用的，非常感谢党，感谢政府，感谢国家税务总局，感谢发展改革委
		A12	创业致富带头人培训班带领我们到青岛参观有机农业和肉兔养殖技术。有的人第一次出青海省，看见外面的世界，感到非常兴奋，特别是第一次看见大海
		A13	我们去了咸阳和宝鸡的两个康师傅生产基地参观，真的是热血沸腾

续表

访谈范畴	高频词（频率）/次	开放性编码	访谈材料案例
创业指导	实践体验（5）	A25	为了帮助村民经营好农家乐，村里通过“请进来”和“走出去”的方式，将外面的专家或民宿从业者请过来，为村民培训，还组织大家到外地参观考察，学习民宿运营管理经验
		A28	现在政策很好，我们很有干劲，我们有好多产品都没有推入市场，主要是没有商标，好多人不认可我们的产品，我们可以通过先尝后买的方式进行市场推广
		A10	这次来西宁参加致富带头人培训，也是我第一次来西宁，以前没来过西宁，我们那里的交通不便
	专业知识（5）	A25	我大学毕业后，在外地没有找到好工作，就回家乡创业，做乡村旅游。现在，我们村的乡村旅游产业在全省都有很大的影响力，改变了我们村的面貌
		A36	村里近 100 人跟着我外出打工挣钱，每人每年都能挣到 3 万元至 5 万元。这些人有好多原来都是村里的贫困户，现在不但脱了贫，还盖了新房，买了摩托车、大彩电
	实用技术（9）	A02	刚开始我没有经验，后来通过养殖培训，掌握了相关技术，现在也变得自信了
		A07	国家指派技术人员到村子里来教大家一些实质性的技术，包括烹饪、挖掘机等
		A06	我家世世代代以养殖牛羊为生，经验很丰富，牛羊生病我都能看
思想道德素质	创新意识（8）	A20	政府也进行了拨款扶贫，人均 5400 元，我认为这些钱不应当全部吃了喝了，而要想想怎么才能让这些钱增加收益
		A07	我原来在西藏挖金子。从西藏回来后，我开始搞鹌鹑养殖与食品加工。我打算把青海的清真食品卖到东南亚市场。我有这么多年的创业经验，所以很有信心，但我现在需要建一个冷库
		A31	我建立了达玉大学生青年创业联盟，大家互帮互助发挥各自的优势创业
		A02	我是土生土长的牧民，一直有个心愿就是努力改变家乡贫困面貌

续表

访谈范畴	高频词（频率）/次	开放性编码	访谈材料案例
思想道德素质	创业精神（8）	A09	我是供销合作社负责人，经营范围是化肥、农药、种子、粮油米面的销售以及超市、水电、打字复印等，我有信心服务好“三农”
		A38	我们是农村人，平时种青稞，再以合作社的名义收购青稞，带动村里的贫困户脱贫。我能吃苦，敢冒险，但今年市场行情不好赔了钱，当归药材赔了 45 万元。我认为干什么事都要有好的心态，打算明年东山再起
		A32	我是残疾人，脚不方便。我发现这几年做电商物流能挣钱，便第一个在我们村建立了快递中心
	创业观念（8）	A38	我是种植药材的，打算扩大规模，买个烘干药材的机器，这样药材的价格就可以卖得更高一点
		A21	我是村书记，我们利用国家 450 万元左右的扶贫资金，买了一个大商场，然后将商场租出去，最后把商场的租金收入给村民进行分红
		A21	我认为，政府应当多多考虑企业，在制定政策过程中应当提高企业与贫困户的粿合度，只有企业继续存活下去，才能提供工作岗位，提高贫困户脱贫后可持续生计的能力
		A33	所有生意都是自己争取来的
		A06	我是乡里的书记，“岗龙”模式是青海省合作社的样板，我们的目标是保护生态与草原畜牧业协调发展
科技文化水平	善管理（5）	A38	药材种植园的规模较大，最忙的时候需要雇用工人 200 余人，其中，长期固定贫困户有 85 人，人均年收入 6500 元
		A37	我们利用自己的优势，经营饲草种植、青贮，购置了最好的设备，聘请了专家，提高了贫困户的收益
		A14	我是村书记，我们村的生态畜牧业合作社是由村两委牵头组建的，大家的收益也很多
		A15	村委会于 2017 年成立了合作社，将全村所有的土地整合起来进行统一种植管理，合作社共种植了油菜 1258 亩、蔓菁 1500 亩、燕麦 500 余亩。为提高农产品的附加价值，合作社还建立了饮料加工厂和饲料加工厂，其中，饮料加工厂的主要原料为合作社种植的蔓菁，饲料加工厂的原材料来源于合作社种植的油菜和蔓菁

续表

访谈范畴	高频词（频率）/次	开放性编码	访谈材料案例
科技文化水平	有知识（6）	A19	中央一号文件讲得挺好，文件精神振奋人心，每次的新政策新文件我都尽力去学习
		A23	我们村是国家重点贫困村也是搬迁村，我们利用村文化和环境，形成了炕头经济、地头经济、科技经济相结合的产业发展形式，收益很好
	懂技术（8）	A22	合作社种植的当归在满足藏香厂需求的同时还有一部分富余，村民打算将挖出来的当归进行初加工后包装再销售，增加当归附加值，提高当归在市场上的竞争力，从而卖出好价钱
	会经营（14）	A22	药材的种植周期为 3~4 年，几年后药材全部上市，大约能带来 1300 万元的营业收入
		A03	我会把种植的蔬菜一部分放在存储仓里面，等到市场上有需求的时候，打一个错峰差，拿出来卖
		A35	现在猪肉价格比较高，我养了 30 多头肉猪，我还想扩大养殖规模，养十来只母猪生小猪崽，多赚点钱
		A26	我现在承包了村里的耕地进行苗木种植，打算今年底贷点款扩大苗木种植规模
政策性收入	专项扶持资金（8）	A20	政府还给贫困户每人提供 5000 元左右的牛羊物资，目前该村没有返贫现象的发生
		A22	我是搬迁村书记，我们村搬迁后，依靠国家草原奖补的钱，最多的家庭年收入约 10 万元，我们的村民由于语言障碍和文化水平低，就业比较困难
		A30	我是县委书记，在脱贫过程中，政府扶贫政策给予的帮助最大，在政策倾斜、资金支持、项目开发、产业扶持等方面给予贫困户巨大的帮助
	种植养殖保险扶持（2）	A24	我们有蔬菜补贴款，以前不知道这个钱是从哪里来的，后来搞清楚了，在县农牧局有一个蔬菜服务中心，通过蔬菜服务中心我们拿到了省上补贴的钱
	小额信用贷款（4）	A16	我大学是学旅游管理的，毕业后回乡创业，利用自有资金及部分银行贷款在青海湖边上开了一家旅馆，我现在的难题是生态保护和经营的关系
		A01	成立了互助协会，每年会给互助协会 70 万元用于发展产业的贷款

续表

访谈范畴	高频词（频率）/次	开放性编码	访谈材料案例
政策性收入	产业发展奖补资金（5）	A18	我从事藏族特色食品加工，主要生产和销售麻花、蛋蛋馍、酥油、曲拉、奶子、藏式点心，还进行一些牲畜产品加工，为村里的贫困户剩余劳动力提供就业岗位
		A27	我有丰富的创业经历，我们村所有的贫困户都是我带动的，村两委让我全权负责使用68万元产业资金带动贫困户
		A17	为了解决村民的资金问题，村里成立了资金互助社。2016年，国家共计向社里投入了50万元的资金；2017年，政府共向资金互助社投入250万元资金，为村里产业发展提供了必要的资金支持

（2）主轴编码。

在第一阶段开放性编码中，通过分析原始资料得到了青海省创业致富带头人生计资本构成要素的10个初始范畴，对它们进行反复比较后归纳出5个大范畴：自然资本、物质资本、社会资本、人力资本、金融资本。人力资本包含思想道德素质、科技文化水平、社会责任感三大范畴，社会资本包含创业指导、创业扶持两大范畴，金融资本包含政策性收入、经营性收入两大范畴，自然资本包含土地资源一个范畴，物质资本包括生产交通资料、生活资料两大范畴（见表6-10）。

表6-10　主轴编码举例

单位：次

主范畴	副范畴	概念化
自然资本（16）	土地资源（16）	林地资源（3） 耕地资源（11） 草场资源（2）
物质资本（22）	生活资料（17）	作物种植（7） 牲畜养殖（10）
	生产交通资料（5）	农用车数量（1） 轿车数量（2） 交通站距离（2）
社会资本（41）	创业指导（22）	专业知识（5） 实用技术（9） 实践体验（5） 开阔眼界（3）
	创业扶持（19）	精准扶贫政策（8） 创业支持政策（11）

续表

主范畴	副范畴	概念化
人力资本（102）	思想道德素质（24）	创业精神（8） 创业观念（8） 创新意识（8）
	科技文化水平（37）	有知识（6） 善管理（5） 会经营（18） 懂技术（8）
	社会责任感（41）	实物帮助（9） 励志教育（3） 就业岗位（12） 精神扶贫（6） 标杆示范（11）
金融资本（42）	政策性收入（20）	专项扶持资金（8） 种植养殖保险扶持（2） 小额信用贷款（5） 产业发展奖补资金（5）
	经营性收入（22）	第一产业收入（11） 务工收入（4） 第三产业收入（5） 第二产业收入（2）

（3）选择性编码。

选择性编码是指基于开放性编码和主轴编码选择核心范畴，将其系统地与其他范畴予以联系，并将之概念化和理论化。本章的选择性编码则以青海省民族地区创业致富带头人可持续生计资本为核心范畴，从而厘清核心范畴与各副范畴之间的联系和脉络。

6. 7. 5 创业致富带头人经典案例分析

基于以上对创业致富带头人五大生计资本的三段式编码，发现创业致富带头人在物质资本、社会资本、人力资本、金融资本方面大多优于脱贫户，此处利用创业致富带头人的物质资本、社会资本、人力资本、金融资本做详细案例分析进行验证。

（1）创业致富带头人的物质资本。

在创业致富带头人的物质资本方面，他们通常会通过土地流转和土地承包入股的方式流转到大规模集约、平整的土地，用来进行特色作物、经济作物的生产，通过集约化、规模化的种植大棚进行绿色食品、无公害食品、有机农产品的种植。他们首先获取到优良种植资源与生物生长调节剂；其次通过技术交流、按需培训、不断实践增加专业技能与实用技术，待一切前期准备工作就绪，就会雇用部分劳动力或者农户劳动力入股，待产品上市产生收益获取薪酬或者分红，这也是政府大力支持中小规模家庭农场与种植大户发展农业生产的初衷。因此，在创业致富带头人的物质资本方面验证案例可分为生活资料与生产交通资料，分别划分为作物种植、牲畜养殖和农用车、轿车拥有与使用情况（见表6-11）。

表6-11　物质资本案例编码

主范畴	子范畴	开放性编码	编码举例
生活资料	作物种植	A26	我是村里带头进行苗木经济作物种植的。我不仅在自家承包地种，还租赁了一些土地种植苗木，总共种植了120亩苗木。这几年，经过不懈努力，苗木种植终于取得了成功，亩产增值达20%以上
		A15	在种植业方面：依托本村2910亩优良耕地，从县科技局引进青稞昆仑15号良种10吨，积极打造良种繁育基地；通过土地流转及招商引资项目，全村流转土地693亩用于蔬菜大棚种植，年户均增收1500元
	牲畜养殖	A14	我村投资130万元注册成立羔羊养殖专业合作社，这几年，在村党支部的引领和指导下，12户农户又集资50万元，合作社规模不断发展壮大。建社5年以来，成员由原来的5人发展到现在的67人。截至2017年底，合作社总资产达400万元，其中，流动资金310万元，固定资产90万元。2017年，羔羊养殖育肥5000余只，销售5000只，总收入390万元，盈利97万元
		A02	我是村致富带头人，4年前由于家庭变故举债十几万元，在镇领导干部、村两委、村第一书记的帮助下，为我免费提供棚圈发展养殖业，我利用1.08万元的到户产业发展资金并申请小额贷款，购买了40只羊，年底出栏15只，产生收益1万元。后来，我又从事了有机肥加工工作。我经常去邻村询问养殖大户的养殖经验。现在，我家已经从困难中走出来了

续表

主范畴	子范畴	开放性编码	编码举例
生产交通资料	农用车数量	A27	我收入还可以，我在格尔木打工 3 年买了手扶拖拉机，后来又在湟源换了一台新的拖拉机
		A11	我原来是贫困户，在扶贫工作队的帮助下，充分利用扶贫金融资金开展有机马铃薯与中药材种植，挣了钱，光荣脱贫，村里还给了我奖励，我也给村里其他贫困户做个榜样，提升他们的内生动力。我整合奖励资金，购买了一辆价值 6 万余元的东风“454”型四轮农用手扶拖拉机，在大力发展特色有机种植业的同时，还积极为乡亲提供廉价的农具服务。我现在是村里的创业致富带头人
	轿车数量	A27	20 世纪 90 年代，我就挣到了钱，买了辆丰田汽车，那时丰田汽车在西宁基本见不到
		A05	今早在培训课上，给我们上课的老师说，她有意识地看了一下院子里学员停的车，就知道我们干得挺好的，都是不错的车

（2）创业致富带头人的社会资本。

创业致富带头人的社会资本是其最重要的资本之一，相较于脱贫户其获取创业指导与创业扶持的机会更多。创业致富带头人通过带动脱贫户的方式影响周边群众与相关政府，政府部门通常会以定期培训、提供技术、实物帮助、资金支持的方式激励创业致富带头人发展生产，从而带动更多的脱贫户守住返贫底线。因此，创业致富带头人的人力资本验证案例通过创业指导与创业扶持两个方面进行，分别通过专业知识、实用技术、实践体验、开阔眼界与精准扶贫政策、创业支持政策验证（见表 6–12）。

表 6–12 社会资本案例编码

主范畴	子范畴	开放性编码	编码举例
创业指导	专业知识	A19	我主要从事黑帐篷制作工作。我在玉树巴塘草原与珍秦镇的家塘草原分别成立了全部以牧民为服务人员和管理人员的“黑牦牛帐篷”度假村，并从内地聘请专业人员对员工进行示范培训，极大地解决了贫困户就业问题，也保证了度假村的服务质量
		A13	我以经营拉面馆为主要经济来源，后发现拉面馆发展空间小、可持续性弱，在与相关专家深入研讨后，我决定以清真方便食品为突破口，并联合其他两位也是做拉面的老板一起干。现在，我已拥有属于自己的注册商标，并入驻民族用品小微企业创业园
		A09	我们虽然是村里的致富带头人，但文化水平低，语言上还有些障碍，县政府推出的一些项目要写申报书，我们都不会写

续表

主范畴	子范畴	开放性编码	编码举例
创业指导	实用技术	A07	2019年，我注册安业劳务有限公司，共招聘200名员工，根据员工特长进行培训，如主管、经理、家政、搬运工、司机等岗位，既满足了社会对服务行业的需求，提高了服务质量，也解决了本村贫困户就业难、家里穷的问题
		A11	我是赶上了好时代，村里人都没想到我一个30岁的女人能够成为致富带头人，我原来在外地打工，后回村创业，村委会将农民抛荒的1700余亩土地，通过土地流转的方式租赁给我。虽然基础设施差，但我没有却步，相信新品种、新技术可以实现农作物增产，增加经济收入
	实践体验	A16	我是村里的致富带头人，在河南上大学的时候就关注“三农”问题，我也是学校“三农”研究协会会长，我非常注重将所学的知识和实践相结合，曾连续4年参加河南地区农村基层社会实践活动
		A15	我从事土豆种植行业时，生产效益不高，一直想提高生产效益。在参与了青海大学举办的培训班以后，我找到了发展方向
		A07	我成立了以传播藏文化为主题的文化公司，但效益不好。后来到外地考察后，我有了新思路，想把家乡的旅游业与藏文化相结合，希望可以带来好的发展前景
	开阔眼界	A39	我俩是同乡，之前分别在西宁和山东等地务工，两人始终感觉务工没有出路，一直在寻找创业机会。2007年国庆节前后，青海的马铃薯上市了，但是价格很低，每斤较大马铃薯只卖0.2元，但此时山东、河北等地的市场价格在每斤1.7元左右。我俩感觉创业可以从马铃薯购销着手，于是带着仅有的2000元，从山东赶回青海，回到家乡收购马铃薯，开始了创业的第一步
		A35	致富带头人培训及创业指导跟踪服务，对我的致富思想观念有一定的启发，使我的经营管理理念有了一定的开拓，对产业发展的思路更加成熟，在人才的引用上也有了新的定位，同时也坚定了我走生猪养殖智能化道路的信心
创业扶持	精准扶贫政策	A21	面对薄弱的村集体经济，村里抢抓产业化扶贫项目机遇，在党中央强农富农惠农政策的带动下，我们村委会决定，坚持以群众增收为核心，闯出了一条壮大村集体经济发展的新路子，打造党支部领办村企的新样板
		A02	我并非一开始就成功，全靠国家政策的引领和支持，加上我比较好学，积极了解饲养领域的新动态、新技术，又引进先进设备，使养殖场的规模逐年壮大，效益不断增加，同时带动周边地区养殖户改造了落后设施，节约了大量人力、物力，改变了以前当地养殖业脏、乱、差的状况

续表

主范畴	子范畴	开放性编码	编码举例
创业扶持	创业支持政策	A31	针对市场的实际需求，我将砖厂旧址55亩村集体土地用于有机肥料厂厂房建设，协调县扶贫办投入扶贫资金200万元，联系帮扶企业中石油青海油田分公司帮扶167万元、贷款500万元，打造了村领办企业的样板
		A32	没有管理经验、缺乏技术、人才匮乏等都是我们创业道路上的痛点
		A40	2015年，我老婆得了重病，看病花去了巨额医疗费用，我们一家三口挤在简陋的羊棚内，村两委、扶贫工作队给予了我很大的帮助，让我们享受了国家扶贫政策，但作为一名“80后”，我要靠自己脱贫，在给妻子看病求医的途中，我发现商机，利用“530”贷款、国家创业支持政策等，利用家乡的宝地开办了“草帽哥山水农庄”，经营集餐饮、住宿、特产销售于一体的农家乐，现在农庄的游客多了，收入成倍增长，在各部门领导的帮助下招商引资，成立旅游开发公司，并承包了村里的后续产业，感觉自己的生活很有奔头

（3）创业致富带头人的人力资本。

创业致富带头人的人力资本比其他生计资本重要，通过阅读大量相关文献与实地调研发现：首先，致富带头人的文化水平较高，与其交流基本不会出现语言不通等言语限制，其基本素质较高，普遍具有吃苦耐劳、踏实肯干、勤奋刻苦、不畏艰险等性格特征，有较为系统化、理念化的创业理念，无论是创业理念、创新意识还是管理方法和经营目标都独具一格；其次，在科技文化水平方面，创业致富带头人能将自己学到的知识和掌握的技能真正运用到农牧业的实践工作中，通过不断学习科技理论、科技致富的新思想、新理论，以普通农牧民身份积极参与到新农村建设中，成为新农村建设的新型农牧民，并依托民族特色的服务载体与现代化的管理理念，依靠科技转变产业发展方式与经营方式，提高农牧业收入和产能；最后，创业致富带头人的社会责任感驱动其带动脱贫户发展，并成为其继续无私奉献的重要动力，随着创业致富带头人的产业越做越大，其生产的产品受到市场认可，意味着可以吸纳越来越多的劳动力进行再生产，可以继续为社会提供工作岗位，最终成为“示范标杆”，激励大众“真脱贫”“脱真贫”（见表6-13）。

表 6-13　人力资本案例编码

主范畴	子范畴	开放性编码	编码举例
思想道德素质	创业精神	A28	我从中学毕业后就开始了创业之路，之前打过工、挖过虫草、收购过种苗、开办过苗圃。2008 年，我在县里创建了一所驾校，我总觉得做任何事情都需要有吃苦耐劳、永不服输的创业精神。现在，在我的带动下，我们村走在了全乡致富增收的最前头
		A08	我是少数民族，发现清真食品的市场发展潜力，后面经过深思熟虑和调研，我决定带领村民养鹌鹑。既然盯准了这个市场，我就要孤注一掷。虽然有不顺利的时候，但我很自信
		A32	成功创业的秘籍：一是勤劳，二是诚信，三是坚持不懈，做事情就要扎扎实实
		A08	我 16 岁就外出打工，去过西宁、玉树、果洛、黄南等地方，2013 年才回来搞养殖。1983 年，我在银行贷了 2800 元钱，买了辆拖拉机，当时是村里从来没有过的最大贷款户。村里人说我一天贷款利息相当于丢掉一双新鞋，笑话我。我不怕，我能吃苦，有信心，于是提前两年还了贷款。我还去新疆挖过金子，花 20 万元买卡车给工地拉沙子，挣不到钱，回来继续搞养殖。有企业主动想和我合作，我还是想自己带领农户脱贫致富，任何困难都得靠自己解决
	创业观念	A40	2019 年，我计划注册劳务公司，预计招收员工 200 名
		A07	通过参加创业致富带头人培训，我明白了市场是多样化的，要看清市场“多元化”和“一体化”，明白产品和品牌在市场存在的核心价值
		A10	我一直认为资金是企业发展最大的问题，直到参加培训我才意识到人才的匮乏和企业管理知识的缺失才是今后经营企业的真正难点，“钱不是问题，人才是问题”
		A18	高中毕业后家里没钱让我上大学，我就边创业边读中央民族大学自考生。我先开了一家摩托车专卖店，后面又成立了县藏式服装有限公司，把县里祖辈从事传统藏服制作的技师组织起来，结合现代制作工艺，生意很好，也为生活困难人员就业做了一点贡献

续表

主范畴	子范畴	开放性编码	编码举例
科技文化水平	有知识	A06	在新农村建设的进程中，我把学到的知识和掌握的技能真正运用到实现牧业发展的实践中，以普通牧民的身份积极参与到新农村建设中，成为新农村建设的新型牧民
		A11	为了尽快熟悉业务，我经常到镇司法所讨教司法有关方面的主要职责、主要任务及注意事项，还征订了《人民调解》等十多种报纸、杂志，把空闲时间都用来自学，不打扑克、不摸麻将，通过学习，提高了自己
		A16	我是一个东乡族的致富带头人，在河南大学上过学。在大学期间，我品学兼优，现在有高级农产品经纪人和电子商务运营师的证书，文化水平在创业过程中真的太重要了。我将在河南读大学时学到的一些知识运用到了创办的产业中，现在发展得很好
		A37	在养殖这些藏牦牛时，我专门到县上的技术服务中心去学习
	善管理	A40	黑牦牛帐篷度假村在玉树地区做得很成功，现在在其他州县以及青海湖地区广泛推广和运用，品牌效应已经显现
		A17	利用到户产业资金、互助资金、“530”小额贷款等资金，购买了维修水暖、室内保洁等设备，建立流动性的家政服务公司，派遣劳务 30 人次，提供务工信息 80 余条，下一步是在县城开设餐具清洗消毒、殡葬一条龙、小区物业管理等服务，以便帮助更多贫困群众务工增收
	会经营	A14	我把视野放在了畜牧业转型上，依靠科技推动家庭牧业发展、转变经济发展方式、提高牧业收入和产能
		A42	现在我是村里比较富有的人，主要进行牲畜养殖。牲畜产品价格低时购买畜产品，等到牲畜产品涨价时卖出去，再用得到的利润购买牲畜，以此扩大收益
		A02	我经营风干肉、酥油等本地特产美食，销量总不尽如人意。后来我参加培训，知道品牌的打造环节出现了问题，就学习品牌包装知识，销量也有了明显的提升

续表

主范畴	子范畴	开放性编码	编码举例
社会责任感	带贫脱贫	A27	经过了 10 年的探寻和拼搏，我最终在商海中站稳了脚跟，我没有忘记当初的誓言，回到了家乡，带领大家一起踏上致富道路
		A34	我是村里的书记，我们村是深度贫困村，让全村 175 名贫困人口全面脱贫，一个也不能落下，这是村两委干部提出的口号
		A43	村里奶牛养殖户增多，牛奶这种不便保存的产品，销售环节显得尤为重要。为了增加农牧民收入，我们与同州的 11 个牧场建立了“乳制品产业合作共同体”，对接了物流资源，与小西牛乳业达成牛奶供应合作
	励志教育	A10	作为村书记，我始终把为民服务放在首要位置，处处为村民的利益和村集体经济发展壮大着想，处处表现一个共产党员的模范带头作用
		A36	村里谁家有困难都来找我帮忙，大家信任我这个致富带头人，我鼓励村里的孩子好好学习，用知识改变命运，我们夫妻俩就算苦点、累点，也不能让孩子有不读书的念头。在孩子的教育上，我从不吝啬，给孩子买课外辅导书、报辅导班从来都是能给最好的就给最好的
		A44	我是村书记，村两委班子深刻意识到“有志气”对贫困户脱贫的重要性，我们和驻村工作队通过邀请致富带头人谈体会和与其他村做交流，以差异化的方式谈想法、谋发展、话感情、提建议。干部在倾听谈心的基础上，通过简短、朴实的语言在大会上向贫困户传达政策精神，解读最新的惠民政策，让更多贫困群众真正树立了“主人翁”观念，提高自我发展意识和自身“造血”能力
		A42	我是长期工作在牧业一线的基层妇女，打算带领大家探索牧民增收创业的好办法、好渠道，如增加畜牧业生产的附加值
		A45	我是一名残疾人，没了一只脚，但我不愿意依靠别人，我开始是修鞋，现在开了个猪肉铺，收入不错，我也娶上媳妇了

续表

主范畴	子范畴	开放性编码	编码举例
社会责任感	就业岗位	A41	我公司积极开展民族帐篷等产品业务，为我们村 125 名生态移民待业青年提供了就业机会，人均实现创收
		A31	我是藏族致富带头人。我不想当贫困户，在机缘巧合下得到了在铁路局工作的机会，用自身行动赢得了铁路局领导信任后，带领本村有意愿务工的 109 名村民到甘肃铁路局下属的天水、玉门、嘉峪关等地务工实现了稳定收入，我这几年累计带领了 500 名村民外出务工，成为当地赚钱的“小能手”，只要有想法、能吃苦就能改变贫穷的状况
		A32	我创办的所有产业，为当地农牧民提供了大量的就业岗位
	精神扶贫	A44	作为村里的书记，我带领村两委班子成员，经常性地深入贫困群众家中宣讲各类惠民政策，鼓励他们要自主脱贫，消除“等、靠、要”的思想
		A10	村里有一位建档立卡户，脑袋灵活还有文化，但他不知道如何创业，因为他既缺技术又缺资金，还存在“等、靠、要”的想法，村里在充分掌握了他家的贫困情况以后，为他家量身定制了脱贫方案
		A44	从专家口中听到了“口袋扶贫”向“脑袋扶贫”转化的理论，作为村长的我，把从参加培训学到的理念讲给贫困户听
	标杆示范	A40	我一直就有改变家乡贫困现状的想法，从藏族人经常用的帐篷入手，又沿用了藏族传统的手工艺制作技术，入选“上海吉尼斯世界纪录”，还被评为“州级非物质文化遗产”
		A39	我有 20 多年的基层工作经验，帮助孤寡老人，被选为乡第七届人大代表、妇代会代表、执委会委员、县政协委员；1999 年，被州妇女联合会评为“巾帼扶贫扫盲标兵”

（4）创业致富带头人的金融资本。

在创业致富带头人的金融资本方面，有主动争取扶贫项目的机遇与机会，借助政府惠农帮扶政策，建立自主创业的平台，也会获取到专项扶持资金、种植养殖保险扶持、小额信用贷款、产业发展奖补资金等金融服务，并能以此类金融服务为契机，及时寻找市场信息、进入市场交易获利，也会因前期的社会经营活动获取到可观收益，这部分收益会对其扩大生产规模、延长产业链起到有效推进作用（见表 6-14）。

表 6-14　金融资本案例编码

主范畴	子范畴	开放性编码	编码举例
政策性收入	专项扶持资金	A25	2015 年争取了农牧局和扶贫开发局的扶贫项目，利用扶贫资金 200 万元，探索出一套适合本村实际、发展前景光明、农民增收明显的发展之路，即边麻沟“花海农庄”乡村生态旅游项目
		A43	我们村是省级贫困村，积极发展村集体经济，落实了 300 万元专项扶持资金，一是发展规模养殖，二是发展规模种植和饲草料加工，三是发展生态养鸡，村级产业与集体经济得到培育和发展
	种植养殖保险扶持	A24	我们有蔬菜补贴款，一开始不知道这个钱怎么申请，后来搞清楚了，是由县农牧民综合服务中心负责这件事，这个钱是省上批下来的农牧民种植补贴
		A06	经济来源：牛，牛有保险，原价 130 元，主要由国家承担，自费 18 元，牛死亡赔付 1600 元
		A18	我现在经营物业公司、茶餐厅、冬虫夏草商贸公司，我挣的第一笔资本是做虫草生意赚的
	小额信用贷款	A11	我是跟亲戚、朋友借了一部分钱，加上以前在外打工积攒的一些资金，在自家院子盖起了五间新房，并利用“530”贷款将房间进行了装潢，还购买了一些生活设备，开办了农家乐
		A43	早年因为缺资金、患病，我被列入贫困户行列。后来，经过帮扶干部的扶持，我自学养殖知识和扶贫方面的政策，参加乡上组织的养殖产业方面的各种培训。2016 年，我通过县信用社借了 3 万元的小额扶贫贴息贷款和村级发放 1 万元的互助金作为产业发展周转金，购买了 15 头崽猪和 10 只羊开始了养殖之路。为了扩大养殖规模，我又增加贷款扩建畜棚加购小猪崽，成为村里第一个脱贫的人，还慢慢给别人传授养殖经验，带动了村里其他贫困户致富
	产业发展奖补资金	A42	当时，组建村扶贫互助社，只有 22 户牧户加入，经营方式为代牧制，年底收益分成，算是我们村牧业发展变革的第一步
			我们村全都加入了畜牧业合作社，农牧民积极将自家草场入股给合作社，自己在拿到草原补奖资金的基础上还能得到分红
经营性收入	第一产业收入	A11	我是村上的种植大户，早年承包了村里的 400 亩土地，通过 8 年的打拼，成立了种植专业合作社，土地集约化程度达到 2700 亩，先后购置了拖拉机、收割机、打捆机等 13 套农机具，成为远近闻名的土地集约化种植大户

续表

主范畴	子范畴	开放性编码	编码举例
经营性收入	第二产业收入	A37	我公司年产 5 万吨有机肥项目实施后，通过订单帮扶向当地 1170 余户农牧户采购牦牛、藏羊粪便用作有机肥生产原料，2 年来向农牧户支付收购款共计 3150 万元，户均年增加收入 1.34 万元
	第三产业收入	A40	2018 年 7 月，我带领 4 名员工成立晨先生网咖，创收 60 万元人民币；9 月，我投资 500 万元人民币，建设乡便民加油站（二级加油站）；11 月，我带领 12 名员工成立洗浴会所，创收 84 万元；2019 年 4 月，我带领 5 名员工成立了量贩式 KTV，创收 30 万元
		A32	2017 年，电子商务销售额完成了 1000 万元；2018 年，全年电子商务销售额完成 1300 万元，现已入驻盒马鲜生、天猫、京东、中粮我买网、西域美农、国美商城、贝贝网、每日优鲜等国内多家电商平台

6.7.6　理论饱和度检验

青海省民族地区创业致富带头人的可持续生计现状初始模型构建与上述青海省民族地区脱贫户可持续生计现状初始模型构建的内部理论基本一致，此处不做赘述。

此处对 45 名创业致富带头人的访谈进行饱和度检验，在完成对 45 位创业致富带头人所得访谈记录的三段式编码之后，课题组又抽取了 7 位创业致富带头人进行面对面访谈验证编码是否达到饱和，访谈过程中没有出现新的概念与范畴，即理论模型达到饱和状态。

6.8　初始模型构建与维度阐释

基于对青海省民族地区创业致富带头人进行深入访谈，在严格契合原始资料的基础上构建了创业致富带头人可持续生计现状初始模型。由图 6-2 和表 6-10 可知，与脱贫户可持续生计现状模型不同的是，此处将选择性编码归结为“青海省民族地区创业致富带头人”这一核心概念，重点分析创业致富带头人的生计资本，以下将从生计资本维度进行解释。

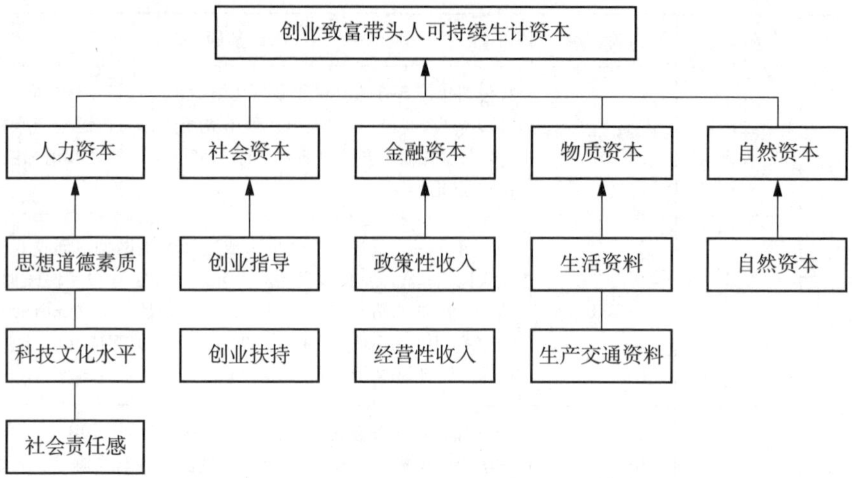

图 6-2　青海省民族地区创业致富带头人生计资本初始模型

6.8.1　人力资本维度

创业致富带头人是指植根于农牧区创业兴业，利用农村特色经济带动贫困户脱贫致富的经济能人。之所以能成为创业致富带头人，是因为其人力资本、社会资本、金融资本三大资本已经积累了一定时期，积累量一般高于农村群体或者个人。创业致富带头人的思想道德素质、科技文化水平、社会责任感共同组成了其人力资本。

（1）在思想道德素质方面，创业精神、创业观念、创新意识在访谈中出现的频次较高，表明拥有创业意识和致富观念，艰苦创业、敢为人先的创业精神是在思想道德素质方面最关注的影响因素。访谈案例见表 6-13 开放性编码 A28。

（2）在科技文化水平方面，在访谈中出现累计频次最高的是会经营、懂技术、有知识，表明主动寻求继续提升知识水平与专业技术能力，积累了丰厚的市场知识储备水平与高超的种植养殖现代化技术，在变幻莫测的市场中慢慢练就一套适合自身产业发展的管理方法和经营能力是创业致富带头人科技文化水平提升的主要路径。例如，“发展养殖产业的带头人要对畜禽养殖技术有一定程度的积累。在养殖这些藏牦牛时，我专门到县上的技术服务中心去学习”。访谈案例见表 6-13 开放性编码 A16、A37。

（3）在社会责任感方面，在访谈中出现累计频次最高的是提供岗位、标杆示范、实物帮助。表明他们往往以专业大户、家庭农场、新型职业农民、产业化龙头企业、农民专业合作社、农村小微企业负责人的角色与当地或者周边的群众建立利益联结机制和利益共享机制，提供就业岗位使其获得薪金收入。访谈案例见表 6-13 开放性编码 A32、A39。

6.8.2　社会资本维度

创业致富带头人的社会资本是指植根于致富带头人生产、生活并具有互惠性的社会网络，通过社会网络与人或者群体合作获取社会资源和提高社会效率。本研究由创业指导与创业扶持共同组成社会资本范畴。

（1）在创业指导方面，实用技术、专业知识、实践体验三个节点在访谈中出现的累计频次较高，表明获得专业技能体验与知识对创业致富带头人未来的职业塑造极其重要，甚至可以成为影响其成功的关键因素。在实用技术与专业知识方面，他们并非单纯为自己谋利，更重要的是承担着带动贫困家庭脱贫的责任，为贫困家庭谋取生计岗位、为贫困户提供提高技术的工作机会。因此，他们首先要增加自己的专业技术知识储备量、提升管理技能，利用先进的农业知识学习平台，如农业学堂、农技之家、农技学习吧、农业广播电视学校、农业技术网等，与农业生产先进者交流种养技术、栽培技术、防疫技术、良种优化等各方面的技术知识，同时与相关单位举办农业推介会进行宣传交流，在进行充分筛选之后因地制宜地应用到自身农业生产的产前、产中、产后、流通、消费各生产经营环节，充分认识自我，在不断提高自身能力的基础上建立丰富的社会资本。访谈案例见表 6-12 开放性编码 A15、A16。

（2）在创业扶持方面，创业支持政策与精准扶贫政策在访谈中出现累计频次较高，表明受访者比较关注时事政治，积极获取与农村发展、农业生产相关且有利的规章制度和带动脱贫户精准扶贫的政策文件，会尽快寻找相关部门摸清政策，避免因信息不畅而错失机遇。他们能从市场准入、金融服务、财政支持、用地用电、创业培训、社会保障、技术支持、创业园区等方面获取创业支持政策。访谈案例见表 6-12 开放性编码 A40。

6.8.3　金融资本维度

创业致富带头人的金融资本一般是指依靠自身能力得到的经营性收入与部分转移性收入。在通常情况下，转移性收入只能用作产业再发展。政策性收入与经营性收入构成了创业致富带头人的主要金融资本。

（1）在政策性收入方面，专项扶持资金、小额信用贷款在访谈中出现的累计频次最高，表明资金政策对创业致富带头人弥补资金不足意义重大。他们会获取到专项扶持资金、种植养殖保险扶持、小额信用贷款、产业发展奖补资金等金融服务，并以此类金融服务为契机，及时寻找市场信息，紧抓创业机会，进入市场交易获利。同时，农村产业发展资金的受益对象是具有优势产业与特色产业的组织，这也意味着创业致富带头人有资质获取。访谈案例见表 6-14 开放性编码 A25。

（2）在小额信用贷款方面，适用于主要从事农村土地耕作或者其他与农村经济发展有关的生产经营活动的脱贫户、个体经营户等，小额信用贷款是创业致富带头人获取资金的重要来源之一（访谈案例见表 6-14 开放性编码 A43）。创业致富带头人的创业资金很大一部分来源于社会融资，在精准扶贫政策作用下，政府对新型农牧业的发展支持力度不断加大。

（3）在经营性收入方面，第一产业收入、第三产业收入在访谈中出现的累计频次最高，表明创业致富带头人在种植养殖产业和餐饮、旅游产业的占比较高，这类产业也能为他们带来丰厚的收益。例如，近些年牛羊肉市场价格较高，发展前景也较好，再加上地理优势，大多数创业致富带头人进行种植养殖产业发展，依靠优渥的物质资本进行产业升级，寻找事业增长点。虽然受新冠疫情的持续影响，青海省民族地区乡村旅游发展持续低迷，但是创业致富带头人能够积极寻求生态旅游新业态发展方向，适应市场新变化（访谈案例见表 6-14 开放性编码 A11）。青海省也因旅游闻名海内外，再加上夏季宜人的气候、清新的环境、各种国际赛事的举办，各地区的旅游产业也如火如荼，乡村旅游产业应运而生，不少创业致富带头人利用当地优势资源开启了旅游产业，收益可观。这些收益为后续扩大生产规模、延长产业链起到有效推进作用。

6.8.4 物质资本维度

创业致富带头人本质上大多是本村的佼佼者。他们与脱贫户的差别在于生产资料的丰富度，无论选择运输物流的生计策略，还是选择以采摘、经济作物种植为主的生计策略，生产交通资料、耕地数量、牲畜数量都很充足。

（1）在生活资料方面，牲畜养殖与作物种植在访谈中出现的累计频次最高，说明这两类是创业致富带头人重要的物质资本。养殖的牲畜数量与耕种的土地面积是依靠种植养殖业增收致富带头人的重要物质资本。在调研中发现，较多的创业致富带头人从事种植养殖特色产业，如“粮食作物种植+经济作物种植”“粮食作物种植+畜牧养殖”“畜牧养殖+副产品加工+副产品销售”等复合经营模式，体现了创业致富带头人因地制宜的经营特色。

（2）在生产交通资料方面，农用车数量与轿车数量在访谈中出现的累计频次最高，说明这两类也是创业致富带头人的重要物质资本，为他们的生计再发展、生计再扩大提供了重要的物质基础。同时，从生产交通资料的拥有量和品质上可以反映出他们的创业效益。访谈案例见表 6-11 开放性编码 A05。

6.8.5　自然资本维度

自然资本与其他四大生计资本的区别在于有的创业致富带头人是依靠自家大面积的可利用草场、耕地与林地进行畜牧养殖、农作物种植来维持发展生计的。在土地资源中，耕地资源、林地资源、草场资源在访谈中出现的累计频次最高，说明这些是创业致富带头人重要的自然资本，他们凭借自己承包的土地资源是难以进行产业化发展的，因此，要流转其他农牧民的耕地、草地、林地进行集约化的种植养殖产业发展，为创业致富带头人带来了更多收益。

6.9　创业致富带头人与脱贫户生计资本的对比分析

根据上文聚类的主轴编码，按照词频关注点的差异，从生计资本五个维度进行创业致富带头人与脱贫户的比较分析（见表 6-15）。脱贫户与创业致富带头人生计策略存在显著差异的重要原因是两者的生计资本不同。在生计资本中，创业致富带头人是主动获取者，而脱贫户往往显得较为被动，两者在人力资本、社会资本、金融资本的获取中存在显著差异，在物质资本、自然资本中存在微小差异。创业致富带头人凭借知识水平、人际关系、市场判断力获取更多的社会资源，而脱贫户由于学历学识、劳动力数量与能力不足、社会网络形成不足，获取的社会资源有限。

6.9.1　生计资本五个维度的对比分析

（1）在人力资本方面。创业致富带头人科技文化水平、思想道德素质均较高，社会责任感较强，有全面而准确的自我定位和角色认知，能够在自己擅长的农业生产领域独辟蹊径，积极关注市场动向，及时顺应市场变化，把握市场风向。运用自身经营优势，向脱贫户提供农业生产技术和经营策略；同时，为脱贫户树立了脱贫致富的榜样，具有良好的精神引领作用；另外，创业致富带头人积极履行社会责任，主动吸纳劳动力，带领脱贫户广泛参与劳动。脱贫户由于自身文化水平普遍较低，缺乏自我发展的意识；眼界狭窄，安于现状，思想保守，缺乏创新精神，只能成为被动的带动者；再加上脱贫户极易因身体健康状况和学业压力而返贫，往往需要帮扶与带动才能保持生计。因此，创业致富带头人与脱贫户的人力资本差距较大，一类是主动吸纳者，属于内控型人格；另一类是被动接受者，属于外控型人格。

（2）在金融资本方面。创业致富带头人创业资金筹款渠道丰富，其创业资金主要来源于社会融资，能够享受到政府专项扶持资金、种植养殖保险扶持、小额信用贷款、产业发展奖补资金，能够利用此类社会融资建立产业类型多元化、复合化的生产经营模式，购置更多的现代化科技装备融入农业生产和经营，财政资金引导作用良好，能获得可观的收益。而脱贫户与生俱来的风险厌恶型特征，在金融资本方面具有一定的保守性，同时，脱贫户缺乏金融资本知识，获取金融资本的渠道狭窄，主要是临时性收入、转移性收入、租赁收入、种植养殖收入，而且具有不稳定性、不可持续性。创业致富带头人与脱贫户在产业发展的金融基础上产生了较大的差距。

（3）在社会资本方面。创业致富带头人会积极拓展社会关系，参与社交活动，与本产业的采购商、经销商保持密切的联系，主动推广生产的农副产品。他们极其重视产品的宣传，知道利用直播平台、微信朋友圈等各种形式宣传推广产品或服务，不断积累丰富的市场经验策略与宣传形式；与农技专家建立长期的技术支撑意识，对欠缺的农业相关生产知识和技术能力及时“充电”；同样，会与亲邻树立较好的关系，获得群众的支持。部分创业致富带头人有与不同工作部门、不同市场领域人员长久沟通合作的经历，这为他们获取利农信息，抓住外部有利环境奠定了基础。而脱贫户能获取到的社会资本较为狭窄，受文化素质与教育程度的限制，缺乏拓展社会资本的能力与动力，主要是通过干部帮扶、就业帮扶、合作社带动等被动接受建立的社会资源，这类社会资源需要脱贫户长期付诸实践加以维护才能长久且稳定。他们一类是关系网络的主动创建者，另一类是关系网络的被动参与者。

（4）在物质资本方面。创业致富带头人由于前期积累了较多的金融资本，购置了辅助与扩大生产的生产交通资料（物流、运输）、规模化养殖牲畜、集约化种植耕地、厂房、设备等，借助这类物质资本获得了更多收益。而脱贫户由于资金限制，只有居住的房屋、农用车、轿车、生活耐用品等，是脱贫攻坚政策的受益者，后续创造价值的能力较弱。

（5）在自然资本方面。创业致富带头人有承包的耕地、林地、草地；而脱贫户因进城务工需要和劳动力不足出租土地资源获取租金收入，农业专业合作社、种植养殖大户、家庭农场、农业生产型的创业致富带头人承包这部分土地资源，进行科学化、集约化、规模化的农业生产行为获得可观收益。

以下分别分析阐述创业致富带头人和脱贫户的个案并做详细说明，使两者的对比更加深刻（见表 6–15）。

表 6–15　创业致富带头人与脱贫户的生计资本对比

主范畴	创业致富带头人	脱贫户
自然资本	林地资源、耕地资源、草场资源、饮用水资源	耕地资源、饮用水状况、草场资源、林地资源
物质资本	作物种植、牲畜养殖	种植种类、养殖数量
	农用车数量、轿车数量、交通站距离	房屋结构、基础设施状况、生活耐用品
社会资本	专业知识、实用技术、实践体验、开阔眼界	亲情收入、单位帮扶、干部帮扶、人际交往
	精准扶贫政策、创业支持政策	交通状况、合作社带动、贷款机会、培训机会
人力资本	创业精神、创业观念、创新意识	勤劳踏实、家庭劳动力、教育机会
	有知识、善管理、会经营、懂技术	健康状况、务工类型
	实物帮助、励志教育、就业岗位、精神扶贫、标杆示范	
金融资本	专项扶持资金、种植养殖保险扶持、小额信用贷款、产业发展奖补资金	个体性工作收入、临时性工作收入、养殖收入、正式工作收入
	第一产业收入、务工收入、第三产业收入、第二产业收入	种植收入、租赁收入

6.9.2　“脱贫摘帽”户个案分析

访谈原始文本为果洛州玛沁县大武镇查仓牧委会，访谈内容如下。

我们家有 6 口人，没有老人，只有一个劳动力。我们家里没有学生，也没参加过技能培训。我有三个妹妹和一个弟弟，其中，一个妹妹患有精神疾病，另外两个妹妹出家当了尼姑，而弟弟腿有残疾，无法正常行走。弟弟有残疾人补贴，一年4000元左右，但医疗费用却要花两三万元。

我家里有两亩耕地。因为家里比较忙，我不参与村集体活动，也不太会使用智能手机，不会发朋友圈和抖音等。家里的房子是2014年建的，住房面积75平方米，享受了危房改造项目，政府给补贴了25000元，房子是砖木结构，有独立卫生间，但没有洗澡间。家里配有彩电、冰箱和洗衣机，没有小汽车和农运用车，也没有牲畜。日常喝的是井水，饮用水还算方便。

我现在在家照顾弟弟妹妹，还有我自己一岁多的孩子，家庭年收入2万多元，主要是挖虫草和挖贝母得到的。我曾向亲戚朋友借款2万元未还，用来给弟弟妹妹治病，他们只有低保金。

我们家附近没有公交站，村里有硬化道路，路况比较好。我家日常会种一些麦子，但都是自己家吃，不向外销售。过去一年，家庭吃穿用了大概1.5万元，虽然没遭受过自然灾害和其他风险，但因为我妹妹患有精神疾病，经常离家出走。我们需要雇车去找她，这笔费用也给家里造成了一定的经济压力。

在国家的帮助下，我们家现在脱了贫，但因为弟弟妹妹患有疾病，还有小孩子需要抚养，所以家庭生活依然困难。不过相比以前，我们的生活有了一些改善。

虽然现在脱贫了，但是如果弟弟或妹妹的病情恶化，医疗费用依然会给我家造成很大的压力，会再次返贫。对于脱贫后的生活，如果有养老院或福利机构能够接收我妹妹，我想把她送过去，以便她能得到更好的照顾。

以上案例中的脱贫户家庭劳动能力不足、家庭成员患有疾病，享受了危房改造补贴与残疾人补贴，两位家庭成员选择出家谋取生计，家庭有欠款，生活压力较大，但是在政府的帮助下生活水平较以前有了较大改善。该类政策性收入较高的家庭应该继续成为政府巩固脱贫成果的重点关注对象，及时进行引导、对家庭成员的健康状况进行监测，必要时给予脱贫户家庭成员公益性岗位的资格，减轻家庭负担。另外，还要增强家庭“造血”功能，给予孩子正确的人生之道，使孩子树立积极向上的人生价值观，并对家庭成员进行文化反哺。

6.9.3 创业致富带头人个案分析

我小时候家里特别困难，家里有兄弟姐妹12人，我父亲因故去世得早，我大哥去寺庙当和尚而后去世，我有个弟弟也因故去世，我二哥去外面给人家放羊。我在家里排行老三，于是照顾弟弟妹妹的重担就落到了我和妈妈身上。

我从9岁开始逐渐懂事，但我从未读过书，连自己名字都是靠画出来的。因为家里生活实在困难，我去帮别人家放羊，从9岁到11岁在别人家放了3年羊，每天只能得到一块酥油和一大碗炒面，3年时间不但没有赚到钱甚至没有换洗衣服和鞋子穿。我11岁时回到家，靠帮寺院捡牛粪挣点零花钱。

我现在有6个孩子，5个女孩，1个男孩。如今，家里老人已相继去世，姊妹们有出嫁的和招女婿的均已成家。

我的创业动机是在给人家放羊的时候萌生的。那时，看到供销社靠贩羊、贩卖羊毛挣钱，自己就动了这个心思。因为我和兄弟姐妹给别人家放羊实在是太辛苦了。有次大半夜放羊回来，主人家说丢了两只，把我一个人赶出去找。我不但没找到羊反而遇到了狼。总之，给别人放羊的日子实在是太苦了。

我一定要自己创业！经人介绍，我第一次贷款100多元作为路费去了趟格尔木。那时候，格尔木市连10栋房子都没有，我晚上睡在格尔木车站旁边的地上。车站旁边有倒卖泥块的，我从卖泥块、装沙子开始，一天赚1元钱，管吃管住。从那时开始，我就慢慢自己创业。我在格尔木待了将近3年，其间还去过几次拉萨。当时，撒拉族人往拉萨跑运输的多，因为他们不懂藏语，我给他们做翻译能赚一些钱。后来，我在湟源县买了一辆手扶拖拉机，收入还不错。

有了拖拉机后，我靠着拖拉机去化隆县榨菜籽油，给循化县的牛肉面馆代买菜籽油，再从循化县收购一些骨头、羊皮拉到西宁去出售，再从西宁的马坊进一些挂面和蔬菜拉到湟源县去销售，后把湟源县的麻花拉到牧区去卖换一些羊皮、酥油、羊毛等。总之，当地有啥特产我就换啥特产，再把换了的这些东西拉到西宁卖掉，这样循环往复。

经过不断发展，我买了小卡车，雇了司机。我24岁时，有了300多万元的存款，买了自己的丰田汽车（那时候在西宁都不常见呢）。后来，连续3年油菜受降水影响，产量很低。我从银行贷款种了2000亩油菜，却只收了4麻袋，300万元全赔了！我变得一无所有，车被人开走了，房也抵押了，我只好去老丈人家住。那时候，银行天天追我还款，贷款连本带息早超过了300万元。这件事被省行知道，又给我贷了23.8万元，我拿着这笔钱去拉萨，在边境购买了牙签、香水、印度香等，总共花了20万元。随身带着的14个大包全靠自己搬运，我带着这些货从湟源倒车，后又乘坐火车去了北京。我在北京到处找市场，后来找到了北京黄桥市场，先是因为没有经营手续，工商税务的都赶我，在北京市国税局局长的帮助下，我补办了手续，租了1米多的地方摆摊，从此终于站住脚了。

现在，我帮扶了107名贫困户。我认为，这些贫困户贫穷的原因是没有想靠自己努力挣钱的思想。我在跟他们聊天时得知，他们都是三代贫困，这些人中好多人都特别懒，不爱劳动，习惯性依赖。他们认为，国家补助的粮食够他们吃了，不劳而获的思想严重。现在我带他们走出去，其实骂我的人特别多，尤其是上了年纪的人。不过年轻人还好，有些人想让我介绍后厨、服务员的工作，我后来帮一些年轻男女在餐厅找到了工作。

虽然我们有好多产品因为没有商标没能正式推向市场，但我们愿意通过先尝后买的方式进行推广。路都是自己走出来的。

今年扶贫开发局给的房子特别多，我让他们靠这个站起来，自己挣钱。以后不能总想靠别人帮扶，自己有钱了要回报社会。现在的政策真的很好，我很有干劲！

从这个案例可以看出，这位创业致富带头人的致富经历可以分为四个阶段：孩提贫困刻骨铭心、初次创业艰难险阻、再次创业厚积薄发、拥有一定的财富。

在这位致富带头人的那个时代，思想保守和计划生育手段的不到位造成节育优育不深入人心，家庭成员甚至认为怀孕未生之子是已故家庭成员的转世，堕胎是对祖宗的大不敬行为。再加上牧区藏区深入青海腹地，信息闭塞，以致主人公家有13个孩子，在当时，这名家庭成员的抚养负担大大超过了家庭劳动能力所支付的费用；另外，又遭受家庭变故，父亲因故身亡，14口的家庭重担全部落到母亲身上，正如访谈时候所说，他和二哥去给别人家放羊，几乎是免费劳动力，能吃得上饭，但是吃不饱还要遭受冷眼相看；大哥去寺庙当和尚也是一种谋生手段，不敢相信在遥远的牧区有位母亲还要独自抚养10个孩子。由此可以看出，该家庭首先是健康贫困，吃不饱饭、物质资本缺乏，加上对宗教信仰的虔诚和教育的不到位造成精神贫困，又生孩子吃不饱饭，如此反复最终落入“贫困陷阱”。在当时，这个家庭不能满足“两不愁三保障”，而这种家庭在当时的牧区非常普遍，致富带头人提到的边防官兵给他们留了一顶帐篷，他们用了10多年，微小的帮助在当时也会留下回报社会的种子。

致富带头人放羊时听到合作社贩羊能挣钱，想改变家庭贫困和饱受冷眼的现状，同时积极寻求贷款机会找到了创业的 100 多元资金，在当时只够路费。他到达格尔木后一刻不敢停歇，倒卖空心砖、装沙子，每一步都需要付出极大的辛苦，介绍人还要抽取一部分，在当时过得特别苦。通过观察，他发现运输生意比较赚钱，在格尔木的 3 年打工时期慢慢积累了资金，买了一辆拖拉机用于自己跑运输，精通区域比较优势和地区互补优势、善于发现市场，通过贩卖菜籽油、骨头、挂面、蔬菜、麻花、羊皮、酥油、羊毛这些利润较小的初级产品赚取差价；后期发现了印度牙签、香水、印度香市场，这些东西在当时是比较高档而且销售较为火爆的，去北京寻求售卖市场，慢慢有了自己的一席之地；1990 年，生意难以进行转战海南州种油菜，但是天不遂人愿，3 年油菜都没有收成，300 万元积累资金付诸东流，但是没有打倒他再创业的信心。

初次种植油菜创业失败后，通过获得层层领导的信任帮助以及自身不言放弃的个性，贷款积累资金进行了新一轮的再创业，寻求边境商机，依旧做“高档产品”的贩卖生意。这次做生意主人公充分吸收了初次失败的经验教训，加上之前积攒的人脉，相对而言顺风顺水，后来甚至在北京雇用工人做运输生意。事业有成后回到自己所在家乡带领贫困户做餐饮、介绍劳动力做工。虽然这位致富带头人没有将产业真正发展起来，但是有想法、有信念、有克服困难的决心与勇气的特质，是从贫困户成为致富带头人的关键所在。

6.10　小结

围绕脱贫户生计可持续才能真正脱贫致富的思路，深入挖掘脱贫户可持续生计现状，本章利用扎根理论开放性编码、主轴编码、选择性编码三段式编码的分析方法，归纳出影响脱贫户可持续生计的六大范畴，通过理论饱和度检验和经典案例验证，构建了青海省民族地区脱贫户可持续生计初始模型，从生计保障、政策保障、发展机遇、风险压力四个维度进行了阐释。总结得出脱贫户生计现状如下。

（1）脱贫户家庭劳动力文化程度、健康状况对可持续生计影响最为突出，其中，疾病、残疾将成为今后再致贫、返贫的主要因素，也是生计陷入困境的触发点。

（2）人力资本的改善滞后于大幅改观的物质资本，对教育、职业技能培训和精神脱贫相对忽视。

（3）贫困地区脱贫成果大多是政府扶持的结果，扶贫干部成为脱贫户的社会关系网络，然而这种社会关系网络构建具有一定的暂时性。农牧区村级内部自治组织发挥的作用不够充分，社区人际网络互助机制在脱贫攻坚中没有建立起来，脱贫户社会关系网络狭窄，同质性、封闭性状况没有从根本上得到改观，在易地搬迁社区表现突出。因而，一旦帮扶政策制度有所变化，返贫风险就会非常高。

（4）绝大多数脱贫户生计来源依赖于自然资源，种植土地的面积与养殖数量。这种强依赖方式导致其抵御自然风险的能力较弱。

（5）物质资本中的基础设施建设还存在一定短板，限制脱贫户生产能力的扩展与提升，闭塞的交通条件使脱贫户生活习惯与宗教信仰黏合性较高，导致当地经济发展受限，与外交流融合难度大。

（6）脱贫户理财意识薄弱，金融资本来源单一、稳定性较差、收入具有不可持续性，社会保障水平相对较低，基本公共服务水平和能力有待提升。

（7）乡村治理人才短缺，少数党员干部引领农牧民脱贫增收致富和社区治理能力不足，社会治理现代化与法制治理水平亟须进一步提升，特别是在巩固拓展脱贫攻坚成果与乡村振兴战略衔接的过渡期，要充分意识到政策倾斜力度减小的利弊以及政策补贴抽离的危害。

（8）脱贫户的思想脱贫存在一定的差异，表现为部分脱贫户思想较为积极，文化程度高，勤劳善良，敢于冒险，树立了回报社会的心理，他们返贫的可能性较低，但有部分脱贫户存在帮扶政策路径依赖心理。

（9）在产业发展方面，资金短缺是脱贫户产业发展普遍面临的主要难题。大部分产业发展缓慢，益贫增收效果不明显，带动覆盖面广、增收效益显著的生态种植养殖业、特色村集体经济和生态旅游等支柱特色产业，短期内较少。

（10）脱贫户对于外部风险防范和化解意识较为淡薄，缺乏对自然灾害、市场风险的防范意识，甚至存在灾害过后就有补偿的心理。

本章深入研究并分析脱贫户与创业致富带头人生计资本现状，明确脱贫户与创业致富带头人在五大资本之间存在的差异，更能深刻清晰地反映出脱贫户亟待解决的生计问题。在人力资本方面，创业致富带头人的思想道德素质、文化水平、市场关注度都优于脱贫户；在金融资本方面，创业致富带头人的筹款渠道丰富，能够获得可观的收益，而脱贫户缺乏理财观念，获取金融资本渠道狭窄，不稳定、不可持续；在社会资本方面，创业致富带头人的社会网络关系密集，是网络关系的主动创建者，而脱贫户缺乏社会关系的认知，是网络关系的被动参与者；在自然资本和物质资本方面，创业致富带头人自然资本与物质资本丰厚，可以借助两类资本创造更多收益，而脱贫户物质基础薄弱，后续创造价值的能力弱。研究发现，脱贫户与创业致富带头人最大的差距体现在人力资本方面，致富带头人的受教育程度相对较高，更具有吃苦耐劳等优秀品质，这些特质使其生存能力较强，能够有效分担家庭生计压力，不断谋划自身发展策略，增收致富。

第7章

chapter 7

青海省民族地区“脱贫摘帽”户可持续生计的难点与问题

在对脱贫户可持续生计现状量化、质性分析的基础上，本章依据可持续生计理论，将人视为在一个脆弱的环境背景中生活运转。在此背景下，他们拥有某些生计资本，并依靠这些生计资本在主流社会环境、制度环境和组织环境中实现生计的可持续性，而这些生计资本的外部性特征也会对生计策略产生影响，分析青海省“脱贫摘帽”户可持续生计面临的难点与问题。

7.1 区域经济社会发展相对落后，城镇化程度不高

7.1.1 区域经济基础薄弱，现代化进程缓慢

（1）属于经济欠发达地区，地方财力薄弱。

由于青海省深居内陆，经济环境较为闭塞，脱贫攻坚期间受到了国家各项政策的扶持，经济态势向好。由图 7-1、图 7-2 可知，国民经济发展水平呈现出持续增长的趋势，三大产业生产总值总体保持增长，但依旧存在产业结构不合理、工业化进程缓慢的问题。以 2020 年为例，一方面，青海省人口占全国人口的 0.42%，但青海省的金融、经济、工业、科技、贸易全部低于人口占比，尤其是在进出口贸易方面差距明显，产业带动能力不足，第二、第三产业增加值比重为 88.9%，但经济效益规模并不高。另一方面，青海省第一产业从业人员为 105.4 万人，占劳动力总数的 31.91%，而产值只有 334.30 亿元，占生产总值的 11.10%，机械化水平低、产业链平缓、附加值程度不高；第二产业从业人员为 67.34 万人，占劳动力总数的 20.40%，产值为 1143.55 亿元，占生产总值的 38.10%且多为资源型企业，利润转换效率低下，处于工业化中期阶段而落后

于其他省份工业化后期阶段；第三产业从业人员为 157.46 万人，占劳动力总数的 47.70%，产值为 1528.07 亿元，占生产总值的 50.80%，低于国内水平（53.3%）。2018—2019 年全社会固定资产投资较上年增长为 6.0%左右；受新冠疫情影响，2020 年全社会固定资产投资到位资金比往年下降 12.20%，疫情对稳定脱贫的后续影响会持续加深，这一系列不利因素给防止脱贫户返贫带来挑战。

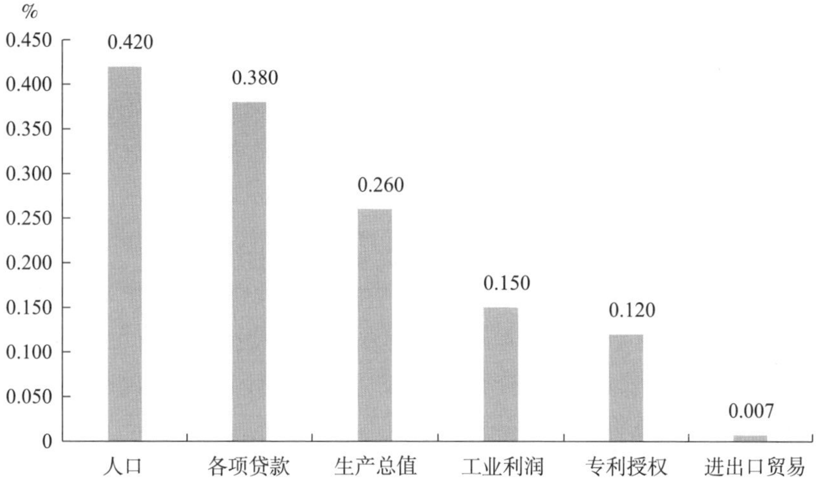

图 7-1　2020 年青海省行业数据占比

资料来源：《青海统计年鉴（2021）》《中国统计年鉴（2021）》。

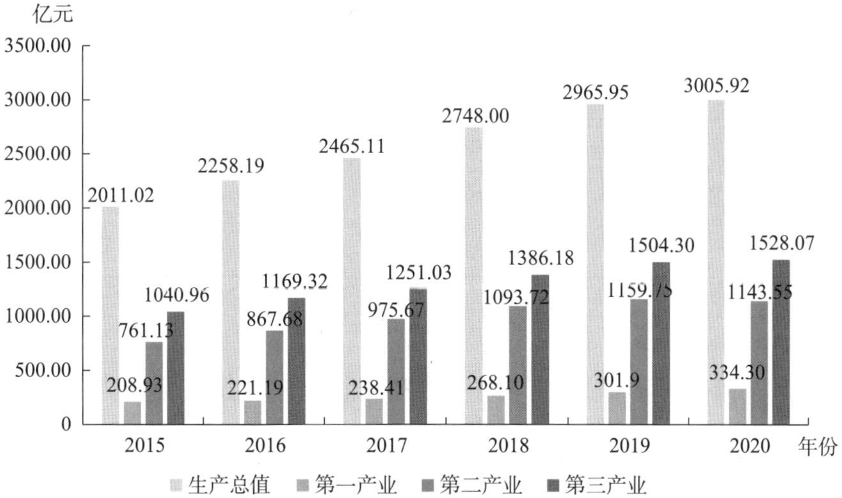

图 7-2　2015—2020 年青海省第一、第二、第三产业生产总值

资料来源：2015—2020 年《青海省国民经济与社会发展统计公报》。

（2）经济发展缓慢，民族八省区中处于落后水平。

从 2020 年民族八省区与全国主要经济数据比较来看，由表 7-1 可知，青海省在国内生产总值、人均生产总值、农村居民可支配收入三项数据中均处于落后水平，第一产业增加值也仅高于西藏。总体来看，青海省工农业经济总量较小，经济发展落后的省情很难从根本上改变。民族八省区是指五个少数民族自治区（内蒙古自治区、宁夏回族自治区、新疆维吾尔自治区、西藏自治区和广西壮族自治区）和少数民族分布较为集中的贵州、云南、青海三省。一直以来，受自然条件恶劣、发展基础较差等多种因素影响，民族八省区的经济发展速度、居民生计水平整体落后于东部发达地区。

表 7-1 2020 年民族八省区与全国主要经济数据比较

地区	2020 年生产总值/亿元	2020 年人均生产总值/亿元	2020 年农村居民可支配收入/元	2020 年第一产业增加值/亿元
全国	1015986	72371	17131	77754
内蒙古	17360	68357	16567	2025
新疆	13798	54684	14056	1981
西藏	1903	54285	14598	151
广西	22157	44671	14815	3556
宁夏	3921	56445	13889	338
云南	24522	50474	12842	3599
贵州	17827	49206	11642	2540
青海	3006	49455	12342	334
民族八省区	104494	53447	13844	14524

资料来源：《民族八省区 2020 年国民经济与社会发展统计公报》。

7.1.2 城镇化程度低，对易地扶贫搬迁脱贫户吸纳就业能力不足

（1）城镇化发展呈现水平低、区域发展不平衡的特点。随着国家现代化和城市化发展进程的加快，城镇的快速发展有利于吸收农牧区剩余劳动力，优化区域产业结构，加大第一、第二、第三产业融合发展，带动农牧区全方位发展，加强城乡交流，缩小城乡差距，提高区域整体发展水平。2020 年青

海省城镇化率为 60.08%（见图 7-3），但与全国 63.90%的平均水平还有一定距离，依据美国地理学家诺瑟姆“S”形曲线，青海省城镇化发展处于中级阶段。城镇化发展程度较低地区与原深度贫困地区、民族地区、高海拔地区高度相关，依次为果洛州、海南州、黄南州、海东市，城镇化发展呈现出区域间社会经济发展极不平衡、城镇分布不均衡、发展差异大、人口分布不均匀等特点。

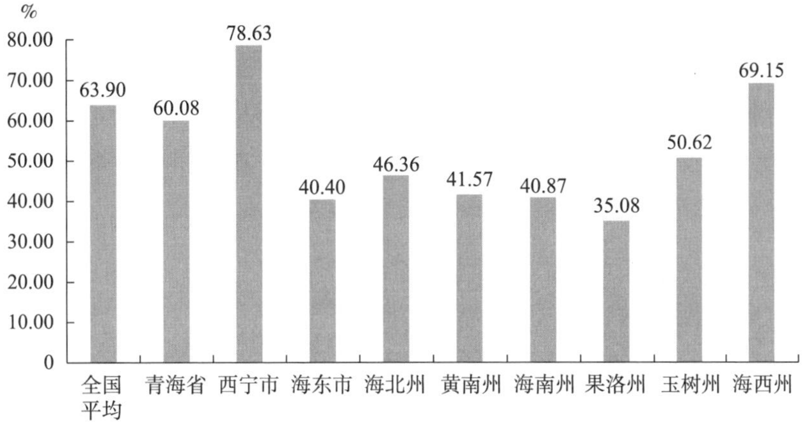

图 7-3　2020 年青海省 2 市 6 州和全国的城镇化发展水平

资料来源：《青海统计年鉴（2021）》《中国统计年鉴（2021）》。

（2）搬迁安置区城镇化程度低，难以吸纳过剩劳动力。脱贫攻坚期间，为有效解决“一方水土养不起一方人”的问题，部分脱贫户舍弃原有世世代代传统的游牧生计方式，走向城市现代生活，被集中搬迁安置到附近条件相对较好的区域或县城所在地。这种搬迁安置模式极大地改善了脱贫户的居住条件。但从前期易地扶贫搬迁安置点脱贫户生计情况调研来看，存在以下问题。一是部分安置点产业发展基础相对薄弱，只重搬迁，不重配套，基础设施建设不足，社区各项管理服务滞后，社会保障政策衔接不畅，社会资本薄弱、社会支持系统缺失和融入社区生活缓慢等现实问题依然存在。二是城镇化发展的滞后性，难以吸纳过剩劳动力就业。习惯了传统生计方式的脱贫户受思想观念、劳动技能、语言交流、传统文化等方面影响，难以从信息化社会的新型发展方式中获益并实现有效发展。资本的逐利性使脱贫户难以将人力资本和物质资本有效结合，剩余劳动力缺乏专业化分工，受到流动性约束。在涉藏地区玉树、果洛易地扶贫搬迁安置点这种现象比较突出，大多数易地扶贫搬迁脱贫户仍然从事简单的农业生产，或村里提供的生态管护员、公益性岗位来获得生计收入。40~50 岁脱贫户普遍存在年龄偏大，缺乏重新学习技能的素质能力等问题，他们除了依靠分红和各种政府补贴外没有稳定收入，很难找到就业岗位。生计收入来源狭窄、增收缓慢，使他们容易成为生计陷入困境的特殊群体，需要高度关注。

（3）搬迁户普遍反映，原来家里生活需要的肉类、粮食等通过自家劳动能直接得到，现在家中维持生计的生活必需品都需要花钱购买；易地扶贫搬迁归口管理与属地管理相冲突，有关户籍办理的事项仍需要“两头跑”的这种管理模式加剧了搬迁户对社会融入的困难程度；在一些老年人、留守儿童、残疾人、僧侣群体较多的社区中，服务中心人员配备与职能设置不相符，常态化的管理模式导致服务资源紧张，心理需求与融入需要被忽视，跟不上城镇化发展水平，带来治理风险和困难。这不仅意味着生计方式发生变化，而且往往伴随着文化、生活方式的再选择和社会化再适应的问题，这也是关乎民族地区社会发展和社会稳定的重要议题。

7.2 生态环境脆弱，脱贫户可持续生计压力大

7.2.1 生态环境脆弱，生态保护优先与统筹发展矛盾突出

由于长期受历史地理、区位条件、气候条件等因素影响，脱贫户大都生活在自然环境复杂、生态系统敏感且脆弱的区域，这也恰恰印证了可持续生计框架的理论设定，是将人视为在一个脆弱的环境背景中生活运转。

（1）生态环境脆弱，制约了该区域经济与产业发展。

国家依据生态环境脆弱性将全国划分为 8 种不同类型的生态脆弱区，而少数民族集中分布区就包含了其中的 6 种。青海省民族地区多位于青藏高原复合侵蚀生态脆弱区，由表 7-2 可知，农牧业生产的自然基础先天脆弱。依据 2020 年统计，青海省有各级各类自然保护地 109 处，总面积达 26.58 万平方千米，占青海省总面积的 36.8%；森林面积 538.1 万公顷，森林覆盖率为 7.5%；湿地面积 814.36 万公顷，其中，自然湿地面积 800.1 万公顷。

表 7-2　少数民族地区生态脆弱区分布情况

生态脆弱区	重点保护区域	主要生态问题
东北林草交错生态脆弱区	大兴安岭西麓山地林草交错生态脆弱重点区域	天然林面积减小，稳定性下降，水土保持、水源涵养能力降低，草地退化、沙化趋势激烈
北方农牧交错生态脆弱区	辽西以北丘陵灌丛草原垦殖退沙化生态脆弱重点区域	草地过垦过牧，植被退化明显，土地沙漠化强烈，水土流失严重，气候干旱，水资源短缺
	冀北坝上典型草原垦殖退沙化生态脆弱重点区域	草地退化，土地沙化趋势明显，风沙活动强烈，干旱、沙尘暴等灾害天气频发，水土流失严重
	阴山北麓荒漠草原垦殖退沙化生态脆弱重点区域	草地退化、沙漠化趋势明显，风沙活动强烈，土壤侵蚀严重，气候灾害频发，水资源短缺
	鄂尔多斯荒漠草原垦殖退沙化生态脆弱重点区域	气候干旱，植被稀疏，风沙活动强烈，沙漠化扩展趋势明显，气候灾害频发，水土流失严重
西北荒漠绿洲交替生态脆弱区	贺兰山及蒙宁河套平原外围荒漠绿洲生态脆弱重点区域	土地过垦，草地过牧，植被退化，水土保持能力下降，土壤次生盐渍化加剧，水资源短缺
	新疆塔里木盆地外缘荒漠绿洲生态脆弱重点区域	滥伐森林，草地过牧，植被退化严重，高山雪线上移，水资源短缺，土壤贫瘠，风沙活动强烈，土地荒漠化及水土流失严重
	青海柴达木高原盆地荒漠绿洲生态脆弱重点区域	草地过牧，乱采滥挖，植被严重退化，水土保持及水源涵养能力下降，荒漠化扩展趋势明显
西南岩溶山地石漠化生态脆弱区	西南岩溶山地丘陵流水侵蚀生态脆弱重点区域	过度樵采，植被退化，土层薄，土壤发育缓慢，溶蚀、水蚀严重
	西南岩溶山间盆地流水侵蚀生态脆弱重点区域	土地过垦，林地过樵，植被退化，流水侵蚀严重，生态脆弱
西南山地农牧交错生态脆弱区	横断山高中山农林牧复合生态脆弱重点区域	森林过伐，土地过垦，植被退化，土壤发育不全，土层薄而贫瘠，水土流失严重，石漠化趋势明显
	云贵高原山地石漠化农林牧复合生态脆弱重点区域	森林过伐，土地过垦，植被稀疏，土壤发育不全，土层薄而贫瘠，水源涵养能力低下，水土流失十分严重，石漠化趋势明显
青藏高原复合侵蚀生态脆弱区	青藏高原山地林牧复合侵蚀生态脆弱重点区域	植被退化明显，受风蚀、水蚀、冻蚀以及重力侵蚀影响，水土流失严重
	青藏高原山间河谷风蚀水蚀生态脆弱重点区域	

资料来源：邢成举，李小云．结构性贫困视角下的民族地区精准扶贫研究［J］．中央民族大学学报（哲学社会科学版），2019，46（6）：99-112.

三江源地区、青海湖流域和祁连山区是我国重要的生态屏障与水源涵养区，生物多样性丰富，植被类型丰富多样。其中，三江源是世界高海拔地区生物多样性最集中的自然保护区，也是生态系统最敏感的地区。生态脆弱性集中体现在高寒、干旱少雨、风大沙多、低温、交通不便及冬天的寒冷天气和雪灾、缺氧、生长季短。其他区域都是四季生长，或者春、夏、秋生长，而青海省只有 6 月、7 月、8 月的生长季，草原风蚀沙化严重，生态环境的敏感性增强，恢复难度加大。

（2）草畜矛盾突出，给畜牧业发展带来极大压力。

在脱贫攻坚期间，一方面，随着国家退耕还林、退牧还草、天然林地保护、生态保护补偿等一系列环境保护政策的实施，生态环境改善明显。但是生态补偿标准体系仍不完备，地区间生态管护资金支撑能力不平衡、脱贫户与森林资源量不匹配，造成地区间管护标准不统一、管护补助标准低、管护资金缺口大。调研显示，部分拥有草场面积相对较小的脱贫户，得到的补贴不足以维持家庭生计，无法达到有效激励的目的，不愿意参与禁牧（实现完全禁牧）的问题依然存在。草原鼠害、草场沙化和黑土滩化程度仍有不断加剧的趋势。另一方面，在高寒、高海拔地区，草原生态系统极其脆弱，涉藏地区的 33 个县中有 21 个县划归为三江源国家公园，这个区域大多属于禁牧区。部分生态保护区内民生和扶持项目与现行生态保护相关政策还存在不协调问题，加之缺乏在实践中有效帮扶产业发展的配套政策，实行禁牧减畜政策后，禁牧不减畜、超载放牧现象时有发生，草畜矛盾、旅游开发与保护生态和发展经济之间的矛盾依然尖锐。例如，因受生态环境制约及不满足高标准的污染物处理要求，一些标准化畜牧养殖合作社停产，村里唯一的集体经济因靠近水系，受环保部门限制至今没有落实完成，村集体近百万元的资金只能投到外县产业拿取 10% 的年分红。这说明在生态保护优先与统筹协调发展方面，青海省在挖掘生态资源、生态价值，激发新供给、新经济增长点方面下的功夫不够，将“绿水青山”转化为“金山银山”，以生态保护优先理念协调推进经济社会发展方面还有待提高。

（3）生存环境严酷，内部生计压力较大。

由于青海省生态环境脆弱、气候恶劣，生存环境是我国最严酷的地区之一。长期生活在这里的脱贫农牧民易引发肺病、心脏病、地方病和传染病等各类高原疾病，这与高海拔引起的缺氧、低温和抵抗力下降、长期摄入不到人体所需维生素等具有紧密关系，增加了患病风险，治疗费用昂贵，治疗周期长，治愈后复发的现象多有发生。脱贫户生计完全依靠有限的草场数量和国家政策补贴，生计策略选择单一，家庭中拥有草场资源的优劣决定着牲畜数量和脱贫户家庭的生计质量。因此，该区域内自然生态环境条件恶劣与生计脆弱性并存。

7.2.2　自然灾害频发，抵御风险冲击能力弱

（1）自然灾害频发，脱贫户可持续生计面临困难。

较为常见的灾害类型有雪灾、地震等，以地震为例，青藏高原是我国地震频发地区，该地区强地震活动多，许多专家将该地区称为“三江地震带”。据统计，2021 年，青海共发生三级以上地震 117 次，其中，五级以上 8 次、六级以上 2 次、七级以上 1 次，如图 7-4 所示。地质灾害对农牧民的生产生活造成了较大影响，尤其是对于刚刚“脱贫摘帽”的贫困户来说，脱贫与返贫只有一步之遥。

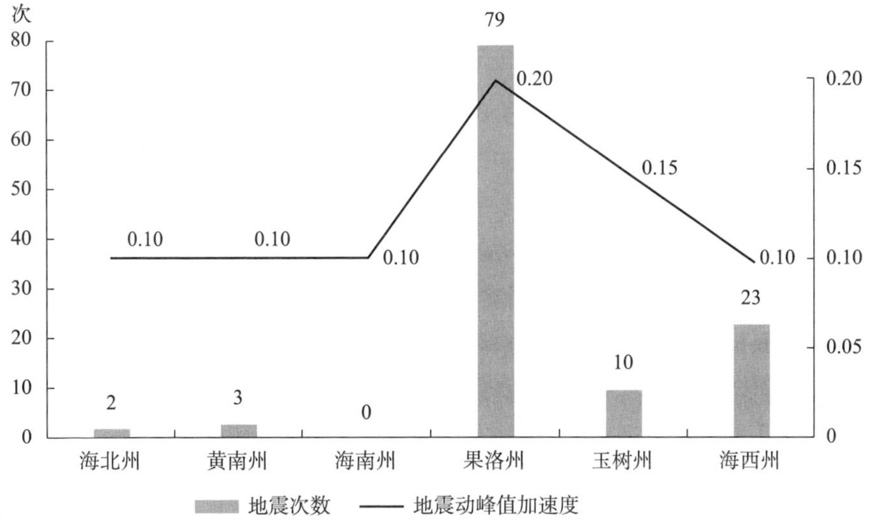

图 7-4　2021 年青海省涉藏六州地震情况统计

资料来源：中国地震台网。

雪灾也是青海省常见的自然灾害。2017—2020 年青海省雪灾的发生频率在 5 次以上，2019 年更是达到了 13 次，爆发了玉树州特大雪灾，这次雪灾覆盖了玉树州、果洛州、海东市 3 个州（市）13 个县（市）67 个乡镇 281 个村牧委会，共 5.3 万户 21.01 万人受灾，转移安置受灾牧户 2862 户 9652 人，转移牲畜 22.33 万头。因灾死亡牲畜 5.79 万头，197.33 万头牲畜觅食困难，造成直接经济损失 1.92 亿元，对农牧民可持续生计造成极大影响，如图 7-5 所示。据不完全统计，有 219 种野生动物在此次雪灾中死亡。调研中了解到，2018 年以后遭受损失的农牧民至今没有得到任何补偿。

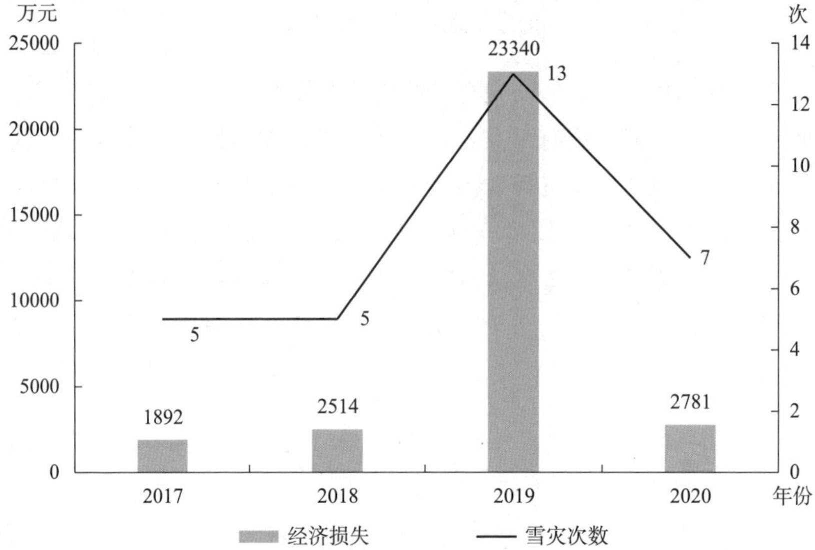

图 7-5 2017—2020 年青海省涉藏六州雪灾情况统计

资料来源：青海省 2017—2020 年气象灾害公报。

（2）防灾抗灾意识淡薄，抵御风险能力越发脆弱。

频发的自然灾害，一方面给区域内公共服务设施、经济基础设施带来不同程度的破坏，影响区域各方面的发展；另一方面，给区域内受灾农牧民带来生命与财产损失，对于原本生计资本薄弱的贫困户来说，物质资本、自然资本等方面遭受不同程度的毁坏，抵御自然灾害风险冲击能力越发脆弱。例如，2021 年玛多县发生 7.4 级地震，造成果洛州、玉树州 7 县 11.3 万人受灾，倒塌房屋 1039 间，严重损坏房屋 7600 余间，直接经济损失 41 亿元。灾害后发现，受灾地区没有建立起匹配的灾害监测机制及预防机制，灾害预防宣传不到位，脱贫户防灾抗灾意识淡薄，平时储草备料严重不足，在遭受自然灾害时，损失非常大，相对帮扶更难，生计陷入困境，返贫风险高。

7.2.3 水资源丰富，但地区间用水困难问题依然严峻

（1）降水量区域分布不均，区域用水问题依然严峻。

农牧区饮用水安全是评估脱贫攻坚成效的重要指标之一。青海省降水量少，地域差异大，东部雨水较多，西部干燥多风、缺氧、寒冷，年降水量总的分布趋势由东南向西北逐渐减少，境内绝大部分地区年降水量在 400 毫米

以下，东南部的久治、班玛一带超过 600 毫米，其中，久治为降水量最大的地区，年平均降水量达 745 毫米；柴达木盆地年降水量为 17～182 毫米，其中，冷湖为降水最少的地区，青海省各行政区域内降水存在较大差异，见表 7-3。

表 7-3 2020 年青海省行政分区年降水量

行政分区	计算面积/平方千米	年总降水量/亿立方米	年平均降水量/毫米
西宁市	7331	45.9	626.1
海东市	13019	67.2	516.2
海北州	32775	169.2	516.2
海南州	43455	206.0	474.1
黄南州	18007	105.4	585.3
果洛州	77012	510.6	663.0
玉树州	204043	930.6	456.1
海西州	318767	587.8	184.4
青海省	714409	2622.7	4021.4

资料来源：《2020 年中国水资源公报》。

2020 年，青海省人均水资源量在全国 31 个省（区、市）排名第二，为 17107.4 立方米/人，拥有水资源 1011.91 亿立方米（见表 7-4），总用水量 24.28 亿立方米，人均用水量为全国平均水平。但受当地土壤特性（水源涵养能力低）、农业科技水平的影响，农牧业生产用水占 73.1%，农业区、半农半牧区大多采用渠灌手段进行农业灌溉，导致用水效率低。由于缺乏优质的灌溉设备，部分地区还存在输水管道维修不及时，造成输水过程中出现水资源损耗、浪费严重等问题。海东市、黄南州甚至在播种时节一度出现长时间无水可用的情况，给以种植养殖业为主的脱贫户生计造成较大影响。

表 7-4 2020 年青海省行政分区水资源总量

行政分区	计算面积/平方千米	年降水量/亿立方米	地表水资源量/亿立方米	地下水资源量/亿立方米	分区水资源总量/亿立方米
西宁市	7331	45.9	16.97	8.80	17.13
海东市	13019	67.2	22.20	9.55	22.27
海北州	32775	169.2	61.48	32.63	64.91

续表

行政分区	计算面积/平方千米	年降水量/亿立方米	地表水资源量/亿立方米	地下水资源量/亿立方米	分区水资源总量/亿立方米
海南州	43455	206.0	48.16	25.37	56.52
黄南州	18007	105.4	39.90	24.20	39.90
果洛州	77012	510.6	229.60	88.20	229.60
玉树州	204043	930.6	400.44	163.87	400.44
海西州	318767	587.8	170.77	84.66	181.14
青海省	714409	2622.7	989.52	437.28	1011.91

资料来源：《2020 年中国水资源公报》。

（2）水资源短缺现象依然存在，增加了生计风险。

2020 年，青海省耗水量 15.6226 亿立方米，综合耗水率为 64%，其中海西州、西宁市、海东市耗水量最大，但西宁市与海东市的人均水资源拥有量排在青海省末位，导致水资源的供给矛盾突出（见表 7-5）。按 2020 年物价计算，海西州每万元生产总值用水量达到了 151 立方米，每万元工业增加值用水量达到 48 立方米，普遍高于青海省平均水平，水资源利用效率低下，水资源浪费严重。海东市、黄南州作为青海省农产品生产基地，两地农村居民日用水量小于青海省平均水平，农田灌溉用水量为青海省平均水平的 1.3~1.5 倍，境域内河流径流量分配不均匀。农业缺水、水土流失、季节性水资源短缺现象依然存在。由于青海省地方财政困难，配套资金压力大，农村地区蓄水工程、饮用水安全工程，多采用“改造配套为重点、辅以适当新建”的策略，骨干型水源工程不足，同时基层管理人员缺乏管理水平，水费计收比较困难。水资源季节性短缺问题造成草场和农作物减产、人畜饮用水困难的现象时有发生，这对于以种植养殖业为主要生计策略的脱贫户来说，生计风险显著增加。

表 7-5 2020 年青海省行政分区耗水量 单位：亿立方米

行政分区	农田灌溉耗水量	林牧渔畜耗水量	工业耗水量	城镇公共耗水量	居民生活耗水量	生态环境耗水量	总耗水量
西宁市	1.1295	0.9146	0.2688	0.1674	0.3760	0.2344	3.0907
海东市	1.7707	0.5141	0.0286	0.0843	0.2672	0.2737	2.9386
海北州	0.5997	0.3081	0.0075	0.0084	0.0508	0.0158	0.9903
海南州	1.0609	0.4102	0.0055	0.0109	0.0764	0.0438	1.6077

续表

行政分区	农田灌溉耗水量	林牧渔畜耗水量	工业耗水量	城镇公共耗水量	居民生活耗水量	生态环境耗水量	总耗水量
黄南州	0.1754	0.1741	0.0029	0.0047	0.0505	0.0049	0.4125
果洛州	0.0001	0.1698	0.0013	0.0068	0.0424	0.0036	0.2240
玉树州	0.0179	0.2540	0	0.0111	0.0656	0.0025	0.3511
海西州	2.3542	2.1759	1.1388	0.0329	0.1198	0.1861	6.0077
青海省	7.1084	4.9208	1.4534	0.3265	1.0487	0.7648	15.6226

资料来源：《2020 年中国水资源公报》。

7.2.4　公共资源供给仍显不足，基础设施建设存在短板

党的十九大提出，我国社会主要矛盾已经转化为人民日益增长的美好生活需要和不平衡不充分的发展之间的矛盾。其中，“不平衡不充分的发展”在很大程度上体现在公共服务领域，尤其是农村公共服务领域。

（1）地方财政困难，公共资源供给仍显不足。

青海省民族地区发展环境不同于平原地区，农牧区地处偏远，基本为高原地域类型，且各村镇之间位置相当分散，极大地增加了公共资源供给的难度。进行大范围、大规模的基础设施建设及维护，包括水电设施、交通道路等方面对人力、物力、资金都有非常高的需求，建设成本及维护成本比相对集中地区高很多。因此，在原贫困地区，基础设施等公共产品供给仍显不足，尤其是偏远的玉树、果洛等涉藏地区，基础设施供给成本极高。在生活保障、养老保险以及其他各类政策补贴方面，由于地方财政困难，主要覆盖基本生存性保障，总体效果有限。这一系列社会保障方面的帮扶仍然需要包括中央财政资金在内的上级财政承担，且不能中断。由此可知，实现公共资源、公共产品的均衡配置仍需要时间。

调研汇总显示，果洛州牧区牧民夏季草场依旧存在 4G 网络无法覆盖的情况，日常用电只能用太阳能发电设施存储使用，日常通信联系十分困难，相当于与外界断绝了联系。这无疑增加了基层管理难度，造成该区域卫生健康保健方面宣传不到位的情况，部分脱贫户对高原病的重视程度依旧不足，对自身卫生管理不到位，养成了不良的生活习惯，增加了患病的概率。在牧区或者半农半牧区，部分脱贫户还存在婚育意识不强、身心发育不完善和不成熟等现象，过早地生育后代也增加了孩子致病致残风险，部分脑山地区近亲

结婚、一夫多妻、一妻多夫问题严重。

受新冠疫情影响，为了保证学龄儿童学业课程不延误，各类学校均要求网上授课。由于地处边远，玉树、果洛等一些涉藏地区的州（县）并没有实现牧区电网、网络的全覆盖，偏远牧区有线网络普及力度非常小，用于网络教育的费用支出给脱贫户家庭造成了较大的经济压力。虽然按照贫困村退出、贫困县摘帽指标均能达标，但脱贫质量仍不够高，这一问题在牧业区尤为明显，在用电方面，对于一些居住分散又偏远的农牧户来说，只能用光伏电源解决。

（2）公共文化产品供给有限，对脱贫户精神脱贫影响不显著。

公共文化产品供给是民族地区公共资源供给的重要方面之一，对综合素质提升和精神脱贫具有显著影响。由于脱贫户文化水平普遍较低，生计压力较大，自身对精神文明建设的需求并不强烈，这个方面的空缺是非常大的。一直以来，政府对基础设施配置及完善关注得较多，而对公共文化产品的供给关注度并不高。农牧区村级党员活动室、农家书屋、牧家书屋等文化设施并没有丰富农牧民文化生活，更多的是扮演象征性的角色，其效果没有充分发挥，甚至存在农牧区公共资源被占用的现象，从不同行为和方式上影响了其他村民的使用。例如，农忙时节农村篮球场成为村民争夺的晒粮场，甚至在农忙过后成为广场舞场，健身设施的维护依旧不到位。公共资源供给不足还会产生邻里之间的矛盾，在易地扶贫搬迁安置点，小区绿化带沦为居民种菜的后花园，这是由于安置房按人均面积进行补偿，很少有多余的空间种菜，加上村级绿化管护资金不足，清理活动非常困难，大大激化了邻里矛盾。

（3）基础设施建设仍然存在短板，脱贫户物质资本改善受到限制。

受地质灾害和自然灾害的影响，青海省部分农牧区湿陷性黄土分布达到90%，造成乡村已修建的柏油路或水泥硬化路使用年限较短，损坏程度非常严重，由于地方政府主体责任落实还不到位，路面长久未得到有效维护。据调研汇总，由于自然保护区面积占青海省总面积的30.2%，位于自然保护区的农村公路无法实现通硬化路的目标，统筹交通基础设施建设与生态环境保护难度大。道路问题给当地农牧民生计带来了极大的不便，致使有劳动能力的农牧民外迁，居住于自然村落的都是些脱贫户、老年人或没有劳动能力的残疾（病）人，出现“空壳村”现象。与发达地区相比，这里的物质资本依然是匮乏的。例如，贵德县X村地理位置偏远，只有一条水泥路通到镇上，水泥路盘山而建，缺乏围栏等安全设施，没有公交车，村中年长的老人几乎没有去过县城，与外界少有联系，从外地运过来的物品价格高于本地区价格，许多年轻人在外务工很少返村生活。

7.3　脱贫户人力资本水平低，自我发展能力弱

美国经济学家舒尔茨曾断言，改善穷人福利的决定性生产要素不是空间、能源和耕地，而是人口质量的改善和知识的增加。低水平的人力资本不能进入就业市场转化成生存资源，是造成贫困的根本原因。大量的研究已经证实，人力资本水平不足与贫困高度相关，人力资本的水平对生计可持续发展、防止返贫具有至关重要的作用。经过脱贫攻坚，脱贫户在物质资本上都能达到“两不愁三保障”的贫困退出标准，改善了生产生活条件，但对人力资本的投资力度明显不足。

7.3.1　教育意识落后，文化水平普遍偏低

（1）受认知水平限制，完全没有意识到知识对生计的重要性。

班纳吉等（2018）认为，教育不过是另一种形式的投资：人们投资教育就像投资其他领域一样，目的是挣到更多的钱，增加未来的收入。一是由于人力资本投入后产出具有长期性的特点，脱贫户受自身认知水平的限制，对于教育的重要性没有全面认识。一些家长认为上学对孩子未来并没有太大的用处，还不如直接在家里干点活帮帮忙，而不愿意让孩子继续受教育，尤其是在重男轻女思想下，女孩子的读书机会更是被大大减少。二是近几年大学生就业形势严峻，毕业后很难找到合适的工作，部分脱贫户刚脱离贫困，家中储蓄不足。在这种情况下，家长感觉培养孩子上大学真正的好处并不多，而受家长观念的影响孩子对教育的需求降低，大多数孩子完成九年义务教育就出去打工或回家帮忙干农活，尤其是女孩子。目前，我国普通高中和大学都属于非义务教育阶段，学习期间的教育费、住宿费、生活费等对于刚脱贫的农牧民家庭来说是一笔不小的支出。在调研中发现，海东市互助县X村的一户人家中，孩子考到了中国人民大学，一年学费加生活费至少需要2万元，父亲还患有癫痫，失去了劳动力，家庭生计压力非常大。

（2）脱贫户受教育程度低，自我发展能力弱。

2020年第七次全国人口普查数据显示，全国文盲率由4.08%下降为

2.67%，下降1.41个百分点。如表7-6所示，截至2020年，青海省脱贫户文盲半文盲依旧占16.9%，其中，玉树州、果洛州占比最大，分别为31.52%、28.17%。脱贫户文化水平集中在小学、初中，各市州占比在65%~87%，其中，海东市、黄南州、海南州、海西州中小学文化水平都在60%以上，分别为61.85%、68.43%、64.87%、64.42%，玉树州脱贫户小学文化水平占比最低，为50.49%；初中文化水平占比最高的是西宁市，为28.92%，占比最低的果洛州，为12.88%。海西州脱贫户在高中、大专、本科及以上的人数占比是青海省中最高的，分别达到了3.85%、3.48%、2.03%；高中文化水平占比最低的是玉树州，为1.93%，大专、本科及以上文化水平占比最低的是果洛州，分别为1.10%、0.17%。青海省脱贫户文化程度与国内平均水平有着较大差距，人力资本具有脆弱性、边缘性等特点，决定了他们仍然是社会经济生活中的弱势群体。人力资本发展水平后劲不足导致金融资本、社会资本和物质资本的短缺。一般而言，生计资本整体存量偏低是重要的致贫原因，导致生计脆弱性明显。随着经济进入高质量发展阶段，新时代、新机遇给脱贫户转移就业带来了严峻考验。

表7-6　2020年青海省脱贫户受教育状况

单位：%

地区	文盲半文盲	小学	初中	高中	大专	本科及以上
西宁市	7.43	58.94	28.92	2.80	1.91	1.84
海东市	14.27	61.85	18.62	2.90	2.36	1.83
海北州	15.27	54.09	23.50	2.63	2.89	1.62
黄南州	13.98	68.43	13.09	2.18	2.32	0.88
海南州	11.58	64.87	18.99	2.65	1.91	0.77
果洛州	28.17	55.89	12.88	1.96	1.10	0.17
玉树州	31.52	50.49	14.73	1.93	1.33	0.32
海西州	13.17	64.42	15.08	3.85	3.48	2.03

资料来源：根据青海省乡村振兴局调研资料整理所得。

7.3.2　“控辍保学”任务依然艰巨，师资力量不足

（1）部分地区工作仍然滞后，劝返率低。

一方面，部分县原“控辍保学”工作基础较好，产生松懈心理，对存在的问题重视不够。对尚未劝返的辍学生劝返难度大，存在工作力度减小的现

象。巩固任务非常艰巨，劝返学生学业水平参差不齐，学校保教能力捉襟见肘，实现留得住、学得好的目标还需下大力气。调研显示，有部分适龄儿童因身体原因辍学，也未享受到国家助学政策和送教上门的帮扶。另一方面，脱贫户居住分散，山大沟深，交通不便，乡村级财政经费不足，教育资源有限，教学条件较差。出现大量山区适龄儿童在家长陪伴下前往乡镇或者县城就读的现象，进一步加重了贫困户教育负担。还需要高度关注的是，农牧区义务教育阶段的学校一般是寄宿制，虽为偏远地区孩子就学提供了方便，但是孩子的心理教育生理卫生未得到应有重视，尚待全面普及。

（2）教师队伍不稳定，教学质量有待提高。

一是教育扶贫是实现人力资本积累的重要手段和阻断贫困代际传递的重要途径。在脱贫攻坚期间，一系列举措确保了义务教育阶段学生都能“有学上”，但实际教师的教学水平和学生的素质依然不高。由于生活条件艰苦，教师待遇偏低，教师整体队伍素质偏低且不稳定，学前、中职教师数量不足，幼儿教师数量与国家标准还有很大差距，中小学校教师学科结构矛盾依然突出，一位教师同时教授数门课程的现象普遍存在。二是教师的聘用、培训机制不够完善，不能激发教师的工作积极性和敬业精神，乡村教师“下得去、留得住、教得好”的局面未真正形成。以玉树州为例，由近10年玉树州的在校学生及教职工人数统计可知，该区域内生师比一直处在较高水平，难以保障学生受教育的质量（见表7-7）。学校教育是一项长期过程，即使农村学校硬件配套再好，有政府政策帮扶，社会力量支持，控制不好教师向外流动，教学质量和学生素质也无法有效提升，贫困代际传递就无法阻断，脱贫户就无法彻底摆脱贫困。

表7-7　2009—2019年玉树州在校学生及教职工人数

年份	在校学生数/人	教职工数/人	生师比
2009	60921	2362	25.79
2010	64314	2373	27.10
2011	63963	2310	27.69
2012	62823	2876	21.84
2013	61502	3429	17.94
2014	60359	3491	17.29

续表

年份	在校学生数/人	教职工数/人	生师比
2015	64501	3998	16. 13
2016	68509	4128	16. 60
2017	71537	4123	17. 35
2018	74490	4934	15. 10
2019	76894	5317	14. 46

资料来源：青海省玉树州2010—2020年统计年鉴（内部资料）。

7. 3. 3 健康水平较低，医疗资源相对落后

（1）因病致贫、因病返贫风险高，内部生计压力大。

因病致贫、因病返贫是指因为疾病或健康不佳使农户家庭收入减少或收入能力下降，从而陷入贫困或脱贫后重新陷入贫困。病（残）是脱贫户致贫、返贫的主要因素之一。据统计，各州脱贫户中健康人口占比均未达到90%，由表7-8、图7-6可知，患病人口中长期患慢性病、残疾人、残疾有大病的人口均有不同程度的占比，其中，海西州大病占比最高。

表7-8 2020年青海省脱贫户健康状况

地区	人数	健康/人	占比/%	长期慢性病/人	占比/%	大病/人	占比/%	残疾人/人	占比/%	残疾有大病/人	占比/%
西宁市	63259	44093	69. 7	10650	16. 8	1808	2. 9	5958	9. 4	750	1. 2
海东市	168989	137237	81. 2	15105	8. 9	2803	1. 7	12747	7. 5	1097	0. 6
海北州	22345	15619	69. 9	4009	17. 9	513	2. 3	1807	8. 1	397	1. 8
黄南州	51016	45389	89. 0	2049	4. 0	617	1. 2	2820	5. 5	141	0. 3
海南州	52860	42527	80. 5	5824	11. 0	704	1. 3	3428	6. 5	377	0. 7
果洛州	48715	41422	85. 0	2835	5. 8	1868	3. 8	2299	4. 7	291	0. 6
玉树州	130568	116211	89. 0	6887	5. 3	1313	1. 0	5909	4. 5	248	0. 2
海西州	4575	3052	66. 7	716	15. 7	161	3. 5	601	13. 1	45	1. 0

资料来源：根据青海省乡村振兴局调研资料整理所得。

调研汇总发现以下几点。一是由于农牧区医疗水平低、医疗设备不齐全、

医生水平有限，脱贫户经常去省外或省内的医院就医，花费的医疗、交通和家属住宿等费用，有些得不到医疗保险的报销，增加了家庭支出。同时，患者因自身患病导致劳动能力降低或丧失，从而使家庭收入减少，生计陷入困境。二是部分患有重大疾病的家庭、残疾人，受传统观念的影响，认为医疗花费贵，交通不便，不去医院治疗，患病后通常去私人医疗机构或私人藏医诊所开药，或求助于以驱邪为主的传统治疗法，对医疗保险、大病救治等政策知晓程度低，看病就医的观念较为薄弱。三是部分地区“双签约”工作进展不平衡，不能完全发挥“政策引路人”的作用，乡村干部只注重签约，履约率不高。四是部分脱贫户健康保健理念相当缺乏，常常把大量的钱花在昂贵的治疗上，而不是廉价的对疾病的预防上，长此以往，因病造成生计难以持续的风险增大。例如，X 县脱贫户家庭成员有 6 人，母亲 58 岁，患腿部疾病，父亲 57 岁，平时牧牛羊（1 头牛、4 只羊），大儿子患有癫痫无劳动能力，小儿子意外被狗咬并摔伤无行动能力，其余两个女儿已出嫁，家庭生计完全依靠政府扶贫政策的帮扶，容易落入“贫困陷阱”。因此，对脱贫户健康问题需要持续关注，他们的生计具有脆弱性和不确定性，极易产生新的绝对贫困现象，这也是乡村振兴过程中的痛点和难点。

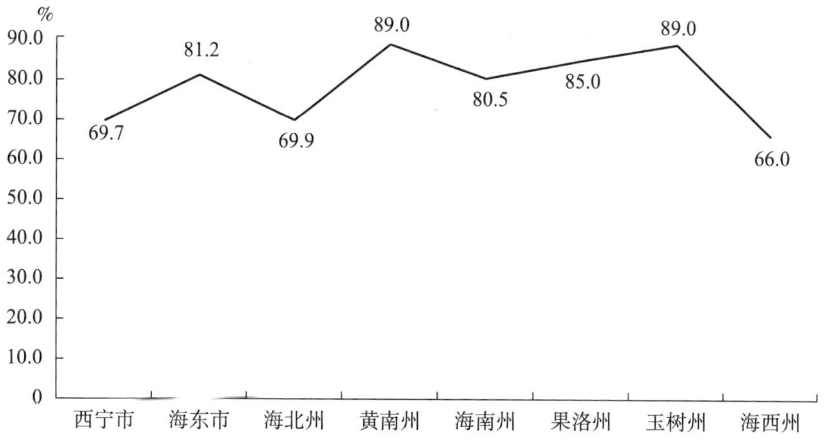

图 7-6　2020 年青海省脱贫户健康状况

资料来源：根据青海省乡村振兴局调研资料整理所得。

（2）医疗条件相对落后，服务半径长。

青海省医疗条件相较于其他省份地区比较落后且资源不足，主要表现在以下几点：一是医疗卫生机构数量较少且基础设施条件差，服务半径长，人员匮乏，医院数量、从业医师数在民族八省区中居末位，仅仅高于西藏，医疗资源严重不足；二是恶劣的自然条件使疾病发生率较高，基层落后的医疗卫生条件无法满足进一步医疗救治的需求，服务能力与可及性不足；三是由于药品储存条件严格与需求不稳定，药品供应不足，医护人员培训不到位，各村标准化卫生室难以全面保障脱贫农牧民基本的卫生健康需要；四是根据第七次全国人口普查数据，青海省人口平均预期寿命为 73.70 岁，全国人口平均预期寿命为 77.93 岁，与全国的数值相比存在明显差距，预期寿命短意味着能够参加劳动年限和为家庭创造财富年限会相对缩减（见表 7-9）。

表 7-9　2020 年民族八省区与全国主要医疗卫生数据比较

地区	医疗卫生机构数/个	医院数/家	执业（助理）医师人数/万人	人口平均预期寿命/岁
青海	6435	215	1.83	73.70
宁夏	4574	218	2.22	78.20
云南	26627	1445	12.26	75.10
贵州	28900	1378	9.90	77.00
内蒙古	24614	777	8.10	77.00
广西	33875	733	12.55	77.52
新疆	15631	1634	5.90	74.42
西藏	1661	172	0.94	70.60
民族八省区	142317	6572	53.70	75.44
全国	1023000	35000	408	77.93

资料来源：《中国统计年鉴（2020）》、2020 年民族八省区国民经济与社会发展统计公报。

7.3.4　技能型脱贫劳动力占比极低，稳定就业空间收窄

农村人口贫困的根源在于农村劳动力供给相较于农业部门劳动力需求过剩，农业部门无法解决众多农村人口实现收入快速增长的基本要求。研究表明，劳动力外出务工获得的收入远高于从事农牧业生产所获，收入的提高能够极大地改善家庭的生活质量。因此，劳动力稳定就业是实现脱贫户增收的重要路径，也是改善生计状况的重要影响因素。

（1）技能型脱贫户劳动力匮乏，稳定就业比较困难。

脱贫攻坚期间，青海省出台了一系列就业政策措施，为稳定就业奠定了基础。但脱贫劳动力受教育程度普遍偏低，大多数不会讲汉语，个体融入社会和市场发展难度大，外出就业、创业能力不足，其中，技能型劳动力极度匮乏是影响稳定就业的关键因素。据统计，脱贫户中不具备劳动能力［丧失劳动力、无劳动力、弱（半）劳动力］的占总人数的49%（见表7-10、表7-11、图7-7）。其中，玉树州、果洛州无劳动力的脱贫户占比最高，分别是48.91%、48.56%，其主要分布在自然条件恶劣、落后的偏远牧区，大多年龄偏大，文化程度低；具有劳动能力的脱贫户绝大部分是普通劳动力，占劳动力总数的50.11%；技能型脱贫户劳动力仅为7103人，占劳动力总人数的1.31%，主要分布在西宁市、海东市和黄南州，果洛州、玉树州只占0.06%和0.12%。由于缺乏技能，自我发展能力薄弱，就业困难，即使找到工作也是打临时工、干体力活、挣低工资。尽管打工不是致富之路，却是生存之路，目前，部分年轻脱贫劳动力出去打工至少可以保证自身的基本生计。但随着全球数字经济、人工智能迅猛发展，高新技术给未来就业总量和就业结构带来巨变，技能型人才将成为劳动力市场的主要需求。

表7-10　2020年青海省脱贫户劳动力情况　　单位：人

地区	贫困人口	普通劳动力	技能劳动力	丧失劳动力	无劳动力	弱（半）劳动力
西宁市	63259	30564	1221	2086	24318	5070
海东市	168977	90433	3231	6856	63314	5143
海北州	22336	11675	134	719	8709	1099
黄南州	51016	24822	1564	1282	22846	502
海南州	52818	25916	719	1358	22336	2489
果洛州	48703	23466	29	498	23649	1061
玉树州	130562	62512	156	1909	63857	2128
海西州	4574	2314	49	239	1681	291
青海省	542245	271702	7103	14947	230710	17783

资料来源：根据青海省乡村振兴局调研资料整理所得。

表 7-11　2020 年青海省脱贫户劳动力占比　单位:%

地区	贫困人口	普通劳动力	技能劳动力	丧失劳动力	无劳动力	弱（半）劳动力
西宁市	11.67	48.32	1.93	3.30	38.44	8.01
海东市	31.16	53.51	1.91	4.06	37.47	3.04
海北州	4.12	52.27	0.60	3.22	38.99	4.92
黄南州	9.41	48.66	3.07	2.51	44.78	0.98
海南州	9.74	49.07	1.36	2.57	42.29	4.71
果洛州	8.98	48.18	0.06	1.02	48.56	2.18
玉树州	24.08	47.88	0.12	1.46	48.91	1.63
海西州	0.84	50.59	1.07	5.22	36.75	6.36
青海省	100.00	50.11	1.31	2.76	42.55	3.28

资料来源：根据青海省乡村振兴局调研资料整理所得。

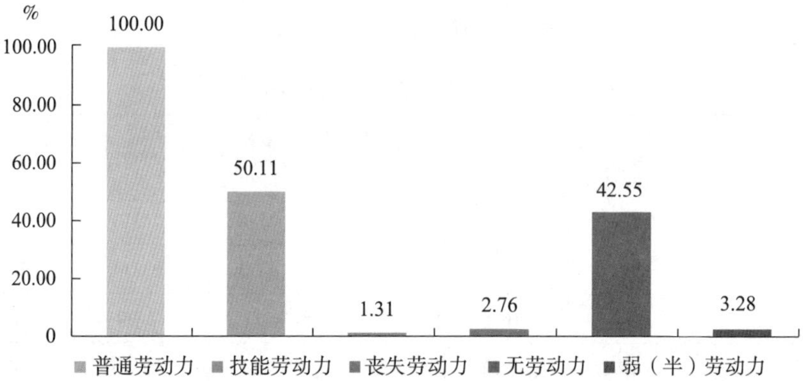

图 7-7　2020 年青海省脱贫户劳动力状况

资料来源：根据青海省乡村振兴局调研资料整理所得。

（2）转移脱贫户就业的空间逐步收窄，公益性岗位作用有限。

一是随着青海省供给侧结构性改革的不断推进和经济发展向高质量阶段转型，脱贫户转移就业受到就业市场容量和脱贫户自身人力资本水平的双重制约。由于脱贫户劳动力长期从事单一农牧业生产，缺乏多元劳动技能，只能从事劳动强度大、技术含量低、收入水平低、季节性的临时工作，很难匹配到相适应且稳定的就业岗位。同时，就业市场对劳动密集型、技术含量低、准入门槛低的产业需求下降。调研显示，各村把在脱贫攻坚期间培育起来的生态旅游业、农家乐等服务业作为吸纳脱贫劳动力就业的主渠道，但由于疫情、气候、淡旺季分明等因素的影响，乡村旅游业发展困难，找不到其他工作，转变生计方式无外乎到县城附近打零工、挖虫草等灵活性就业，收入不稳定，也难以利用电商、农村淘宝、新媒体等现代化销售平台增加经济收入。

二是村两委把本村没有就业的脱贫劳动力全都安排为草场管护员或公益性岗位，有的吸纳到扶贫车间，但由于车间效益不好，许多劳动力只是挂名，既学不到技术也没有收益，尤其对于年龄在45岁以上的脱贫劳动力来说，获得稳定就业机会更加困难，增收路子越来越窄，这个问题在易地扶贫搬迁安置区较为明显。同时，笔者还发现，在产业帮扶和就业帮扶上，只有部分脱贫户获得了公益性岗位，而其余大部分没有享受到帮扶政策。另外，就业扶持还不够精准。涉藏地区和艰苦边远等原深度贫困地区的脱贫劳动力，受思想观念、生活习惯、语言沟通、地理环境等因素限制，加之乡土情结浓厚，缺乏就业经验，劳动力市场意识匮乏，很少外出务工，他们习惯待在家里从事自给性的农牧业生产活动。即使政府在保障就业方面为他们提供了就业岗位，他们在工作一段时间后，也会因为不能适应现代企业管理制度和工作要求以及生活习惯就主动提出辞职，转移就业意愿不强。

（3）脱贫劳动力就近务工意愿较高，县域内扩大就业岗位压力大。

脱贫劳动力更愿意就近务工。总体来看，青海省脱贫劳动力省外务工占比最小（8.74%），对于其吸引不大，其中，只有西宁市、海东市、海北州省外务工占比在10%以上，玉树州仅为0.09%。从省内县外务工方面来看，西宁市、海东市的占比在35%左右，其他各州比例均低于10%，果洛州、玉树州占比均低于1%；从县内务工来看，涉藏地区尤为显著，县内务工占比均在80%以上，玉树州、果洛州达98%以上；从人力资本的角度来看，劳动力素质低、流动性低等因素不利于人力资本的积累和谋生能力的提高（见表7-12）。由于新冠疫情影响的持续加深，外出就业增收难度增大，脱贫户生计不确定性和风险增加。鼓励脱贫劳动力就地就近就业，使“脱贫”与“解困”有效统一，对扩大县域就业岗位提出严峻挑战。

表 7-12　2020 年青海省脱贫户务工去向

地区	务工总数/人	省外务工/人	省外务工占比/%	省内县外务工/人	省内县外务工占比/%	县内务工/人	县内务工占比/%
西宁市	25738	2908	11.30	9091	35.32	13739	53.38
海东市	68486	12492	18.24	23569	34.41	32425	47.35
海北州	9168	918	10.01	847	9.24	7403	80.75
黄南州	19160	474	2.47	1414	7.38	17272	90.15
海南州	17832	488	2.74	1197	6.71	16147	90.55
果洛州	17686	24	0.14	158	0.89	17504	98.97
玉树州	39186	35	0.09	245	0.63	38906	99.29
海西州	1962	74	3.77	190	9.68	1698	86.54
青海省	199218	17413	8.74	36711	18.43	145094	72.83

资料来源：根据青海省乡村振兴局调研资料整理所得。

7.3.5　创业致富带头人紧缺，带领脱贫致富能力亟待提升

（1）致富带头人管理能力亟待提升，带动示范效果不显著。

通过前面章节对致富带头人和脱贫户的比较发现，致富带头人带领脱贫户增收，是联系脱贫户与国家政策的纽带。在巩固拓展脱贫攻坚成果与实现乡村振兴战略背景下，需要大批有能力、懂技术、善于管理、有道德修养的致富带头人。这些“能人”“贤人”，不仅能带领脱贫户使其生计资本增值，而且能满足其对美好生活向往的精神需求。但仍存在一些问题：一是大部分致富带头人与村干部文化水平、管理能力、组织和创新能力还需培训提升；二是精通农牧业专业技术致富带头人流失严重。随着城镇化步伐的加快，从事种植养殖业劳动力持续减少，大量致富带头人进城务工，农牧区老龄化、“空心化”明显。例如，一些纯农业县，推广种植中药材等特色经济作物，由于无霜期短，山坡地较多，受自然条件制约，存在特色产业转型难、调整难的问题，极为缺乏会管理、懂技术的致富带头人。

（2）缺乏有效激励机制，人才留乡返乡比较困难。

一是部分家庭条件好，重视教育的农牧民家庭花费大量精力培养孩子读书，甚至为此背上沉重的债务，希望孩子改变固有的生存方式，考上大学，

而大专或技校的学生毕业后返乡发展和创业的却寥寥无几。二是缺乏对人才的吸引力和激励机制，由于生活环境艰苦，海拔高，人才留乡返乡比较困难，许多大学生为了基层工作经验才来到农牧区工作，将其当作跳板，等到条件成熟离职，基层工作压力与报酬福利也不成正比，加之少数民族地区语言、生活习惯等诸多方面的影响，加大了人才引入的难度，乡村人才匮乏是不争的事实。

7.4 金融资本存量极少，制约了脱贫户生计持续改善

7.4.1 脱贫户缺乏理财观念，金融意识不强

（1）脱贫户缺乏理财观念，消费习惯有待改善。

研究表明，金融资本、人力资本和社会资本的提高，对生计策略多样化的作用是显而易见的。调研显示，导致脱贫户难以可持续发展最重要的原因之一是缺乏发展资金，即融资渠道单一，寻求资金援助困难。究其原因，一是部分脱贫农牧民缺乏理财观念，不会算账，加之消费习惯、婚丧习俗等的不同，存在把国家各项补贴和政策性收入布施给寺庙，或置备烟酒，或相互攀比等不良风气，脱贫户家中基本上都没有储蓄，给生计带来压力。二是金融意识不强，有的脱贫户无法理解国家有关金融扶贫政策，总等着政府直接拿现金补助他们，对“贫困信用”“分红”等政策根本不理解。如部分脱贫户符合申请“530”贷款的条件，无论帮扶干部如何动员解释，他们都对帮扶干部的话不相信，还是不敢去贷款。

（2）金融意识不强，小额信贷优惠政策普惠性有待加强。

脱贫攻坚阶段，国家出台了小额信贷优惠政策以解决贫困户发展资金缺乏的困境，但在执行过程中出现了以下问题。一是脱贫户贷款偿还困难，有的是因为项目投资失败，有的是因为把贷款投入非生产项目，擅自改变贷款用途，加大了信贷风险，比较常见的是把贷款用于建房、治病、教育等，又没有能力赚到钱还款，存在赖账思想，法律意识、诚信意识、信用意识相对淡薄，要从根本上转变他们的思想存在很大难度，且需要漫长的时间过程。二是小额贷款普遍存在“关系现象”，家庭成员中有乡村干部的，就容易获得信贷支持，否则很难获得小额贷款。同时，各村用于产业发展的互助资金，大部分被村里的“能人”或“致富带头人”使用，在金融资源的获取上存在

富人对弱势群体的挤出效应。

7.4.2 金融知识宣传不够，服务体系有待完善

（1）金融知识宣传不到位，风险防范意识较弱。

青海省有关部门和金融机构缺乏对金融知识的普及，导致部分脱贫户对金融产品的认识和理解不充分，风险防范意识较弱。在涉藏地区，甚至出现了不会使用金融工具的情况，金融意识的缺乏，成为青海省原深度贫困地区进行金融扶贫的一大障碍。例如，除了必要的补贴和生态补偿等增加了脱贫户金融资本收入以外，部分具备自主创业意识但苦于缺乏贷款、融资等金融方面知识的脱贫户，发展资金不足时，他们最先想到的是向亲朋好友借，借不到最终只能决定舍弃。涉藏地区以牧业为主要生计策略的脱贫户利用金融能力更加薄弱，生产性收入资金习惯用现金的方式存储在家中。据统计，涉藏地区电信金融网络诈骗案件全国发生率最低，他们的理财能力可见一斑。

（2）金融帮扶工作难度大，服务体系有待完善。

一是受自然条件限制，青海省大部分牧业县地广人稀，脱贫户流动性较大，居住分散，精通双语的信贷人员有限，在建立金融档案时需要逐户收集资料，建档工作存在较大难度，金融服务档案以及评级档案信息有不真实、不完整、不客观的现象存在。二是对于产业扶持贷款，从金融机构市场化运作和风险防控角度来看，部分脱贫户借款人无法提供相应的担保措施，存在较大的风险，不符合商业银行市场化运作规律，增大了贷款风险，可能会造成金融资本的浪费，不一定能解决资金缺乏的问题。例如，果洛州农村商业银行等金融机构认为，各金融机构仅仅靠风险防控资金放大倍数发放贷款，而在没有其他保证担保的情况下，存在较大的风险，且失信惩戒不足，对于不良贷款，通过各种方式清收，但收效甚微。解决农牧区金融服务抑制的难题需要深入探析民族地区金融体制改革问题。

7.5 相对贫困治理能力不到位，脱贫户社会资本弱化

美国社会学家武考克认为，一个地区或国家如果拥有较多的社会资本即较紧密的社会网络，就会在面临贫困和经济脆弱时处于更加有利的地位。他把发展贫困地区的社会资本看作反贫困的一项重要措施。他的研究证明，社会资本在地区反贫困中有不可忽视的作用。在脱贫期间出现一类非常重要的

社会资本，我们称为“政策性社会资本”。其主要用来表征由政策制度和政府服务所衍生的社会资本。调研显示，青海省脱贫户社会资本完全是由政府部门、技术部门的各级扶贫干部倾注全部宝贵精力构建的社会支持网络，对其物质资本、人力资本、金融资本的提升发挥了重要作用。在高强度政治任务完成后，随着对摆脱贫困的县设立 5 年过渡期，将巩固拓展脱贫攻坚成果同乡村振兴战略有效衔接。两者的有效衔接，是保障工作阶段性和连续性的统一需求，是脱贫攻坚的接续战略，是对全面脱贫成果的巩固和提升。在面临新问题、新挑战的阶段，存在基层干部相对贫困治理能力不到位的问题。

7.5.1　干部乡村治理能力不到位，政策之间衔接工作有待加强

（1）脱贫攻坚任务完成后，基层干部存在懈怠心理。

一是脱贫攻坚任务收官后，随着部分单位主要负责领导更换或帮扶对象的调整，帮扶工作的延续在认识和措施上未能及时调整跟进，存在懈怠、厌倦情绪。二是新调整的部分乡村振兴干部，对当地人文环境、自然环境、经济发展情况了解不够，帮扶工作之间的衔接不够紧密。三是领导干部乡村治理责任压不实，农牧区土地产权制度、农业经营体制、社区治理等各项改革工作缓慢。基层干部法律意识淡薄，治理人才短缺，农村基层社会治理缺乏资金保障，脱贫户对基层治理参与的积极性不高，管理部门监督不到位等问题普遍存在。

（2）村干部治理能力欠缺，政策衔接工作思路不清晰。

一是部分村两委班子成员文化程度偏低、致富带富能力较弱，在带领脱贫农牧民脱贫致富、发展壮大村集体经济中，思路不宽、办法不多，带领群众推动致富奔小康的能力还有待提升，甚至存在基层党组织软弱涣散的问题。二是没能立足于顶层设计，及时结合本地区实际，对脱贫攻坚期间的政策进行全面梳理、科学评估、分类优化，对需要继续执行的政策、需要合并升级的政策、需要退出的政策分类不清晰，造成区域性帮扶制度设计与政策措施碎片分散。三是很多地区主要力量和工作重心转向巩固拓展脱贫攻坚成果同乡村振兴战略有效衔接，在实现“三农”工作的历史性转移期间，缺乏具体可操作的乡村振兴规划和蓝图。扶贫政策与乡村振兴政策的衔接不完善，尤其表现在医保、养老等制度性供给方面的政策不明晰，省级部门单位尚未及时下达明确的工作任务，下级单位在进行必要工作落实、缺乏考量标准时，工作的主动性和积极性不强。

7.5.2 社会关系网络支持资源减弱，联点帮扶工作松懈

（1）乡村内部组织力量明显不足，社会资本弱化。

基于调研和扶贫实践发现，在实施乡村振兴战略推进的背景下，随着对口帮扶单位和扶贫工作队人员的调整，脱贫户已积累的社会资本很可能丧失。近年来，乡村内部组织力量建设不足，农牧区乡村难以形成内生发展动力，这也是造成贫困的原因之一。部分原贫困村存在如下问题：一是村干部与脱贫户沟通不畅，对村干部缺乏信任，不相信他们带领大家脱贫致富的能力和宣传的相关政策信息，甚至出现干群分离。脱贫户参与村级公共事务的积极性低，认为说了也没有用的消极抵制情绪普遍存在。例如，国家在脱贫攻坚期间设置了生态环境保护的公益性岗位，如草场管护员、护林员等，获得生态管护员岗位的脱贫户认为这就是一份工作，能够带来收入；而没有获得这一岗位的脱贫户认为获得这些岗位都是和村干部“有关系的人”。二是在新的发展阶段，部分帮扶单位精力投入不足，没有完整系统的帮扶思路和工作举措，深入细致的工作不到位，以致帮扶工作未能做到有的放矢，投入的帮扶力量有所减弱。三是不同区域由于生产生活方式的不同，社会关系网络也具有很大的差异，以牧为主型脱贫户的社会资本比半农半牧、纯农区低，相对封闭狭窄的亲缘网络和地缘网络，从事着传统的放牧生活生产方式，社会关系网络发展慢、程度低，社会资本的构建主要依靠政府部门支持。四是随着农牧区社会经济越来越市场化，以农为主脱贫劳动力外出打工人数激增，人员流动规模扩大，与同村邻居、亲戚的来往时间减少，降低了邻居、亲戚之间的信任程度，造成关系疏远，原有的社会资本弱化。

（2）脱贫户中党员数量少，基层党建有待加强。

习近平总书记强调，基层党组织是贯彻落实党中央决策部署的“最后一公里”，“脱贫摘帽”户形成相互信任，具有归属感、幸福感的人际关系网络，要充分发挥基层党组织的作用，抓好基层“关键少数”。据统计，2020 年青海省中共党员人数为 41.6 万人，党员占比为 6.8%①；青海省脱贫户中中共党员（含预备党员）3721 人，占脱贫户总数的 0.69%，其中，海西州占比最高为 1.18%，西宁市、海北州、黄南州、玉树州、果洛州这 5 个区域脱贫户党

---

① 青海省统计局，国家统计局青海调查总队．青海统计年鉴 2021［M］. 北京：中国统计出版社，2021.

员的占比低于青海省平均值，果洛州占比最低，为 0.36%。在乡村振兴战略背景下，基层党组织对符合条件、表现优秀的脱贫户，应积极吸纳到党组织中来，发挥基层党建在脱贫户社会资本构建中的作用。调研显示，随着农牧区传统的社会精英与致富带头人逐渐联手，大量的农村社会资源被占用，甚至会影响基层社会治理的话语权。在这种生活环境和教育背景下，基层干部的思维方式和行为方式会受到他们影响，在部分封闭落后地区对基层干部利用人情关系获得资源的情况时有发生，往往导致弱势群体无法获得社会关系资源，逐渐退出人情圈，村庄熟人社会变成人情的沙漠。例如，青海省某大型企业选派了年富力强的党支部书记到牧业区某村担任第一书记，本想带领农牧民谋划发展特色产业，但由于民族语言、习俗关系的影响，在实际工作中得不到村民的支持和理解，工作开展很困难。

7.6　生计资本薄弱，持续稳定增收难度大

脱贫户稳定增收主要依赖于青海省乡村产业的可持续发展与生计资本组合的使用效率，但受限于脱贫户自我发展能力以及对人力资本开发力度明显不足，更重要的是青海省产业发展依然相对薄弱，导致脱贫户实现可持续增收的困难加大。

7.6.1　农牧业基础薄弱，产业融合程度低

（1）生态畜牧业基础薄弱，应对市场风险能力弱。

一直以来，生态畜牧业是牧区、半农半牧区的核心产业，也是极具特色的优势产业，是脱贫攻坚的主渠道，已逐步由传统畜牧业向现代生态畜牧业转型，畜牧业是青海省农林牧渔业的支柱性产业之一，产业占比常年稳定在 50%以上，甚至在 2019 年上升至 55.19%，畜牧业产值基本呈稳定上升态势，常年增速稳定在两位数，仅在 2015 年因受特大雪灾的影响，畜牧产值出现负增长，2017 年灾情过后产业回暖，产业增速恢复至两位数，达到了 10.44%（见表 7-13）。

表 7-13　2011—2020 年青海省畜牧产业情况

年份	总产值/亿元	农林牧渔业产值/亿元	农林牧渔业占比/%	畜牧业产值/亿元	畜牧业在农林牧渔业产值中占比/%	畜牧业增速/%
2011	1634.72	230.81	14.12	119.3	51.69	17.54
2012	1884.54	263.86	14.00	137.1	51.95	14.92

续表

年份	总产值/亿元	农林牧渔业产值/亿元	农林牧渔业占比/%	畜牧业产值/亿元	畜牧业在农林牧渔业产值中占比/%	畜牧业增速/%
2013	2101.05	310.30	14.77	160.1	51.60	16.78
2014	2301.12	327.49	14.23	169.1	51.63	5.62
2015	2417.05	319.26	13.21	158.4	49.60	-6.33
2016	2572.49	338.79	13.17	165.7	48.91	4.61
2017	2624.83	364.09	13.87	183.0	50.26	10.44
2018	2865.23	405.93	14.17	216.0	53.21	18.03
2019	2965.95	454.35	15.32	250.8	55.19	16.11
2020	3005.92	507.10	16.87	295.1	58.19	17.66

资料来源：根据《青海省统计年鉴（2011—2020）》整理所得。

生态畜牧业发展过程中也存在共性问题。一是畜牧资源的有限性和分散性，无法产生大的规模效益。大多数从事传统养殖业的脱贫户基本是一家一户分散经营模式，这一传统的生计模式仍然没有得到根本性改变。二是产业同质化问题比较突出，发展方式趋同，产业发展空间有限。青海省 129 个原深度困难乡镇中，104 个藏区贫困乡镇位于三江源和祁连山生态保护区内，25 个省定原深度困难乡镇处于重要的水土保持功能区，属于禁止和限制开发区，产业发展的创新性受制于生态压力。三是产业带动能力不强。现有大部分生态畜牧业合作组织处在发展阶段，规模小、资金少，规模化程度、技术含量不高，难以形成县域化、规模化、品牌化，引领带动作用不强。从产业选择及潜力来看，主要集中在牦牛、藏羊、青稞等，易受外部环境高寒缺氧、生态脆弱、自然灾害频发等影响，加之缺技术、对项目前景缺乏市场预测、运输条件不便，抵御风险能力较弱，无法成长为大中型健康发展的企业辐射带动周边群众。四是利益联结机制不健全。部分产业帮扶项目以资产收益的方式入股合作社，未与脱贫户建立利益联结机制，签订入股合同或分红协议、办理抵押、担保及公证等相应的风险防控手续不规范。“靠天养畜”的局面尚未从根本上得到解决，饲草料产业发展和现代技术装备不足等问题，使牲畜的“温饱”问题制约草地畜牧业的发展。

（2）种植业结构单一，产业效益低下。

一方面，青海省种植业主要集中在东部干旱山区，可利用资源有限，耕地中旱地占比接近 50%，土地使用效率低，该区域水源灌溉范围小，发展空间和条件有限，主要作物为燕麦、春小麦、土豆和油菜、牧草种植、药材等，品种数量少，区域内同质化程度高，科技化水平有限，商业化程度低。当地的自然条件限制了耕地的复种状况，一般一年只种植一茬，种植户靠天吃饭，抵御自然灾害能力薄弱。另一方面，生产经营分散不具规模，农产品仅停留在初级加工阶段，产销环节衔接不紧密，产业链延伸、价值链提升不充分，产业龙头企业、合作社和脱贫户利益联结机制还不完善，致富带头人匮乏，规模较大的合作社较少，示范带动面不广，不利于脱贫户金融资本和物质资本的持续提升。据统计，青海的粮食种植面积和总产量在民族八省区中仅高于西藏，如表 7-14 所示。干旱、缺水的气候条件也是制约产业发展的重要因素。虽然脱贫攻坚期间政府给村民集中修建了水窖，但在水分充沛的季节，当地村民并没有意愿建立机井进行灌溉，有劳动能力的脱贫户大量外出打工，留在村里的大多是依靠政府兜底保障的老弱病残，“空心村”现象普遍，使得一些惠民工程没有真正发挥出作用，措施与设施脱节。

表 7-14　2021 年民族八省区与全国主要种植业数据比较

地区	2021 年粮食种植面积/万公顷	2021 年粮食总产量/万吨	2021 年猪牛羊禽肉产量/万吨
青海	56. 8	109. 1	36. 7
宁夏	68. 9	368. 4	35. 0
云南	419. 1	1930. 3	486. 8
贵州	278. 8	1094. 9	225. 8
内蒙古	688. 4	3840. 3	270. 3
广西	282. 3	1386. 3	432. 4
新疆	237. 2	1735. 8	183. 1
西藏	18. 7	106. 2	27. 4
民族八省区	2050. 2	10571. 3	1697. 5
全国	11763. 0	68285. 0	8887. 0

资料来源：根据 2021 年各省国民经济和社会发展统计公报整理所得。

（3）品牌农牧产品缺乏，带动致富效应不强。

虽然青海省农畜产品具有“有机、绿色、富硒、无污染”等优势，但极度缺乏具有号召力的龙头企业和产品品牌，境内品牌多而杂，特色产品缺少质量标准体系，抵抗市场风险不足。特色产业主要集中在牦牛、藏羊、青稞、油料、马铃薯、枸杞等，对项目前景缺乏市场预测，宣传力度不大，缺乏一系列的优惠政策去扶持具有潜力的企业发展壮大。从持续增收来看，当前，青海省脱贫农牧民转移性收入占比大，对政策的依赖性强，一旦政策有变化，生计就会陷入困境。

7.6.2 生态文化旅游产业有效供给不足，带动致富能力有限

（1）受限于内外部环境因素，生态文化旅游产业有效供给不充分。

青海省是全国生态资源分布最集中的区域之一，既是国家生态安全屏障，也是生态资源宝库，生态地位具有特殊性和不可替代性。如表 7-15 所示，青海省生态旅游业总收入由 2015 年的 248 亿元上升至 2019 年的 561 亿元；生态旅游业总人数由 2015 年的 2315.4 万人上升至 2019 年的 5080.2 万人。受新冠疫情影响，2020 年，青海省生态旅游总收入和生态旅游总人数分别降至 290 亿元、3311.8 万人。近年来，虽然青海省旅游业发挥了乡村旅游在脱贫攻坚中扶贫富民的作用，发展取得了一些成果，但同时浮现了一些突出问题。一方面，对一流的生态资源未能进行深入挖掘并且没有形成一流的生态产品，体现在对生态资源潜力挖掘与价值实现方面的不平衡和不充分；另一方面，部分生态旅游建设项目受国家重点生态功能区限制，不符合生态环保要求，项目实施被搁浅，导致项目滞后，成效不显著。

表 7-15　2015—2020 年青海省生态旅游业发展情况

指标	年份	青海省	西宁市	海东市	海北州	黄南州	海南州	果洛州	玉树州	海西州	青海湖管理局
生态旅游总收入/亿元	2015	248	156.5	28.5	16.5	10.8	13.1	2.2	2.5	31.6	2.2
	2016	310	195.8	35.7	20.5	13.2	16.6	3.1	4.2	58.0	2.5
	2017	382	251.0	44.7	26.6	16.1	20.7	4.0	5.8	85.9	3.3
	2018	466	312.4	55.1	33.7	19.5	25.3	2.4	7.3	98.7	5.6
	2019	561	373.0	72.7	42.4	23.5	37.8	2.8	9.4	110.0	6.3
	2020	290	219.7	53.9	21.4	25.9	27.0	3.4	7.9	70.3	2.4

续表

指标	年份	青海省	西宁市	海东市	海北州	黄南州	海南州	果洛州	玉树州	海西州	青海湖管理局
生态旅游总人数/万人	2015	2315.4	1606.5	835.8	636.3	344.3	476.0	36.5	50.7	646.3	165.2
	2016	2876.9	1852.5	962.5	733.5	427.9	657.8	45.9	63.9	1105.8	189.8
	2017	3484.1	2138.3	1161.4	862.7	557.1	778.5	55.4	88.5	1375.2	330.5
	2018	4204.4	2460.7	1375.2	1000.0	672.7	939.2	32.6	111.7	1711.7	400.5
	2019	5080.2	2855.7	1767.5	1164.6	810.7	1136.0	39.2	147.8	2017.2	442.6
	2020	3311.8	2152.5	1444.9	479.4	738.0	734.9	39.2	120.8	1349.7	150.0

资料来源：根据《青海统计年鉴（2015—2020）》整理所得。

（2）乡村旅游服务能力滞后，文化旅游产品缺乏特色。

部分原贫困村的环境整治、交通道路、停车场、厨厕改造、垃圾污水处理、标识标牌、网络通信等设施建设滞后，乡村旅游项目建设后运行受限；脱贫户大多数文化水平比较低，专业培训不足，缺乏经营管理理念和服务意识，服务水平不高，如旅游购物项目价格不合理、市场违法违规经营、各类非法旅游“黑车”包车及客运等问题；乡村旅游产品缺乏特色，规模小、档次低、“吃、住、行、游、购、娱”旅游六要素不配套，留不住游客，缺乏具有地方文化特色的农家旅游纪念品和物美价廉、便于携带的生态农产品，乡村旅游竞争力较弱，严重影响乡村旅游收入。

（3）乡村旅游业态单一，且受疫情影响严重。

乡村旅游业态多数是农家乐、牧家乐，“饭桌”是最大的亮点，缺乏“农”的特色、“家”的感觉、“乐”的功能，缺乏个性化、多样化、特色化消费项目，缺乏游客参与性强的休闲娱乐体验项目，缺乏具有浓郁民俗文化特色的游乐项目，市场开发力度不够，吸引力不强。对于青海省旅游业来说，新冠疫情带来的风险，更是其面临的最严峻的考验，餐饮、文娱等配套产业亏损严重。前期调研发现，海东市、海南州、海西州等地的脱贫户因旅游人数的下降，导致以旅游谋生的贫困户及其所属合作社收入大幅下降，新冠疫情给青海省旅游业带来了前所未有的压力。

7.6.3　村级产业缺乏特色，长期增收空间狭窄

（1）村级产业发展项目选择困难，发展空间狭窄。

结合调研显示，一方面，由于受地区资源禀赋总量限制以及地理环境、

政策等因素制约，“一村一品”的产业发展项目资源同质性较强，有些并没有对本村特色产业项目进行全面调查分析与评估，村级产业特色不鲜明，存在盲目跟风现象，大多集中在种植养殖领域。科技含量高且经济效益快的第二、第三产业帮扶项目缺乏。整体来看，有特色缺规模、有品质缺市场、有品牌缺推广的问题比较突出，竞争优势不够明显，整合优势难以发挥。另一方面，受发展条件、人力资源、资金积累等方面的制约，村集体经济发展较为缓慢。有些村集体经济发展缺乏总体规划，每个村下拨的村集体经济发展资金，由于政策限制措施，规定必须保证发展资金保本，这些资金大多通过资金股权化入股到企业，真正用于发展村实体集体经济的很少。即便有些村在逐步培育乡村旅游、民族传统手工业、光伏产业等项目，由于均处于新型市场主体基础萌芽状态，也无法在短时间内实现带领脱贫户增产增收的目标。另外，要壮大发展村集体经济，各村仍然面临着周转资金不足、人才匮乏等问题。例如，有些村集体经济项目投入固定资产建设，由于前期考察论证不够充分，加之受市场、疫情等外部环境因素变化影响，项目收益低。

（2）可持续产业扶持项目供给不足，带动脱贫致富不稳定。

在决胜脱贫攻坚阶段，政府下拨大量的产业扶持项目，这些以政府为主导的特色产业项目可持续发展也面临难题，主要体现在以下几个方面。一是土地、资本、劳动力、社会化服务各生产要素的相互组合效率不高，对吸引新型经营主体参与发展的力量有限，并未真正形成良性循环。二是脱贫户通过入股获得分红的模式依赖于这些产业项目能够实现良好的经济效益，部分以农牧业生产为主的合作社或企业，受生产周期长、市场需求不确定等因素影响，企业收入不稳定。三是当时部分企业参与到产业帮扶项目的主要原因是政府提供充分的优惠政策，如税收优惠、政策倾斜等，在帮扶工作结束后，优惠政策逐渐消失，这些企业的积极性会降低，产业项目帮扶效果也会大打折扣。

7.6.4 技能培训效果不明显，难以满足就业需求

作为培育脱贫户就业、创业的重要手段，技能培训通过不同的路径与方式对人力资本提升发挥着不可或缺的作用。但大部分乡镇组织技能培训项目存在“泛化”现象，并未考虑培训对象的技能诉求，导致技能培训的种类与脱贫农牧民的需求发生“错位”。最终，部分接受培训的脱贫户并未通过技能

培训解决自身的就业问题，难以帮助其脱贫增收。

（1）培训针对性不强、技能培训回报不高。

调研汇总显示，大多数脱贫户参加了由政府组织的各类养殖、种植、厨师、电焊工、修理工等技能培训，由于培训内容重复，时间短，没有深入调查培训对象需求，培训内容不具有针对性，效果不明显，通过技能培训解决就业问题的脱贫户不多。相对于培训的理论知识，这些脱贫户更愿意相信世代相传的传统经验和技术。部分参加技能培训的脱贫户并不打算出去打工，或者一部分人培训后又回去放牧，之所以每次培训参加人数较多，是因为能获得培训报酬，培训工作流于形式。当地政府也未全方位进行劳务派遣以及安排就近务工，脱贫户技能培训效果和质量难以保证。

（2）培训内容“泛化”，培训就业的效果不理想。

大多数脱贫户只具备初级农业耕作和畜牧养殖等技术，由于社会资本与人力资本缺乏，很少与外界沟通交流，无法获得接触、学习先进技术的条件。一方面，部分脱贫户参与职业技能培训的积极性非常高，经过家政服务、机械操作、烹饪技术、手工刺绣等多种类型的培训并颁发结业证书，但在应聘就业时，因培训时间短没有熟练掌握技能、语言沟通存在障碍、接触岗位有限、技能与岗位不匹配等问题，培训结业证书最终变成“空壳”，这种现象在易地扶贫搬迁脱贫户中尤为突出；另一方面，部分用工单位招聘的岗位与脱贫户技能培训所学知识不相符，在劳动力市场很难找到就业岗位，只有农闲时去附近工地、茶园或者工厂做一些相对初级的工作，没有技术含量，就业并不稳定。

（3）企业用工培训流于形式，劳动力技能水平提升缓慢。

政府为拓宽脱贫户增收方式与相关单位签订了劳务外包或劳务派遣合同。对于劳务外包的脱贫户来说，用工单位很少将他们的主体诉求纳入体制问题，通常是用工单位为完成政府分配他们的用工任务，或者是为保证工程效率和工程质量，才对其进行简单培训，并且基层施工队常常是以血缘和地缘为关系纽带。行政事业单位开发公益性岗位难度大。虽然政府鼓励脱贫户通过技能培训实现临时性、季节性、弹性工作等形式的灵活就业，但是现阶段脱贫户劳动力也非常重视就业环境与就业待遇，少数民族还有着较深刻的饮食习惯，受新冠疫情影响，劳动密集型企业的薪资水平对他们的吸引力不大。

7.7 脱贫户内生动力不足，生计策略选择受限

能力贫困是贫困产生的根源，不仅会直接导致收入减少，还会削弱贫困户内生脱贫动力，而脱贫动力的缺乏将进一步制约稳定脱贫的长效性。民族地区脱贫户长期固有的“自卑、宿命、狭隘、无助”等固化心智模式和贫困文化制约了其主观能动性，遏制了人力资本增值，他们往往需要掌握更多的技能和勤劳踏实的个性特质才能充分发挥其生计能力。

7.7.1 多重致贫因素叠加，多元生计策略选择困难

（1）致贫原因多元且复杂，返贫隐患不容忽视。

由于地理位置、气候、环境的差异，不同地区致贫原因各有不相同。据统计，导致脱贫户致贫的主要原因有9个，其中，影响最广泛且最显著的因素是缺资金致贫，各市、州均率为40%，特别是海东市、海北州、黄南州、海南州因资金致贫比例在40%以上，玉树州甚至达51.47%；因病致贫、因残致贫是致贫因素中的主要方面，占比最高的是海西州、西宁市，分别为64.40%、57.37%；因灾致贫比例最高的是果洛州和玉树州，占比分别为7.16%和6.70%；缺水致贫比例最高的是果洛州，占比1.06%；缺技术致贫比例最高的为玉树州，占比38.68%，且海东市、黄南州、果洛州占比均在30%以上；缺劳动力致贫比例最高的是玉树州和海北州，占比分别为26.61%、26.59%；因自身发展力不足致贫比例最高的是果洛州，占比26.15%；因婚致贫比例最高的是海北州，占比0.46%。致贫因素复杂多样（见表7-16、表7-17）。据2020年统计，青海省农牧民收入与全国平均水平相差4789元，国家、省级乡村振兴重点帮扶县数量占青海省县级区划的55.56%，脱贫人口占青海省人口的72.19%，监测到易返贫、致贫14329人，占青海省监测对象的89.27%，缺资金、因病、因残、缺技术、缺劳动力存在返贫、致贫风险的人口占青海省防止返贫监测对象的60%以上，防止返贫任务依然艰巨。

表7-16 2020年青海省农牧民致贫因素百分比

单位:%

致贫原因	西宁市	海东市	海北州	黄南州	海南州	果洛州	玉树州	海西州
因病致贫	36.82	21.74	43.74	7.02	26.42	10.27	7.93	39.18
因残致贫	20.55	16.03	16.40	10.20	12.51	5.61	4.69	25.22

续表

致贫原因	西宁市	海东市	海北州	黄南州	海南州	果洛州	玉树州	海西州
因灾致贫	1.24	1.20	3.13	1.09	0.85	7.16	6.70	1.11
缺水	0.45	0.39	0.16	0.17	0.48	1.06	0.42	0.06
缺技术	23.56	33.25	17.43	33.81	29.85	32.96	38.68	7.75
缺劳动力	23.10	17.64	26.59	16.13	16.97	19.73	26.61	26.26
缺资金	26.74	44.78	40.78	49.52	46.38	37.84	51.47	22.63
自身发展力不足	9.21	11.88	19.57	1.28	10.94	26.15	15.37	8.55
因婚致贫	0.14	0.20	0.46	0	0.09	0.07	0.10	0.25

资料来源：根据青海省乡村振兴局调研资料整理所得。

表 7–17　2020 年青海省农牧民致贫因素　　单位：户

致贫原因	西宁市	海东市	海北州	黄南州	海南州	果洛州	玉树州	海西州
因病致贫	6967	9673	2918	862	3899	1322	2643	637
因残致贫	3888	7132	1094	1252	1846	722	1563	410
因灾致贫	234	533	209	134	125	921	2234	18
缺水	86	172	11	21	71	137	139	1
缺技术	4458	14795	1163	4150	4405	4242	12889	126
缺劳动力	4371	7852	1774	1980	2504	2540	8867	427
缺资金	5060	19926	2721	6078	6845	4871	17152	368
自身发展力不足	1742	5286	1306	1384	1614	3366	5121	139

资料来源：根据青海省乡村振兴局调研资料整理所得。

（2）生计策略选择单一，没有成熟的替代生计。

生计策略的选择取决于生计资产的拥有状况、使用方式和组合方式。脱贫户致贫因素相互重叠，其中，致贫因素占比最高的分别是缺资金和因病（残）致贫。在生计资本相对不足的情况下，资本转化能力比较弱，能够选择的生计策略非常单一，不利于增收和生计可持续，从而影响积极的生计结果产出。当前，大多脱贫户对自然资本的利用基于传统生产模式，导致利用方式单一且易受脆弱性环境的影响，使用效率不高；对物质资本的使用虽然能够维持生计，但在面临家庭生计内外部风险时，没有充足的其他生计资本可以转换，对公共物质资本的利用也远低于其他农牧民；社会资本主要依靠政府帮扶建立的人际关系网络；金融资本可及性较低，存在富人对弱势群体的挤出效应；人力资本缺失或低下，脱贫户缺乏生产生活技能，文化程度普遍偏低，语言交流存在困难，市场信息获取能力、交易能力普遍较弱，只能从事一些替代性很强的简单劳动。基于此，生计策略的选择完全依靠政府密集的扶持政策引导。这种情况在特殊脱贫户中普遍存在，尽管脱贫户通过医疗保障、产业扶持等一系列政策实现“脱贫摘帽”，但没有成熟的替代生计和多样化的生计策略，会导致较高的返贫率，可持续生计陷入困境。

7.7.2 脱贫户内生动力不足，文化认知存在差异

美国学者哈灵顿认为，穷人是种文化、制度和生活方式，一旦形成就很难改变的群体。调研显示，大部分脱贫户依靠国家扶持政策，建立自信，提高自我认同感，走上致富路，心存感恩，有回报社会的积极心态；内生动力不足的部分脱贫户普遍存在主体作用发挥不够、政策“养懒汉”等问题。

（1）主体作用发挥不够，思想脱贫任务艰巨。

一是部分脱贫户生计遭遇多重致贫因素叠加影响，存在“无能为力”“宿命”的表现，缺乏主动改善生计的积极性，家庭收入中政策性收入占比较高，工资性收入和经营性收入渠道狭窄。文化素质普遍偏低，不具备发展产业的能力和意识，出于自卑心理，不与比自己家庭生活条件好的人来往交流，也失去了向比自己能力强的人学习的机会，使脱贫户思想陷入了僵化，应对风险的能力十分脆弱，一旦遭遇天灾人祸，生计就会立刻陷入困境。例如，在东部农业区，“光棍汉”层出不穷，部分家庭里的丈夫在突发意外或者身患重病后，妻子离家出走的现象比较普遍。更有甚者将彩礼当作骗婚的手段，一旦得手就迅速离开，这对于只靠打工种地获取收入的脱贫户来说实属精神和物质的双重打击。

二是思想脱贫任务艰巨，受自然环境、历史条件及风俗习惯等因素影响，部分脱贫户“等、靠、要”思想依然严重。在以牧业为主要生计的脱贫户中，安贫乐道的思想观念普遍存在，除了放牧，脱贫户普遍缺乏谋生技能，文化程度低，不会讲汉语，语言沟通存在障碍，生活习俗与农区差异大，对产业发展中新技术接受能力弱，对风险估计过高。在以农业为主型脱贫户中，小农思想严重，商品意识弱，不懂赚钱途径和经商理念，缺乏勤劳吃苦、敢于奋斗的精气神。在进行新技术体验时，常常会表现出技术学习不到位、核心技术难以掌握的情况，缺乏寻求适应机会和进行技术再交流、资金再寻求等

方面的动力。这些习惯和习俗在被固化形成行为路径依赖后，造成“心理贫困”并产生强大辐射，以致产生“代际传递”，在一定程度上遏制了脱贫户开发自我潜能的动力和信心。例如，在东部农业区的脑山，脱贫户中有部分是“光棍”。调研发现，这部分男性对生活缺乏长远的规划，大多安于现状，自身缺乏积极的生活态度，自身的文化素质与生存技能也都比较低下和欠缺，生活质量多以满足最低生活开支为标准，且只满足现时消费。他们形成了农牧区独特的不完整家庭，正常的组织生产和生活的家庭功能无法完成。尤其是随着中青年光棍转向老年，因为没有经济积累，养老势必成为一项沉重的负担。

（2）过度依赖帮扶政策，存在文化认知差异。

部分脱贫户对各类扶贫政策、扶持资金、帮扶形式产生较强的依赖心理，他们最担忧的事情是帮扶力度减小，对“造血”式的帮扶项目和技能培训存在排斥心理与畏难情绪，主动创业、就业发展劲头不足，对自身发展预期比较担忧，“搭便车”行为蔓延开来，更有甚者以“钉子户”为荣。在之前调研脱贫户巩固脱贫成果情况时看到，部分脱贫户对家庭收入的回答有所保留，故意隐瞒家庭实际收入，这是“思想不脱贫”的表现。强调自身生计困难的较多，争抢村里公益性岗位的较多，认为取消自家公益性岗位是非常不合理的，应该继续拥有岗位，条件相对较好的不应该被评上的嫉妒心理。这些现象表面上反映了脱贫劳动力内生动力不足、懒惰，深层次的原因则是文化差异。经济形式是在长期的历史发展过程中积淀下来的行为方式与文化观念。少数民族在特定时期发展出的历史文化和宗教信仰，具有较强的稳定性、渐变性和群体性特征，在短期内难以改变，具有长期性和复杂性，文化差异以及文化认知的不同将成为民族地区脱贫农牧民生计可持续的障碍之一。

7.8　小结

青海省民族地区贫困户“脱贫摘帽”后，进一步改善和增值脱贫户可持续生计资本，巩固脱贫攻坚成果和守住返贫底线，依然面临诸多困难与问题，梳理如下。

（1）生态保护任务重，环境保护滞后于经济社会发展，生态系统珍贵且脆弱，难以满足人民对优质生态产品的需求。

（2）气象和地质灾害易发，草原鼠（虫）害、黑土滩、水土流失等问题依然十分严重，生态产业体系、补偿机制和考核机制尚未建立健全，实现可持续发展压力大。

（3）基本公共资源供给仍然不充分。水电路信息化等基础设施底子薄弱，覆盖面不广，基础设施建设短板较多的状况还没有得到根本性改变，基本公共资源的服务水平和能力有待提升，脱贫户家庭中老年人、妇女、儿童等社会保障水平相对较低，发展不均衡不充分问题依然突出。

（4）脱贫户人力资本水平低下，自我发展能力弱，人才短板制约明显，缺乏有效激励机制，人才留乡返乡比较困难，创业致富带头人紧缺；有的脱贫户对教育不够重视，“控辍保学”任务依然艰巨；技能型脱贫劳动力占比极低，就业技能培训回报不显著，表现在稳定就业质量不高，脱贫户对各级政府转移支付依赖程度较强，政策性返贫风险较大等方面。

（5）由于城镇化发展程度不高，吸纳就业能力有限，易地扶贫搬迁的部分脱贫农牧民可持续生计存在困难较多。总体来看，主要表现在脱贫户“搬得出”“住得好”“稳得住”问题基本得到解决，但“能致富”“快融入”面临挑战。

（6）尽管经历过脱贫攻坚战，产业发展依然相对薄弱，产业同质化现象严重，村级产业缺乏特色，依然处于价值链低端，应对自然和市场风险能力弱，长期增收空间狭窄，创业致富带头人持续带动脱贫户增收能力有待提高。

（7）脱贫户缺乏理财观念，金融意识不强、金融帮扶工作难度大，服务体系有待完善，生计持续改善受到制约，农村金融体系改革是解决问题的路径之一。

（8）高强度的脱贫攻坚任务完成后，在乡村振兴背景下，部分地区联点帮扶工作出现一些松懈，脱贫攻坚与乡村振兴政策之间有效衔接工作有待加强，社会关系网络资源减弱，干部乡村治理能力不到位。

（9）脱贫户致贫因素多元且复杂，缺乏发展资金和因病致贫、因病返贫是主要制约因素，身体健康水平低，医疗资源相对落后，其主要收入来源是政府的转移支付，一旦转移支付减少，家庭返贫的可能性就会增大，多元生计策略选择困难。精神脱贫任务艰巨，文化认知存在差异，部分脱贫户内生动力不足。

（10）新冠疫情对脱贫户可持续生计的后续影响持续加深。

第8章

chapter 8

青海省民族地区厚植“脱贫摘帽”户可持续生计的机制构建

针对青海省民族地区“脱贫摘帽”户可持续生计面临的现实困难与问题，基于可持续生计理论，构建脱贫户可持续生计机制体系。基本思路从六个方面出发，围绕从应对脆弱性环境风险防范机制、应对生存压力的兜底保障机制，到提高生计资本的长效稳定增收的产业发展支撑机制和就业增收机制；从更加注重脱贫户优化生计策略的能力提升机制，持续增加生计资本积累，到更加重视后续政策体系的顶层设计，持续优化的可持续发展机制。

8.1 健全和完善应对外部冲击的风险防范机制

脱贫是一个动态、持续的过程，存在外部冲击风险使脱贫户再次返贫的可能，健全和完善防止返贫动态监测与精准帮扶机制，全面巩固拓展脱贫攻坚成果，坚决守住不发生规模性返贫的底线，使脱贫户生计持续改善和增值。

8.1.1 健全防止返贫动态监测与精准帮扶机制，降低风险发生概率

（1）严格落实防返贫监测机制，构建考核指标体系。

依照《国务院扶贫开发领导小组关于建立防止返贫监测和帮扶机制的指导意见》，建立健全青海省易致贫、返贫户快速发现和响应机制。首先，以全国防返贫监测信息系统数据为基础，以国家脱贫攻坚普查结果为依据，打通各部门信息共享、数据互通的渠道，有效提升信息完整性、可用性和精准性，及时、充分掌握脱贫户最新生产生活状态，分析可能存在的返贫风险。按照“脱贫即出、返贫即入，应进则进、应扶则扶”的原则，把动态筛查、返贫预

警作为重要手段，建立乡镇防返贫监测点，及时将生活面临困境的脱贫户纳入系统监测。其次，构建脱贫户可持续生计的考核指标体系，由脱贫前的“两不愁三保障”重视家庭物质资本，逐步向脱贫后增收的可持续性、可行能力的稳定性以及抗风险能力等方面展开指标设计，精准区分生计可持续和生计不可持续的脱贫户，按照脱贫稳定指数采取差异性政策倾斜。同时，青海省政府应定期组织开展对贫困监测和帮扶工作的第三方评估。

（2）加强动态核查管理，坚持“一户一策”。

一方面，通过脱贫户自主申报、基层干部走访排查、相关行业部门筛查、大数据对比等途径，及时发现和动态核查。采取事前预防、事中帮扶和事后跟踪相结合的措施，分层分类及时将监测脱贫户纳入帮扶政策范围，实施动态管理。另一方面，依据生计脆弱性的原因，因人因户采取措施，坚持“一户一策”，做到早发现、早预防、早消除，实行动态“清零”。例如，在住房安全方面，做好房屋安全排查工作，对脱贫户房屋、围墙出现的裂缝等及时进行修缮，规范危房改造资金使用，做好后续跟进工作；在饮用水安全方面，定期对家庭用水进行水质监测和设备维护，并做好相关记录；在基本医疗方面，强化药品安全意识，对村卫生室、县医院等卫生机构进行定期检查，坚决避免出现药品过期现象，强化家庭履约医生责任落实，定期入户做健康检查并做好记录；在政策宣传方面，加大小额贷款、政府保障、教育资助等方面政策的宣传力度，确保脱贫户了解政策信息；对具有劳动能力的脱贫户，坚持开发式帮扶方针，强化产业、就业等帮扶方式；对部分无劳动能力的脱贫户，强化兜底保障，确保基本生计不出问题；对遭遇重大自然灾害或重大家庭变故的脱贫户，实行“一事一议”，以防范规模性返贫和生计可持续面临困境的现象发生。

8.1.2 完善自然灾害风险防范机制，全方位加强基础设施建设

（1）完善自然灾害风险防范机制，提升脱贫户生计自我恢复能力。

青海省民族地区自然灾害多发，完善灾害预警机制可降低脱贫户遭受外部生计风险冲击的概率。一方面，对各类自然灾害进行实时监测、评估与信息统计工作，做好防灾减灾应急信息化平台建设，利用有用信息，针对可能带来的损失提前做好预案，健全完善突发事件快速应急反应救援机制，以便在自然灾害发生时能够提前做好准备。完善村级避难场所各类设施，扩建救灾物资储备库，对内抽调有经验的基层干部，对外招募志愿者，通过第三方

购买社会服务的形式组建应急处置小组、建立志愿者队伍等。另一方面，加强脱贫户抵御自然灾害相关知识普及与技能培训，引导脱贫户形成常态化储备必要生产物资的习惯，尤其在青南地区，适当储备生产物资，能够减缓雪灾等极端气候带来的损失。自然灾害频发也给生产设施带来严重损害，基层干部要树立不定期加固、维护生产设施的意识，将灾害风险降到最低，降低生计脆弱性，提升自然灾害发生后脱贫户生计自我恢复能力。

（2）实施基础设施改善工程，增强脱贫户抵御风险能力。

一是依托乡村振兴战略生态宜居建设，加大农牧区基础设施建设投入力度。持续改善原贫困地区水、电、路、气、网络通信、广播电视、物流等基础设施，促进城乡基础设施互联互通，推动农牧区基础设施提档升级，加强农牧区人居环境的治理，增强脱贫地区自我发展能力。二是不断加强农牧区资源路、产业路、旅游路建设，促进交通与现代农业、乡村旅游、特色资源等产业深度融合发展。加强通村公路和村内主干道建设，优化通村公交车路线的设置，推进完善村道安全生命防护工程。三是深化农牧区公路管理养护体制改革，健全公路管理养护长效机制，从而极大地改善脱贫户生活和出行条件，节约农牧民出行的时间和成本，拓宽生计资本增值的渠道。尤其重要的是，只有健全完善基础设施，才能以最快的反应速度、最完备的保障措施、最及时的抗灾救灾行动，把灾害损失降到最低，提高抵御灾害的能力，减少生计脆弱性。四是全面提升供水保障能力，深化农牧区水利工程制度改革，加大网络基础设施建设和信息化消费以及安全建设。

8.1.3　增强脱贫户的“抗逆力”，提升应对市场风险的防范能力

（1）“抱团”发展，提高市场风险防范能力。

加大政府对各类合作社、供销社的支持和科技培训力度，通过产业合作模式、股份合作模式、资金互助模式、中介服务等模式，将分散经营的脱贫户吸纳到农业合作组织中，培育致富带头人，依托致富带头人的优质资源，精准发展市场需求的特色产业，减少市场波动给脱贫户带来的生产生活影响。

（2）建立风险分担机制，强化预警妥善应对农副产品滞销。

一方面，建立政府、致富带头人、各类合作社和脱贫户不同主体的产业风险分担机制，降低脱贫农牧民单独抵御市场风险的可能性。进一步优化农牧业保险险种并扩大保险覆盖面，加快建立农业保险和灾害风险分散机制，

强化其风险分担功能，增强脱贫农牧民的抗风险能力。另一方面，针对可能发生的农产品滞销发布监测预警信息，建立多方联动应急处置机制，指导脱贫户等及时调整生产，最大限度降低产业风险发生率，提高脱贫户应对风险冲击的心理能力和抗逆能力，保障其生计的可持续发展。

8.2 巩固和完善应对内部生存压力的兜底保障机制

脱贫户内部生存压力主要来源于家庭成员因病致贫、因病返贫，只有从源头斩断“贫病”恶性循环，才能有效地提高人力资本水平，进而有力加强其生计资本的改善与可持续发展，织密兜牢生计保障底线，形成精准化兜底保障的长效机制。

8.2.1 完善防范化解因病致贫、因病返贫风险机制，加强健康管理

（1）巩固健康扶贫、医保扶贫成果，加强健康管理。

一是加大对因病导致家庭生计困难的脱贫户实施及时医疗救助力度，持续落实分类资助参保政策，优化疾病分类救治措施，加大大病专项救治力度，保障大病患者、重病患者脱贫户家庭的基本生计。还要继续积极探索“基本医保+大病保险+医疗救助+商业补充保险+慈善救助”的“五位一体”保障新模式，继续落实好“先住院后结算”政策，形成脱贫户“有病去正规医院就医”的思想观念，切实将国家惠民政策实施好。二是严格落实农牧区家庭医师“双签约”制度，持续做好脱贫户家庭医生签约服务，重点做好高血压、糖尿病、结核病、严重精神障碍等慢性病患者的规范管理和签约服务，严格落实履约率，加大对家庭签约医生的技能培训力度，提高工作能力，并且对家庭签约医生的履职情况进行年度考核，对工作懈怠、能力不足的工作人员进行惩戒。

（2）持续加大对基层医疗卫生服务事业投入力度，提升医疗机构服务能力。

一方面，继续开展省内外三级医院对口帮扶市州、县级医院并建立对口帮扶长效机制，持续提升县级医院管理水平和医疗服务能力，改善疾病预防控制机构就医条件，提升对重大疾病的综合防控能力。进一步完善县、乡、村三级医疗卫生服务体系，提升乡村医疗卫生机构标准化水平。加强基层医疗卫生人才队伍建设，按照基层实际需求开展农牧区订单定向乡村医生免费

培养。另一方面，通过省级、县级公立医院定点帮扶医生、专家定期下沉到乡镇卫生院坐诊或挂职，对脱贫户定期进行免费体检的形式，提高慢性疾病和重大疾病以及地方病、高原病、传染病的筛查率，形成“治已病”到“治未病”健康理念的转变。同时，采取多种措施宣传倡导科学健康的生活方式和良好卫生习惯的形成，逐步开展心理健康服务，全面提高对疾病自我预防的意识，提升基层医疗机构服务能力，最大限度降低因病返贫的发生率。

8.2.2　深化社会保障制度改革，构建城乡统筹均等化发展新格局

（1）完善社会保障体系，推进社会保障待遇的城乡均等化进程。

一方面，以现有社会保障体系为基础，加强社会保障、社会保险、社会福利、社会救助等政策的普惠机制，提高脱贫户抵御生产、生活中生计风险冲击的能力，充分发挥社会保障制度对脱贫户可持续生计的兜底机制和最后防线，增加中央、地方财政对民族地区社会保障制度建设资金投入，在人社信息化建设方面给予更多指导和项目资金支持。另一方面，要大力推进国家基本公共服务均等化的重要举措，尽快消除在各类社会保障待遇中城乡不均等、群体不平等现象，让农牧区的群众和城市居民共享同等社会保障，这也是城乡统筹的应有之义，进而有效降低脱贫户家庭生计支出负担。在推进城乡并轨时，保障制度之间要具有针对性、相互补充、衔接有序，逐步形成治理相对贫困与实现可持续生计发展的多层次长效社会保障机制。这也充分体现了我们党人民至上的根本立场。

（2）创新养老方式，提升脱贫老年人养老服务保障能力。

1999 年，我国 60 岁以上的人口占到了总人口的 10%，意味着我国已经正式进入老龄化社会。由于脱贫户老龄化现象越发严重，老龄脱贫人群身体机能下降、改善生计能力很弱，生计只能维持现状。一方面，构建县、乡、村三级农牧区养老服务保障网，因地制宜发展养老服务，依据区域海拔高度不同提升养老金标准，并适当提高政府缴纳养老保险补贴的比例，积极引入商业形式的养老保险项目，建立多层次养老保险机制；另一方面，不断创新养老方式，采用村集体筹资和政府补贴的形式，提供针对性的养老服务，建立农牧区养老幸福院、家庭养老床位、互助养老服务中心等。同时，不仅要关注脱贫老年农牧民的身体健康，还要给予其心理关怀，使其摆脱其自身是“贫困户”的心理阴影，从而激发老年脱贫户的内生动力和积极心态。

（3）扩大救助供养范围，完善脱贫残疾人康复服务体系。

一是加大对低收入、重度残疾人医疗、康复救助力度，扩大生计面临困难残疾人救助供养范围。完善困难残疾人生活补贴制度和重度残疾人护理补贴制度，逐步提高补贴标准；加大对残疾人就业增收、创业的扶持力度，保障其权益，增强自我发展能力，持续提高残疾人受教育水平；加大对致残疾病和致残因素的防控力度，促进残疾人社会保障政策向均等化、普惠化、便捷化发展。二是切实落实残疾适龄儿童上门送教服务，设置专人上门送教，将上门送教作为当地政府服务能力的重要考核指标，不再让上门送教流于形式。三是鼓励社会组织积极承担社会责任，促使有劳动能力的脱贫残疾人就业增收，从而降低生计陷入困境的可能性。

（4）深化社会救助城乡统筹，形成发展新格局。

着力推进具有发展性、创新性和包容性的城乡统筹社会救助体系。一是针对遭遇突发事件、意外伤害、重大疾病及其他特殊困难导致基本生计暂时陷入困境的脱贫户家庭，给予急难社会救助，建立健全“物质+服务”救助方式。二是完善失业监测预警机制，适时调整失业保险金标准与提高失业保险待遇，确保按时足额发放。三是提高儿童基本服务的供给和福利性补贴水平，要特别关注脱贫家庭中残疾儿童、单亲家庭孩子、孤儿在学习成绩和性格方面出现缺失，帮助其应对日常突发情况，加强其心理教育，积极引导其树立正确的人生观、价值观、社会观，弥补家庭教育缺位，阻断代际贫困的发生。

8.3 推进和壮大以应对生计资本的产业升级支撑机制

青海省部分脱贫户家庭最主要的收入来源还是以政府补贴为主的转移性收入，而使主要收入从农业农村生产经营性和财产性收入中获得的内源性农民增收才更具持续性。通过充分挖掘区域特色优势产业并转化为具有比较优势产业，构建具有青海省特色的现代化产业体系，让脱贫户分享更多产业增值收益的技能，让更多脱贫户实现增产增收是农业农村现代化的本质要求，也是实现“脱贫摘帽”户生计资本增值和可持续发展的重要渠道。

8.3.1 打造农牧业产业化升级版，实现高质量发展

（1）做强特色优势产业，构筑“农牧业+”现代农业新业态。

立足区位优势和资源禀赋，把做强特色产业和优势产业作为脱贫户增收

的主要渠道。一是不断促进养殖业、种植业整体生产能力和综合效益质量提高，优化产业结构，产业提质增效，培育市场主体。二是改善农牧业生产条件，实现农牧业规模化经营、标准化生产、品牌化建设，推动有机认证，支持培育绿色食品、有机食品、地理标志农畜产品，打造区域公用品牌。提升农畜产品品质，推动实施牦牛、藏羊原产地可追溯持续建设行动。三是开展特色资源产业价值链的分工与合作，提升农畜产品精深加工业，依托现有产业扶贫体系，重点发展牦牛、藏羊、青稞、油菜、马铃薯、汉藏药材等特色优势产业，推进特色产业基地建设，构筑“农牧业+”等现代农业新业态。四是全面形成种植养殖产业发展的新格局，实现脱贫与乡村振兴有效衔接，助力产业发展，引导各类经营主体“抱团”发展，提高抵御自然灾害的能力，注重第六产业的发展，共同把青海省打造成绿色有机农畜产品输出地。例如，2021 年，黄南州泽库县牦牛和泽库羊创立了品牌效益，品牌价值 18.05 亿元，并在西宁开设了第一家“泽库牧品”直营店。实践证明，生计资本长效增收与高效率的产业密不可分，高质量产业影响脱贫户生计策略的选择，能使脱贫户家庭贫困脆弱性发生降低 15%左右。

（2）做精民族文化产业，增强乡村地区的“造血”能力。

一方面，积极培育民族民间优秀传统文化和非物质文化产业，打造形成乡村发展的重要增长极。在涉藏地区，生计策略以牧业为主、以半农半牧为主和以副业为主的脱贫户，可以充分发挥藏民族手工历史悠久、加工技术精细、极富民族文化特色、国内外市场广阔的优势产业，扩大增收渠道。例如，绘画雕塑、嘛尼石刻、藏毯、民族服装（鞋帽）、藏式家具、金银首饰、制陶、制革、藏香等民间手工艺术品、生活用品、旅游业纪念品、宗教用品的制作生产等。另一方面，加强组织领导和产业规划，引导和鼓励企业、合作社与致富带头人带领脱贫农牧民开展生产，努力打造精品，推动形成农牧业产品产供销一体化信息链条，打造成为增收致富的主要渠道之一。如 S 村立足本村资源优势，尊重群众意愿，按照“宜农则农、宜牧则牧、宜商则商”的思路，以“支部+合作社+农户”的形式，引导群众发展种、养、民族服饰加工等特色产业。合作社藏服加工厂自成立以来，陆续接到藏服订单，总营业额已经超过百万元，解决就业岗位 58 个，累计发放工资 42 万元。这在脱贫工作中发挥了极其重要的作用。另外，对于东部农业区，生计策略以农为主、以半农半牧为主和以副业为主的脱贫户，培育引导和大力发展特色青绣、盘绣制作、剪纸、乡村旅游、酩馏酒酿造等具有青海省特色民间传统手工业和民俗接待等特色产业。把特色产业培育、企业发展同脱贫农牧民就业、乡村振兴、民族团结更好地结合起来，不断拓宽增收致富渠道。

8.3.2 持续打造产业融合发展平台，形成新的发展格局

（1）打造产业融合平台，拓宽长效增收渠道。

以产业园为载体，加强农业科技园、现代林草产业园、农牧区创业园、农牧区产业融合发展示范园等园区建设，持续强化现代农牧业经营体系，推广发展生态有机畜牧业、民族特色手工业等特色优势产业。规范各类产业园的运营管理，不断壮大其发展规模，增强对当地脱贫户的辐射和带动作用，进而拓宽长效增收渠道。例如，X 村以“公司+园区+合作社+农户”的模式发展规模生态种植业，建造种植枸杞、芽茶、猴头菇等多个品种的新品试验区，种植树莓、油葵等品种的观光农业区和种植藜麦、油沙豆、小番茄等品种的技术示范区，逐渐发展为社会效益、生态效益、经济效益并进的观光休闲度假园。X 村还通过产业扶贫平台，主动吸纳各村脱贫户到园区入股分红、务工增收，实现扶持从“输血”到“造血”的转变。又如，S 村的脱贫农牧民，常年靠在外地打零工养活家人，上年应聘到产业园，在车间做起拼装工，并将 3 万元扶贫资金投入公司，每年享受 13%的分红，每个月工资 4500 元，还可以得到分红，家里的生计得到了改善。泽库县“拉格日”模式和甘德县“岗龙模式”在脱贫攻坚期间积累了成功的经验。

（2）培育壮大新型经营主体，拓展农牧区新型服务业。

培育一批拥有自主知识产权、核心竞争力与辐射带动能力强的专业合作社、龙头企业和家庭农牧场等多元融合的新型经营主体。一方面，推进生态畜牧业股份制合作社标准化建设，进行有机种植养殖户标准化改造、有机养殖示范大户培育、现代草原畜牧业示范村建设。继续鼓励和引导有能力的致富带头人通过整合各类生计资源入股、创建合作社发展适度经营规模，扶持“公司+脱贫户、合作社+基地+脱贫户”产业化联合体，引导龙头企业、合作社、家庭农牧场与小农户建立契约型、股权型的紧密利益联结机制，带动脱贫户产业发展。另一方面，鼓励支持新型经营主体开展土地托管、代耕代种、托养代牧、农牧产品营销等社会化服务，拓展农牧区新型服务业，落实新型经营主体用地国家优惠政策。例如，对于没有劳动能力的脱贫户家庭，可以把闲置土地流转给村里的致富带头人经营，如此，不仅增加了致富带头人自然资本的有效储存量，其自身也能获得收益。脱贫户还可以将自身生计资本以入股、代养、合作等多种形式投入合作社，分享产业发展红利，提高收入水平。

8.3.3　创新多元发展路径，释放村集体经济发展新动能

（1）建立党组织带动模式，将村级资源高效转化为资本。

一是鼓励村党支部、村委会在政策允许范围内，抓住实施乡村振兴战略和产权制度改革的重大机遇，盘活集体资源、资产和资金，把本村劳动力、土地、房屋、生态、文化等尚未开发的资源，按照“一乡一特色，一村一品牌”的思路，转化资源为能够给农牧民生计带来增值的资产。二是以兴办、领办专业合作社或集体股份经济合作社的方式，构建“党支部+合作社+基地+脱贫户”模式，编制好集体经济发展规划，用好用足中央财政扶持村集体经济补助政策，综合运用财政扶持、金融信贷、信用担保等手段，发展壮大村集体经济。三是引进农牧业产业化发展新项目，选择适合本村的招商引资项目，推动村集体经济集约化、专业化和规模化经营，面向新需求、创造新供给、催生新业态，从而实现村集体经济价值增值并增收，形成“股金+租金+薪金+养老金”的多元化收入格局。鼓励种养大户、村干部带动脱贫户发展产业，形成互利共赢的产业发展模式。例如，J村在相关政府与村两委的引导下，逐步形成了以花卉种植为主的“一村一品”发展模式，通过整合本村土地资源集中发展花卉产业，打造以鲜花培育、销售、观光为主的新型旅游景区。

（2）推动村级产业融合发展，纳入县域经济发展的“大盘子”。

一方面，推动村集体经济纳入县域经济发展的“大盘子”，有利于妥善处理村集体经济发展中同质化竞争的问题，遵循市场规律，发挥各村资源优势，形成规模效应。国家“十四五”规划明确指出，要发展各具特色的现代乡村富民产业，让农民更多地分享产业增值收益。由此可见，国家更加关注农民在发展进程中共享成果的参与度，搭建了贯通城镇和乡村联系的桥梁，这势必会为农牧民就地就近享有产业增值收益创造有利条件，也有利于实现农业现代化与乡村振兴有效衔接。另一方面，培育一批美丽休闲乡村、休闲农牧庄园，推进“休闲农牧业+”，与旅游、文化、体育等深度融合。依托产业园、农牧业科技园，培育一批“农字号”特色小镇，打造农牧区产业融合发展的平台，延长产业链，推进第一、第二、第三产业交叉融合。随着村集体经济不断壮大，为脱贫户创造更多就业岗位，提高可持续生计资本存量。如B村利用300万元国家精准扶贫专项资金修建了盘绣园，实施“公司+村党支部+盘绣基地+农户”模式，带动了全村145名妇女就业，其中，脱贫户93名，绣品俏销全国各地，甚至远销国外市场。同时，还进一步挖掘和传承酩馏酒

的非物质文化，搭建起集酩馏洒酿造工艺、非物质文化遗产传承、乡村旅游、产业发展于一体的共赢平台，既为脱贫户创收服务，又为村集体发展提供资金、技术和信息保障，带动村里的脱贫农牧民增加收入。不断发展壮大现有产业，积极探索符合自身实际的运营模式，让更多脱贫农牧民参与到产业发展中来，全面促进第一、第二、第三产业融合发展。

（3）建立健全激励机制，吸引人才回村创业。

一是通过完善收益分配、组织管理、监督制度，建立村集体与脱贫户密切利益联结机制，鼓励更多脱贫户转移到本村集体经济生产经营中，提高参与度，最大限度实现产业可持续发展。对自主发展产业的脱贫户，政府通过优惠政策和补偿给予多种形式的创业补贴与奖励，让各方利益主体平等享有村集体经济收益成果，鼓励村致富带头人支持村集体经济的发展。建立健全村集体经济收益奖励村干部工作机制，激发村干部发展集体经济的创造性和积极性。二是结合各地实际需要，鼓励在外创业成功人士、优秀青年、大学生、种植养殖技术人才回村创业，创建公司、合作社，给予政策扶持和技术支持，积极帮助解决在生产、经营中的技术难题。最大限度地吸引各类人才聚集，为村集体经济发展储备实用型人才，创新能留住优秀人才的长效机制，形成全社会为共同富裕目标奋斗的良好氛围。例如，由 C 村大学生牵头成立的藜麦种植专业合作社，发展规模越来越大，效益风生水起。这正是因为有了得力的产业抓手，才带动了整个村由内而外发生巨变。目前，带动周边村等地的藜麦种植规模已达 15. 33 万公顷，带动脱贫户上万人增收致富，以年总产值超 6 亿元的发展后劲，让以前的“温饱田”变成了“增收田”，为乡村振兴探出路、搭起桥。

此外，积极推进易地扶贫搬迁安置区城镇化建设，针对以不同方式安置的易地扶贫搬迁脱贫户，按照“宜工则工、宜商则商、宜旅则旅”的原则，因地制宜、精准谋划实施产业扶贫项目，建立长效稳定、能够带动增收的产业发展项目。例如，S 村实施易地扶贫搬迁项目，通过就近搬迁，极大地改善了村民的居住环境，引进博泰藏野兔养殖有限公司，发展野兔养殖业，通过示范户带动、“公司+农户”方式增加脱贫户家庭收入。

8. 3. 4　积极打造国际生态旅游目的地，拓宽生态产业增收渠道

（1）生态保护优先与产业包容性发展，建立绿色生态品牌。

一是为了实现生态保护优先与产业包容性发展，要牢固树立“绿水青山

就是金山银山，冰山雪山也是金山银山”的发展理念。绿色生态产业是青海省民族地区绿色发展的重要支撑，也是未来高质量发展的重要载体。坚持生态保护优先理念，建立生态保护与巩固拓展脱贫攻坚成果、绿色生态产业发展与脱贫户可持续生计改善良性循环的包容性发展模式。持续推进脱贫地区生态惠民政策落实，守住自然生态安全边界，建立绿色生态品牌。二是推动绿色生态与农牧业、工业、文旅、康养等产业深度融合。充分发挥民族医药在治疗疑难杂症和高原康养等方面独具的特色优势，打造汉藏药材种植、森林康养、旅游观光、林下经济、绿色有机食品等集多种功能于一体的绿色生态康养示范基地，使民族地区医药产业在“健康中国”战略中占有一席之地。

（2）夯实生态基础、发展绿色生态旅游产业。

一是以打造国际生态旅游目的地为契机，结合青海省生态产业优势，积极推动“旅游+生态”“旅游+文化”“旅游+研学”“国家公园+生态旅游”“国家公园+科考”的新型高原生态旅游开发模式，突出生态资源和文化资源特色，把建设旅游专业村，扶持发展旅游专业合作社、农家乐、藏家乐作为发展乡村旅游的重要途径和手段。二是鼓励、引导有条件的脱贫农牧民发展特色民宿和农牧藏家乐，通过政府补助、贴息贷款等方式促进增收，使生态旅游产业成为青海省致富产业、幸福产业、优势产业，使其在保护生态环境、促进民族团结、传播优秀文化、推动乡村振兴等方面发挥重要作用。例如，D村是一个易地扶贫搬迁村，依山傍水，自然条件优越，在进行充分的市场调研与实地考察的基础上，村两委带领脱贫农牧民走上了“文化旅游+精准脱贫+乡村振兴”之路，通过对村民进行技能培训，开展了水上游乐、露天沙滩、垂钓等娱乐项目鼓励村民在家门口就业，农家乐、民宿等产业逐步发展起来。

8.4　构筑和推进以应对生计资本的多元化稳定增收机制

8.4.1　健全完善公共就业创业服务体系，优化营商环境

（1）积极搭建转移就业服务平台，确保脱贫户稳定就业。

一是大力推广“互联网+就业”平台的运用，及时发布岗位信息，组织开展就业服务专项活动，提高转移就业组织化程度，推进发展劳务经纪人，深化与劳务输入地区合作。二是围绕青海省“一优两高”战略和“三区建设”发展，在推进高质量发展中增加就业岗位，逐步建立城乡统一的劳动力市场，

充分发挥市场机制对劳动力资源的配置，保证脱贫农牧民享受城市公共服务和社会保障的权利。对于有能力、有意愿外出务工的脱贫劳动力，提供就业技能与就业岗位精准对接，确保就业岗位持续、稳定，保障其增收的可持续。对于就业困难的脱贫户实行跟踪服务、实名制动态管理、分类帮扶，以便为他们解决就业过程中遇到的问题和困难。

（2）鼓励自主创业，建立有利于创业的营商环境。

一方面，鼓励支持脱贫农牧民自主创业，为他们提供或发现符合自身条件的创业机会，实施更加有利于促进创业的财政政策，加快完善创业孵化基地建设，为创业脱贫户提供一定比例的创业资金，对创业不成功的人员通过保险的手段降低其损失；另一方面，加大金融机构的支持与服务力度，落实好贷款审批流程可优化、创业担保可贴息等政策，创造有利于脱贫户创业的营商环境和软硬件条件。另外，加大对创业带动就业、灵活就业、网络商户等新就业形态给予精准有力政策支持力度，鼓励创业组织相互协作，引导脱贫户或互助组织兴办私营、个体企业，形成基于个人或社会组织自身能力的生计资本积累方式，持久有效地确保脱贫户增收。例如，D 村脱贫户通过项目帮扶，自筹经费购买了 1 辆双排货车走村串户贩卖蔬菜，当年获得收益顺利脱贫。在村委会领导的帮扶下，D 村脱贫户进行了当归种植的发展项目，借助东西部合作对本村援建旅游产业的契机，通过“530”政策贷款开办农家乐，获得稳定收入后继续贷款组建成立了种植专业合作社，承包土地，种植药材、甘蓝等农作物，带动脱贫农牧民承包了餐饮中心，不仅自己的钱包鼓了起来，还带动了更多人积极就业创业。

8.4.2 大力发展县域经济，拓展就近稳定增收的空间

（1）大力发展县域经济，促进脱贫户就近就业。

依托乡村振兴与脱贫攻坚成果巩固过渡期的倾斜政策，围绕青海省“五个示范省建设”，充分发挥县域资源禀赋和发展基础，提高县域经济质量效益和竞争力，提供更加充足的就业岗位，能吸引脱贫农牧民就近就地得到较稳定的就业机会，发挥拉动需求积极作用。这种方式，既有利于脱贫户就业增收，又能够解决留守妇女、儿童、空巢老人缺乏关爱和照料等社会问题，还能为乡村振兴和农业现代化发展提供人力支撑。从坚持把实现好、维护好、发展好最广大人民根本利益作为发展的出发点与落脚点的福祉视角来看，发展县域经济是促进就近就业的有效路径。

（2）全面落实国家生态补偿政策，开发更多的公益性岗位。

一是落实好草原生态补助补奖、森林生态效益补偿、天然林管护补助等政策，使脱贫户获得政策性补偿补助，增加家庭生计收入。逐步完善生态保护补偿制度体系，健全生态保护成效与资金分配挂钩激励约束机制。二是公益性岗位促进了脱贫户家庭生计资本的收入增长、能力提升以及社区融入。政府要创新开发更多的公益性岗位，结合各县乡村振兴战略的实施，依据发展的内在需求，挖掘新发展阶段公益性岗位，统筹用好公益性岗位，适度提高公益性岗位就业待遇。发挥乡村公益性岗位吸纳务工作用，以草管员、林管员、治安协管、道路管护、孤寡老人和留守儿童看护等非全日制工作岗位为重点，帮助那些弱劳动力、半劳动力等无法通过自身努力实现就业的脱贫户就业，以确保其生计的可持续。要坚定不移建立公益性岗位托底安置的长效机制，以扶持就业困难脱贫户实现稳定就业。

（3）利用好光伏收益，强化以工代赈帮扶增收。

一是充分利用各村投资光伏产业的收益。实践证明，光伏电站不仅带来了生态的良性循环，还实现了经济、生态保护和民生改善的“多赢”，为脱贫农牧民提供了致富增收的新出路。例如，L 村把光伏发电所得 60%归村集体，40%用于村里公益性岗位工资支付。最近，某脱贫户来到村里刚刚成立的食品深加工工厂上班，岗位工资就是由村光伏扶贫收入发放。二是支持脱贫户参与涉农项目建设和公共服务运行管护。因地制宜在脱贫地区实施农牧业生活、交通、水利、易地扶贫搬迁安置点配套等公益性基础设施建设项目和产业、文化旅游、林业草原、易地扶贫搬迁安置点后续等产业基础设施建设项目，优先吸纳脱贫农牧民务工增收，改变脱贫攻坚中政策转移性收入的“输血功能”为“造血功能”。

8.4.3　充分利用新电商模式，大力实施消费帮扶

（1）大力推进“短视频+直播带货”模式，助力脱贫户稳定增收。

一是在持续推进青海省电子商务进农牧区综合示范项目的基础上，以农产品内循环为重要抓手，补齐原贫困地区网络、基地、平台、人才等电商服务短板，加大对该地区农牧产品上行和产销对接的支持力度，开展网上销售、“短视频+直播带货”模式等最为直接、高效的产品销售模式，建立“电商企业+合作社+脱贫户”产供销一体的营销网络，让优质农畜产品“走出去”，将脱贫农牧民从劳力和初级农牧产品提供者转变成全产业链相关利益主体的

新农人，激发脱贫户的自信心和对乡村文化的传承与保护的积极性。二是“以销带产”反向提振脱贫户创业、就业增收以及劳动力回流，加快农牧区生产方式和生产结构的调整。尤其是在新冠疫情期间，新电商模式有利于改善脱贫户家庭生计资本条件，助力解决农牧区“空巢”问题和留守问题，推进农牧区和谐稳定。调研发现，部分脱贫户和村级组织已经加入网络直播带货的浪潮，通过平台经济出售当地特色农产品，甚至一些当地的领导干部也加入了直播带货队伍，例如，藜麦、枸杞、冷水鱼、肉类等，无形中提高了商品的知名度，大大提高了社会资本，同时拉近了干群关系、党群关系。三是持续加强东西部协作、对口支援和省内定点帮扶协作，引导定点帮扶单位与受援地区建立产品直供直销关系，采用线上平台与线下渠道相结合的消费帮扶方式。

（2）探索林草业碳汇交易试点，发展绿色金融推动资源变现。

一是推动建立和完善碳汇核算交易机制，推动低碳经济发展，健全完善草原、森林生态系统保护补偿机制，进一步落实草原奖补和草畜平衡政策，争取设立更多生态公益性岗位。拓宽生态产品价值实现路径，促进实现生态资源资产化和绿色产业的可持续化，最终实现生态效益与经济效益双赢，让脱贫户从生态修护与保护中得到生计的增值和积累。二是依据《关于建立健全生态产品价值实现机制的意见》，加大绿色金融支持力度，鼓励企业和脱贫农牧民依法依规开展水权与林权等使用权抵押、产品订单抵押等绿色信贷业务，探索“生态资产权益抵押+项目贷”模式，支持区域内生态环境提升及绿色产业发展，提高脱贫户参与度和收益水平。

综上所述，通过多元化的稳定增收模式，带动越来越多的脱贫户变身“多金”农牧民，收获股份分红、打工收入、种植收益、土地租金及旅游带动的多重收入，生计资本得到不断积累。实践证明，只有让脱贫户都掌握一个可谋生的手段，拥有一项可持续的生计，才能克服贫困的脆弱性，实现生计可持续发展。

8.5 培育和激励以应对生计策略的能力提升机制

8.5.1 加强社会宣传引导，增强文化自信和内生动力

（1）转变脱贫户社会角色，锻炼和提升内生动力。

习近平总书记曾指出，要从思想上淡化“贫困意识”，不要言必称贫，处

处说贫。一是青海省要以打赢脱贫攻坚战，全面建成小康社会，实现党的第一个百年奋斗目标为契机，广泛开展宣传国家关于脱贫攻坚成果巩固过渡期和乡村振兴相关政策、措施意见，营造出已经脱贫摘帽的社会氛围，从心理层面不断强化脱贫户社会角色已经发生变化的现实。二是通过开办形式多样、不同类型的培训班、讲习班，提高脱贫户自我认知能力、评估能力、自我发展预期的规划能力，树立不仅通过自身努力能够保障家庭生计资本稳定增长的信心，还坚信凭借对美好生活的向往，能够实现多样化生计策略转变。培育脱贫致富的心愿和勇气，将志气和智慧转化为现实生产力，逐步摆脱长期形成的“弱者心理”“穷人思维”。在过渡期内增强对培育性的、激发内在潜能的帮扶政策供给，改进帮扶方式，由“输血”变“造血”。三是锻炼和提升脱贫户自我发展内生动力，这个过程将会艰难而漫长，实现动力与能力的良性互动既需要时间，又需要艺术和技术，这是确保脱贫户生计可持续发展的工作重点。

(2）着力推进乡风文明建设，增强文化自信和内生动力。

乡村是农牧民生产生活的空间，每个乡村都有自身独特的文化和生态背景。青海省由于民族习惯和文化因素，部分脱贫户仍旧存在“吃政策饭”的行为和泛福利化倾向。一是政府应通过培育践行社会主义核心价值观，弘扬新青海精神，开展道德模范推荐评选活动，加强未成年人思想道德建设，推进优秀传统文化传承发展工程，深入挖掘农耕、草原文化、民俗文化、红色文化等，引导脱贫户崇尚科学、破除陋习、抵制迷信、杜绝赌博恶习，改善早婚辍学、辍学入寺、惜宰惜售等不良风气。二是提高公共文化服务保障能力，完善公共文化设施功能，不断强化基层文化队伍建设，促进乡村公共文化服务提质增效，鼓励脱贫户参与到公共文化活动中来，提高文化素质与修养，营造积极健康的乡风民风，激发脱贫户的内生动力和文化自信。

8.5.2　突出脱贫户主体地位，树立脱贫致富的典范

(1）突出脱贫户主体地位，激发其主人翁责任感。

强调以人民为中心的发展观念，建立巩固脱贫攻坚成果利益联结机制，注重脱贫户乡村治理的“参与感”是突出脱贫户主体地位的重要路径。一是在乡村政策制定、资源分配、项目实施、效果评判等方面，充分发扬民主，落实脱贫户知情权、参与权和监督权。通过颁发聘书、建言献策、民主监督等方式激发脱贫户主体意识，增强其主人翁责任感，确保脱贫户主动投身增

收致富的事业中。调研中发现，合乎脱贫户意愿和能力的各项帮扶政策，最能激活脱贫户的内生动力。二是完善激励机制，大力培育扶持一批脱贫致富的典型，可以采取生产经营补奖、贷款贴息、以工代赈等措施，选拔与树立有劳动能力的脱贫户，让其通过勤劳致富改善自身生活条件，从昔日的穷汉变成脱贫致富“领头羊”的典型代表。

（2）构建多主体合作模式，发挥致富带头人的引领带动作用。

培育脱贫户从“帮我脱贫”到“我要发展”的自主性，不能仅从精神鼓励和思想教育入手，激发内生动力也需要一个过程，除了强调扶志的重要性之外，重要的是鼓励农户的自主性思考和参与实践。只有拓展不同群体表达、实践与互动的空间，才能产生有意义的实践，并形成表达和实践的良性互动与发展。一是村干部、第一书记、致富带头人等要走进脱贫户家中，与其深度交流对未来生活的预期，了解其真实想法；还可以通过分享致富带头人的成功创业经验、想法和案例，让他们看到学习技能、干实事和创业带来的生计改变。二是吸纳脱贫户加入致富带头人创办的家庭农场、农民合作社等新型农业经营主体，通过和致富带头人在实际生产、生活中相互交流、互动、思考以及潜移默化的影响，重塑周围脱贫户自强不息的精神，激发其改善生计的积极性、主动性、创造性。三是进一步为脱贫户搭建参加各类农牧业技术的协会组织、互助组织的平台，使他们能够获得各类发展信息、资源的方式和途径。实践证明，脱贫农牧民如果没有从内心深处产生自力更生的精神，就无法实现生计的可持续，就无法从被动救济转变为自主奋斗并对未来生活寄予希望。

8.5.3 持续提升可行能力，加强脱贫致富技能培训

可行能力缺失是无法摆脱贫困的根源，生计策略优化关键在于可行能力不断提高。脱贫户获取更多社会资本、金融资本和物质资本的重要决定因素之一是人力资本的水平，这是由综合素质和技能培训决定的。因而，提高脱贫户生产技能水平、增强其就业竞争力，是生计可持续的有效措施。

（1）提高技能培训针对性和有效性，培育新型技能劳动力。

各级政府应当本着“以人为本”的理念，结合市场就业岗位需求和脱贫户技能现状，在充分尊重个人意愿、文化层次差异以及民族习惯、居住情况等特点的基础上，有计划地组织开展培训需求分析调研，构建完善的政府主导、部门协作的科学培训体系。政府可以定期对脱贫户开展免费的、形式多

样的综合素质和农牧业生产知识技能培训，引导其与市场有效对接，推进培训效果提质增效。推行终身职业技能培训制度，提高增收能力、金融资本管理能力和社会公共福利共享能力。

（2）构建分层分类技能培训体系，提高生计策略选择能力。

针对有劳动能力的脱贫户，依据“实地、实用、实效”的原则，开展全方位、靶向式的高质量职业技能培训，提高其就业技能水平；针对想继续从事农牧业生产的脱贫户，定期组织其参加种植养殖技术专业培训班，种植养殖技术专家、技术人员以及致富带头人现场进行技术指导等，确保每村每月都开展专家科普知识讲座、科技下乡等活动，树立科技是第一生产力的观念；针对易地扶贫搬迁脱贫户，通过专业职业技能和综合素质培训，使其熟练掌握一门以上实用技能，从而有效提高就业率和竞争力；针对长期在外务工的年轻脱贫户，可以通过培训他们感兴趣的知识和技能，提高其工作积极性和就业竞争力；针对中老年人和妇女脱贫劳动力，根据本地资源优势，培训其手工或者少数民族传统技艺；针对当地附近就业脱贫户，以当地就业发展为主要导向，采用订单培训模式，培训技能与就业相结合，使技能培训达到社会效益与经济效益双赢的目标。

（3）强化创业致富带头人培育，带动脱贫户能力提升。

培养一批扎根乡村、服务农业、带动脱贫户提升生计能力、创业增收的“田秀才”“土专家”“乡创客”等乡土人才，激励他们建立农民专业合作社、农民资金互助合作社、农业信息合作社、农业保险合作社、“互联网+”合作社等各种组织形式的合作组织是带动脱贫户能力提升的重要路径。特别是在直播带货方面，可以给予创业致富带头人更多的专业性指导，组织开设直播主播孵化机构和专业课程，提高主播综合素养。对于那些积极带领脱贫户发展产业的带头人，能在资金补贴、政策鼓励、税收优惠、晋升激励等方面予以支持；同时，也能为乡村振兴储备人才。

8.5.4　加快农村普惠金融发展，提高金融资本存量

（1）延续帮扶政策，进一步深化金融改革。

一是金融机构要在保持现有金融帮扶政策不变的基础上，从目前选择不同生计策略脱贫户在发展生产和开展经营方面对各种金融服务信息的理解不全面、贷款难、害怕贷款手续繁杂等实际困惑和问题出发，进一步深化金融改革，加大金融开放力度，构建高效安全、绿色普惠、开放创新的普惠政策。

二是改善贷款环境和优化贷款程序，形成银行、担保、保险等金融手段的组合运用，为生计可持续发展提供金融资本供给。继续在各村实施互助资金支持政策，加大对脱贫户发展产业资金不足时的信贷支持力度，确保资金安全并持续发挥效益。只有金融环境灵活健康，脱贫户才能拥有更多的机会去从事自主创业的活动，拓宽他们的收入途径，最终达到生计可持续性发展。

（2）发展好普惠金融，提升金融服务能力。

习近平总书记指出，要建设普惠金融体系，加强对小微企业、“三农”和偏远贫困地区的金融服务，要完善体制建设，精准发力，满足不同群众的需求，真正地让群众获得普惠金融服务，实现“共享”的发展理念。一方面，扩大农村金融服务规模和覆盖面，加强对脱贫户关于理财、融资等相关知识的宣传和培训，建立对金融资本的认知能力；另一方面，建立健全以激励为导向的普惠金融政策体系。从政府和金融机构层面通过选派基层“党建+金融助理”的模式，对不同年龄层级、不同民族、不同生计策略的脱贫户定期进行汉藏双语的金融、理财基础知识培训讲座，宣传金融贷款、理财、保险等相关政策和实际运用的相关知识。针对不同生计策略的脱贫户实际存在的问题，金融助理制定差异化金融支持方案，实现金融支持从“大水漫灌”向“定向滴灌”转变，使脱贫户有效获取、理解各种金融支持政策信息，扩大融资途径和渠道。融资的渠道越多，脱贫户独立经营的概率就越高，获取金融资本的能力也会不断提升。

8.5.5 加大人力资本投入，阻断贫困代际传递

（1）健全完善“控辍保学”工作机制，提升家中第二代人力资本发展能力。

一是大力发展脱贫地区教育，持续强化脱贫户家庭“控辍保学”工作，进一步落实政府属地管理责任，依法依规健全“控辍保学”长效机制，确保脱贫户家庭适龄子女一个都不少地接受义务教育，建设好乡村小规模学校和乡镇寄宿制学校，杜绝因返贫辍学现象发生，提升家中第二代人力资本发展能力。二是进一步完善从学前教育到高等教育全学段的学生资助体系，全面实现脱贫户家庭经济困难学生精准资助，应助尽助。人力资本的提升能够大幅增加社会资本、物质资本和金融资本的存量，人力资本是实现生计可持续的核心生计资本，是区域经济发展的基础，也是利用其他生计资本的前提条件，因而提高脱贫户的人力资本会极大地改善其原有的生计质量和生计可持续性。

（2）巩固提升教育服务能力，提高教学质量。

一是切实加大教育基础设施软硬件建设力度。优化义务教育学校布局结构，加强幼儿园及中小学校教育项目建设，持续改善农牧区基础教育办学条件。二是推进教育信息化基础设施建设与应用环境建设，实现学校和教学点高带宽全覆盖，推行“互联网+”教育新模式，建设教育共享网络平台与课程建设，共享青海省优质教育资源，将网络课堂教育逐步发展成常态化应用。三是改善乡村教师工作和生活条件，落实乡村教师生活补助政策，继续强化教师培训工作，进一步完善省内外对口支援支教工作机制，不断扩大支教规模，强化教师国家通用语言文字教育教学能力，整体提高教学质量。

（3）增强教育意识，提升脱贫户谋生能力。

加强学历教育、职业教育和社会化教育，提升脱贫户的基础知识和实践技能，培养运用知识经验分析和解决问题的思维方法，以及做出长远规划的能力，重视农牧区职业教育院校基础能力建设，培养正确的工作态度、价值观和工作习惯。注重学前教育，提高农牧区普通话普及率，实施女童教育“优先”发展计划。改善脱贫户人力资源的状况，提高人力资本水平，从根源上阻断贫困代际传递，是脱贫户可持续生计的基础。实践证明，教育性人力资本的投资，有助于完成职业的非农转换，实现社会垂直流动，增强其谋生能力，也可以减轻该生态脆弱区的人口压力。以职业转换为表现的社会流动使农牧民在面临生存环境改变时有足够的能力抵御风险，实现生计的可持续性。

8.6　坚持和优化顶层设计以完善政策环境的可持续发展机制

巩固拓展脱贫攻坚成果同乡村振兴战略有效衔接的顶层设计为过渡期基层工作指明方向，脱贫攻坚积累的丰硕成果则推动顶层设计“落脚生根”，构成二者之间的相互响应。

8.6.1　不断完备帮扶政策稳定供给，实现与乡村振兴战略有效衔接

（1）过渡期内保持主要帮扶政策总体稳定，牢牢守住脱贫攻坚成果。

一是要认真贯彻落实习近平新时代中国特色社会主义思想、认真贯彻执行“三不变、四不摘”重大要求，充分发挥脱贫攻坚期间的制度优势，按照“新政策不出，旧政策不退”的要求，完备过渡期内总体政策稳定与供给，依

据新发展阶段内外部环境形势新变化，在落实好中央政策的基础上，保障资金支持、帮扶力量总体稳定。结合青海省实际，政府应对脱贫攻坚期间帮扶政策予以全面梳理、科学评估、分类优化和调整，促进帮扶政策由之前的特惠性、临时性、超常规性向普惠性、长期性转变，过渡期内稳定兜底救助类政策，落实好民生保障普惠性政策，并根据脱贫户实际困难给予适度倾斜，调整升级产业就业等发展类政策，坚持和完善驻村工作队制度，东西部协作，对口支援、社会帮扶等机制，逐步实现由集中资源巩固脱贫攻坚向全面推进乡村振兴平稳过渡。二是要切实贯彻落实青海省《关于巩固脱贫成果的实施意见》和《中共青海省委青海省人民政府关于补上“三农”短板确保如期实现全面小康的实施意见》，继续对监测户与脱贫户给予不同程度的政策帮扶，让脱贫质量更加稳固、成效更可持续，确保在过渡期内维持正常生活并获得可持续的生计能力，极大地增强人民群众的获得感、幸福感、安全感，这是我们党坚持全心全意为人民服务的根本理念。

(2) 推进脱贫攻坚成果同乡村振兴战略有效衔接，早日实现共同富裕。

一是巩固拓展脱贫攻坚成果同乡村振兴战略有效衔接，这是巩固脱贫攻坚成果的关键举措。既要保证已脱贫人口从小康走向富裕，又要构建一整套防止脱贫户返贫的区域制度，接续解决短板、弱项问题，构建起稳定脱贫防止返贫的长效机制，让脱贫户过上高品质生活，不断满足人民群众对美好生活的追求。二是两者的有效衔接，是保障工作阶段性和连续性统一的需要，是推进农业农村现代化的重要基础，是缩小发展差距、促进共同富裕、提升可持续生计的有效途径。三是二者有效衔接的过程，旨在进一步激发青海省脱贫地区脱贫户发展动力、消费潜力活力的过程，将有力有效促进以国内大循环为主体、国内国际双循环相互促进的新发展格局的构建。

8.6.2 持续加强乡村治理能力，拓展脱贫户社会资本支持系统

(1) 加强基层党组织建设能力，选优配强村干部队伍。

一是筑牢村党组织战斗堡垒。健全完善以村党组织为领导，村民自治组织和村务监督组织为基础，集体经济组织、农牧民合作组织和群团组织为纽带，其他经济社会组织为补充的组织体系，不断提升村党组织标准化、规范化水平和引领发展的能力。二是选优配强村干部队伍，派强用好驻村第一书记和工作队，通过有效的组织生活把党员凝聚起来。加强基层党员干部教育与培训，推动党员干部用党的创新理论武装头脑、指导实践、推动工作，落

实基层干部相关待遇，激发基层干部投身巩固脱贫与乡村振兴的积极性和主动性，深入实施党员带领脱贫户共同致富行动。三是通过党员干部对脱贫户面对面思想交流和引导，改变他们长期形成的自卑心理，提高他们社会交往的信心和能力，以主动融入所在社会群体，建立人际网络。社会资本不仅对脱贫户增收具有直接作用，还可以提高其信息获取能力、新技术获取能力、信贷能力、政治参与能力和抗风险能力，进而促进增收。即社会资本是提高发展能力，促进地区发展的重要力量。由于较高的社会资本意味着脱贫农牧民具有更广阔的交际圈和更丰富的社会资源，进而可以获取更多的教育、培训和交流的机会，有助于提高个体获取信息和新技术的能力，使农牧民的人力资本存量得到提高，从而对农牧民就业机会、薪资水平、职位性质等产生影响，进而影响农牧民收入。

（2）增强村民自治组织能力，拓展社会关系网络。

一方面，扎实推进脱贫地区乡村治理体系和治理能力建设。强化村党组织的全面领导，增强村民自治组织能力建设，落实好“四议两公开”民主议事决策制度，切实保障脱贫户的知情权、参与权、决策权和监督权。鼓励农牧区开展村民说事、民情恳谈、百姓议事、妇女议事等各类协商活动。通过定期举办宗教、民族文化、体育娱乐等活动，鼓励脱贫户参与到所在村管理中，这既丰富了日常生活，又为其提供更多的社交机会，直接或间接地构建了自己的社会关系网，从而获取到更多的社会关系资源。另一方面，政府相关部门和村委会利用互联网现代信息化手段，搭建线上、线下信息交流平台，建立本村不同类别的信息沟通交流群，无论是消息通知还是其他功能的信息交流群，都有利于扩大脱贫户社会交往关系网络。随着相互交往的深入，彼此间建立了一种信任，增强了社会归属感和幸福感。互相信任和互惠互助的社会关系可以降低共同劳动的成本，拓宽社会资本网络和社会资本储量。另外，应切实增强易地扶贫搬迁安置区自治组织社区服务能力，实现所有搬迁户后续管理服务全覆盖。全面落实属地化管理，积极推进集中安置区脱贫农牧民民主管理，以及民主协商机制、群体带动机制、社会参与机制，着力推动脱贫户社会融入和情感认同，促进新老居民融合交往，尽快使易地扶贫搬迁脱贫户市民化培育和养成社区发展所需要生活习惯、思想观念与就业能力，才能更快地融入与适应变化的生产和生活，把脱贫户纳入公共服务体系，切实提升城乡公共资源和公共服务的共建共享机制。

（3）全面提升乡村法治水平，持续贯彻落实民族区域自治制度。

一方面，全面提升民族地区干部法治能力和农牧民法制素养，加强村两委成员法治教育，实施农牧区“法律明白人”培养工程，培育一批以村干部、人民调解员为重点的“法治带头人”，加强农牧区法治宣传教育，积极营造办事依法、遇事找法、解决问题用法、化解矛盾靠法的良好氛围。实施“民族团结+”融合发展行动，把铸牢中华民族共同体意识融入经济、文化、社会、生态文明建设全过程，把民族团结与乡村振兴、民生保障、生态保护统筹贯通、有机结合。另一方面，在民族地区继续推行并贯彻落实民族区域自治制度和民族优惠待遇政策，实施“普惠+民族特惠”的政策形式，使脱贫户从国家政策中获得更大的收益。鼓励和支持驻村党员干部、致富带头人引领脱贫户就业与增收共同增长，构建“产业扶持+转移就业+低保兜底”等政策融合新机制，提高民族地区政府基本公共服务质量、可获得性和满意度。加强对脱贫地区的社会风险防控，保持民族地区和谐稳定。

8.7 小结

青海省民族地区贫困户在“脱贫摘帽”后，面对新形势、新机遇、新挑战，构建脱贫户可持续生计的机制体系是厚植脱贫户生计可持续发展，巩固脱贫攻坚成果和守住返贫底线，实现共同富裕的重要路径。

（1）构建了应对脆弱性环境风险防范机制，包括健全防止返贫动态监测与精准帮扶机制，以降低风险发生概率；完善自然灾害风险预警机制，全方位加强基础设施建设；增强“抗逆力”，提升对市场风险的防范能力，以增强脱贫户抵御风险的能力。

（2）构建了巩固和完善应对内部生存压力的兜底保障机制，包括健全完善因病致贫、因病返贫风险防范化解机制，着力提升医疗保障水平；深化社会保障城乡统筹体系，构建发展新格局，以提供脱贫户可持续生计的基本保障。

（3）构建了推进和壮大以应对生计资本的产业升级支撑机制，包括打造农牧业产业化升级版，实现高质量发展；持续打造产业融合发展平台，形成新的发展格局；创新多元发展路径，释放村级集体经济发展新动能；积极打造国际生态旅游目的地，拓宽生态产业增收渠道。

（4）构筑和推进以应对生计资本的多元化稳定增收机制，包括健全完善公共就业创业服务体系，优化营商环境；发展县域经济，拓展就近稳定增收的空间；充分利用新电商模式，开展“短视频+直播带货”模式；大力实施消费帮扶，以确保脱贫户创业、就业增收。

（5）构建了培育和激励以应对生计策略的能力提升机制，包括加强社会宣传引导，增强文化自信和内生动力；突出脱贫户主体地位，发挥致富带头人的引领带动作用；持续提升可行能力，加强脱贫致富技能培训；提升融资能力，提高金融资本存量；加大人力资本投入，阻断贫困代际传递，以提高自我发展的能力。

（6）构建了坚持和优化顶层设计以完善政策环境的可持续发展机制，包括不断完备帮扶政策总体稳定和供给，实现与乡村振兴战略有效衔接；持续加强乡村治理能力，拓展社会资本支持系统，以保持过渡期内帮扶政策总体稳定且落地见效，实现巩固脱贫攻坚成果同乡村振兴战略的有效衔接。这六个方面的机制体系对于集西部地区、民族地区、高原地区、欠发达地区等特征于一体的青海省民族地区“脱贫摘帽”户来说，确保守住返贫底线，脱贫户生计可持续发展至关重要，也为加快青海省实现农业农村现代化和共同富裕提供了强有力的机制与制度支撑。

结　语

本书对青海省民族地区贫困户“脱贫摘帽”后可持续生计问题进行研究，在研究对象和内容上，结合巩固拓展脱贫攻坚成果和坚决守住不发生规模性返贫的底线，构建了脱贫户可持续生计的机制体系，具有一定的现实意义和参考价值。本书试图在视角和研究方法上摆脱以往研究的片面性，注重从研究对象生计现状的视角出发，深入揭示脱贫户可持续生计面临的困难与问题，对今后相关方面的研究具有借鉴意义。此外，就民族地区脱贫户可持续生计而言，本书提出了从根本上解决、巩固、拓展脱贫攻坚成果和守住返贫底线的问题，关键在于深入研究与推进脱贫户可持续生计的发展。在现有相关学术研究的基础上，从新的视角对运用可持续生计理论研究现实问题进行了较好的补充和完善。

今后的研究方向可以从历史和文化的角度探究青海省民族地区脱贫户可持续生计问题，从而更加全面地了解脱贫户生计策略选择的路径。

参考文献

一、外文类

[1] ACHIBA C A. Managing livelihood risks: Income diversification and the livelihood strategies of households in pastoral settlements in Isiolo County, Kenya [J]. Pastoralism, 2018, 8 (1). DOI: 10.1186/s13570-018-0120-x.

[2] BARNIDGE E K. Exploring community health through the sustainable livelihoods framework [J]. Health Education & Behavior, 2011, 38 (1): 80-90. DOI: 10. 1177/1090198110376349.

[3] BLOCK S, WEBB P. 2001. The dynamics of livelihood diversification in post-famine Ethiopia [J]. Food Policy, 26 (4): 333-350.

[4] BOGARD W C. Bringing social theory to hazards research: Conditions and consequences of the mitigation of environmental hazards [J]. Sociological Perspectives, 1988, 31 (2): 147-168.

[5] BROCKINGTON D. Women's income and the livelihood strategies of dispossessed pastoralists near the mkomazi game reserve, tanzania [J]. Human Ecology, 2001, 29 (3): 307-307.

[6] CARNEY, D, Implementing a sustainable livelihood approach [M]. London: Department for International Development, 1998.

[7] CHAMBERS R. Vulnerability, coping and policy [J]. IDS Bulletin, 1989, 20 (2).

[8] DE GRUCHY S. A Christian engagement with the sustainable livelihoods framework [J]. Southern African Missiological Society, 2005, 33 (1).

[9] DFID. Sustainable Livelihoods Guidance Sheets [M]. London: Department for International Development, 2000.

[10] DUC T D, MINH D M, BUI D D, et al. Livelihood vulnerability and

adaptability of coastal communities to extreme drought and salinity intrusion in the vietnamese mekong delta [J]. International Journal of Disaster Risk Reduction, 2021, 57.

[11] EALY S A. Science, technology and future sustainability [J]. Future, 1995, 27 (1).

[12] EDITORIAL BOARD. The new encyclopaedia britannica in 30 volumes [M]. Encyclopaedia Britannica, Inc, 1974.

[13] ELLIS F. Rural livelihoods and diversity in development countries [M]. Oxford: Oxford University Press, 2000.

[14] ERENSTEIN O, HELLIN J, CHANDNA P. Poverty mapping based on livelihood assets: A meso-level application in the Indo-Gangetic Plains, India [J]. Applied Geography, 2009, 30 (1): 112-125. DOI: 10.1016/j.apgeog.2009.05.001.

[15] FIKRE S. Household livelihood strategies and food security in angolela tera district, ethiopia [J]. Business and Management Studies, 2020, 6 (4): 50. DOI: 10.11114/bms.v6i4.4977.

[16] FORM AN R T T. Ecologically sustainable landscape: The role ofspatial-con figuration [A]. In: Zonneveld IS, FORM AN R T T, eds. Changing landscapes: An ecological perspectives [C]. New York: Springer-Verlag, 1990.

[17] GIRI Y N. Current status of dalit living capital [J]. Journal of Innovation and Social Science Research, 2020, 7 (9).

[18] Goldman, lan. Sustainable livelihoods approaches: Origins, applicationsto aquatic researchand future direc-tions. Conferenceon practical strategiesfor poverty targeted research [C]. Hanoi, Vietnam, 2000.

[19] HAYATI R. Progressive farming strategy as a sustainable livelihood strategy for marginal land farmers in coastal land fields: Case study in gupit iv hamlet, karangsewu village, galur sub district, kulonprogo district [C]. Proceedings of the International Conference on Rural Studies in Asia (ICoRSIA 2018), 2019.

[20] ISHAK A, ASTUTI H B, YULIASARI S, et al. Land conversion from coffee to citrus and changes of farmers livelihood strategies: Case in Pal 7 village, Bermani Ulu Raya subdistrict, Rejang Lebong Regency, Bengkulu [J]. IOP Conference Series: Earth and Environmental Science, 2021, 733 (1): 012003 (7pp). DOI: 10.1088/1755-1315/733/1/012003.

[21] ISLAM K, NATH T K, JASHIMUDDIN M, et al. Forestdependency, comanagement and improvement of peoples' livelihood capital: Evidence from chunati wildlife sanctuary, bangladesh [J]. Environmental Development, 2019, 32 (100456-1-100456-15).

[22] JAKARIYA M, RAHMAN A, SAYEM S M, et al. Development of livelihood vulnerability index for the coastal fishermen communities of Bangladesh using spatial information technique [J]. Groundwater for Sustainable Development, 2020, 11 (100475).

[23] KASPERSON J, ROGERKASPERSON. Global environmental risk [M]. United Nations University Press, 2001.

[24] KELLY PM, ADGER W N. Social vulnerability to climate change and the architecture of entitlements [J]. Mitiga-tion & Adaptation Strategies for Global Change, 1999, 4 (3-4): 253-266.

[25] KOCZBERSKI G, CURRY G N. Making a living: Land pressures and changing livelihood strategies among oil palm settlers in Papua New Guinea [J]. Agricultural Systems, 2005, 85 (3): 324-339. DOI: 10. 1016/j. agsy. 2005. 06. 014.

[26] KOPYTKO N. What role can a livelihood strategy play in addressing climate change? Lessons in improving social capital from an agricultural cooperative in Ukraine [J]. Climate and Development, 2018, 10 (8).

[27] LONGPICHAI O, PERRET S R, SHIVAKOTI G P. Role of livelihood capital in shaping the farming strategies and outcomes of smallholder rubber producers in southern thailand [J]. Outlook on Agriculture, 2012, 41 (2): 117-124. DOI: 10. 5367/oa. 2012. 0085.

[28] MEETHALE A L, MOHAMMED K C. Flood-induced vulnerability in a below sea level farming system in southern india: An assessment through coping strategy intensity [J]. Disasters, 2021, 46 (3).

[29] NARULA A S, MAGRAY M A, DESORE A. A sustainable livelihood framework to implement CSR project in coal mining sector [J]. Journal of Sustainable mining, 2017, 16 (3): 83-93.

[30] NATH T K, INOUE M. Forest villagers in Northeastern hill forests of bangladesh: Examining their livelihoods, livelihood strategies and forest conservation linkages [J]. Small-Scale Forestry, 2014, 13 (2).

[31] NCN, UNEP, W WF. Caring for the earth-a strategy sustainable living [M]. Gland, Switzerland, 1991.

[32] OBRIST B. Urban health in daily practice: Livelihood, vulnerability and resilience in Dar es salaam, Tanzania [J]. Anthropology & Medicine, 2003, 10 (3).

[33] PANDEY R, JHA S K, ALATALO J M, et al. Sustainable livelihood framework-based indicators for assessing climate change vulnerability and adaptation for Himalayan communities [J]. Ecological Indicators, 2017, 79.

[34] SANTHA S D, JASWAL S, SASIDEVAN D, et al. Climate variability, livelihoods and social inequities: The vulnerability of migrant workers in Indian cities [J]. International area studies review, 2016, 19 (1).

[35] SCOONES I. Sustainable rural livelihoods: A framework for analysis [M]. IDS Working Paper, Brighton. Institute of Development Studies, 1998.

[36] SEN A K. Development as freedom [J]. International Journal (Toronto, Ont.), 1999, 55 (1).

[37] SRIJUNTRAPUN P. Sustainable livelihoods framework of visually impaired people [J]. Asia Pacific Journal of Social Work and Development, 2018, 28 (1). DOI: 10.1080/02185385.2017.1394217.

[38] SURENDRA S. Assessing livelihood vulnerability of farmers' in backward regions of India [J]. Indian Journal of Agricultural Research, 2021, 55 (2).

[39] SYDNEY K, ALAN G, GEIR P J. Small-scale fishing: Income, vulnera-bility and livelihood strategies at lake itezhi-tezhi, zambia [J]. Development Southern Africa, 2021, 38 (3).

[40] TESEMA D, BERHANU A. Rural livelihood strategies and household food security of farmers surrounding derba cement factory, oromia region, ethiopia [J]. Rural Sustaina-bility Research, 2018, 40 (335).

[41] THIBICH N Y, STEPHEN J L. Determinants of livelihood vulnerability to climate change: Two minority ethnic communities in the northwest mountainous region of Vietnam [J]. Environmental Science and Policy, 2021, 123: 11-20.

[42] THUY N N, ANH H H. Determinants of livelihood vulnerability of smallholder tea farmers in Lam Dong province, Vietnam [J]. IOP Conference Series: Earth and Environmental Science, 2021, 653 (1): 012094.

[43] UDDIN M E, PERVEZ A K M, GAO Q. Effect of voluntary cooperativi-

sation on livelihood capital of smallholder dairy farmers in the southwest of Bangladesh [J]. GeoJournal, 2020 (prepublish).

[44] WANG D, WAN K, SONG X. Coal miners' livelihood vulnerability to economic shock: Multi-criteria assessment and policy implications [J]. Energy Policy, 2018, 114: 301-314.

[45] WOOD E H. Making friends with the sustainable livelihoods framework [J]. Community Development Journal, 2003, 38 (3).

[46] YOBE C L, MUDHARA M, MAFONGOYA P. Livelihood strategies and their determinants among smallholder farming households in KwaZulu-Natal province, South Africa [J]. Agrekon, 2019, 58 (3): 340 - 353.

[47] YUNIARTI D, PURWANINGSIH Y. Household food security and vulnerability: the sustainable livelihood framework [J]. JEJAK: Jurnal Ekonomi dan Kebijakan, 2017, 10 (2). DOI: 10. 15294/jejak. v10i2. 11290.

二、著作类

[1] 安春英. 非洲的贫困与反贫困问题研究 [M]. 北京：中国社会科学出版社，2010.

[2] [英] 安格斯·麦迪森. 世界经济千年统计 [M]. 伍晓鹰，等译. 北京：北京大学出版，2009.

[3] [印度] 班纳吉，[法] 埃斯特·迪弗洛. 贫穷的本质：我们为什么摆脱不了贫穷 [M]. 景芳，译. 北京：中信出版社，2018.

[4] [英] 庇古. 福利经济学 [M]. 陆民仁，译. 北京：商务印书馆，2010.

[5] 陈绍军，王磊，范敏. 可持续生计框架下失地农民生计恢复策略研究：基于安徽省374户农户的调查 [J]. 人民长江，2016，47 (4)：97-102.

[6] 陈向明. 质的研究方法与社会科学研究 [M]. 北京：教育科学出版社，2000.

[7] 朗特里. 贫穷：对城市生活的研究 [M]. 伦敦：麦克米伦出版社，1902.

[8] 缪尔达尔. 世界贫困的挑战：世界反贫困大纲 [M]. 顾朝阳，等译. 北京：北京经济学院出版社，1991.

[9] 讷克斯. 不发达国家的资本形成问题 [M]. 谨斋，译. 北京：商务

印书馆，1966.

［10］牛文元．持续发展导论［M］．北京：科学出版社，1997.

［11］青海省统计年鉴 2019［M］．北京：中国统计出版社，2019.

［12］青海省统计年鉴 2021［M］．北京：中国统计出版社，2021.

［13］世界银行．2000/2001 世界发展报告·与贫困作斗争［M］．北京：中国财政经济出版社，2001.

［14］世界资源研究所，联合国环境规划署，联合国开发计划署．世界资源报告 1992~1993［M］．北京：中国环境科学出版社，1993.

［15］［美］西奥多·W·舒尔茨．教育的经济价值［M］．曹延亭，译．长春：吉林人民出版社，1982.

［16］［美］西奥多·W·舒尔茨．论人力资本投资［M］．吴珠华等，译．北京：北京经济学院出版社，1990.

［17］［美］亚当·斯密．国富论［M］．谢宗林，李华夏，译．北京：中央编译出版社，2011.

［18］王朝明．社会资本视角下政府反贫困政策绩效管理研究［M］．北京：经济科学出版社，2013.

［19］王奕淇，李国平，延步青．基于生态补偿的国家重点生态功能区居民可持续生计影响研究［J］．生态经济，2022，38（3）：171-175.

［20］习近平．习近平谈治国理政：第三卷［M］．北京：外文出版社，2020.

［21］杨进，贫困与国家转型：基于中亚五国的实证研究［M］北京：社会科学文献出版社，2012.

［22］张玉刚．巩固拓展民族地区脱贫攻坚成果有效衔接乡村振兴［N］．中国民族报，2021-04-13（5）.

［23］中共中央党校党建教研室，中共中央党校出版社．十一届三中全会以来重要文献选编［M］．北京：中共中央党校出版社，1981.

［24］中国科学院可持续发展研究组．1999 中国可持续发展战略报告［M］．北京：科学出版社，1999.

三、硕博论文类

［1］阿依古丽．艾力．少数民族旅游社区居民生计资本与生计策略关系研究：以喀什市民族旅游社区研究为例［D］．乌鲁木齐：新疆农业大

学，2015.

［2］柏威．威宁彝族回族苗族自治县易地扶贫搬迁绩效评价研究［D］．贵阳：贵州民族大学，2018.

［3］戴琼瑶．我国直过民族脱贫人口稳定脱贫研究［D］．成都：西南财经大学，2020.

［4］房超．中国农村贫困脆弱性分析：基于 CHNS 微观数据的实证研究［D］．大连：东北财经大学，2014.

［5］冯俊超．社会资本解决农村贫困问题的实证分析：以 11 个示范村为例［D］．桂林：广西师范大学，2014.

［6］傅雪梅．精准扶贫背景下农牧户生计资本对生计策略的影响研究［D］．成都：四川农业大学，2017.

［7］贺爱琳．乡村旅游对秦岭北麓山区农户生计的影响研究［D］．西安：西北大学，2015.

［8］贺海霞．人力资本投资对农民收入影响的研究［D］．淄博：山东理工大学，2020.

［9］胡日东．社会资本对低碳乡村建设的影响评价研究：以甘肃省李子坝村为例［D］．青岛：青岛大学，2013.

［10］胡宗潭．生计资本视野下的生态脆弱区可持续发展研究［D］．福州：福建师范大学，2014.

［11］揭志辉．2020 年后农村可持续脱贫治理研究［D］．南昌：南昌大学，2020.

［12］金磊．可持续生计视角下四川藏族农牧民的生计资本研究［D］．西南民族大学，2015.

［13］李承营．甘肃省陇南农户可持续生计研究［D］．兰州：甘肃农业大学，2015.

［14］刘金新．脱贫户脆弱性可持续生计研究［D］．北京：中共中央党校，2018.

［15］刘伟．健康风险对农户贫困脆弱性的影响及对策研究［D］．咸阳：西北农林科技大学，2014.

［16］罗连发．社会资本与农村减贫研究［D］．武汉：武汉大学，2012.

［17］罗秀英．边远贫困村落农户可持续生计研究：以贵州铜仁市 D 村为例［D］．重庆：西南大学，2017.

［18］孟贝．农地整理、乡村旅游与农户可持续生计影响关系研究［D］．长沙：湖南师范大学，2018.

［19］潘倩．贵州易地搬迁移民生计资本对生计策略的影响研究［D］．贵阳：贵州大学，2019.

［20］覃丽雪．基于 SLA 框架广西石漠化地区贫困户可持续生计研究［D］．南宁：广西大学，2020.

［21］田涵．民族地区巩固脱贫成果的可行性措施研究［D］．武汉：中南财经政法大学，2020.

［22］王慧芳．西藏易地搬迁户的生计可持续性研究［D］．林芝：西藏农牧学院，2021.

［23］王静．精准脱贫户生计资本对生计策略的影响研究：以重庆酉阳县为例［D］．重庆：西南大学，2018.

［24］王蒙．生计脆弱：甘孜藏族自治州农牧民生计状况研究［D］．武汉：华中师范大学，2013.

［25］魏琦．北方农牧交错带生态脆弱性评价与生态治理研究［D］．北京：中国农业科学院大学，2010.

［26］吴筱灵．社会资本视角下西部民族地区反贫困问题研究［D］．长沙：湖南大学，2011.

［27］谢莹．民族地区脱贫后防止返贫问题研究［D］．昆明：云南财经大学，2020.

［28］徐方方．基于 SLA 框架下易地扶贫搬迁安置区农民可持续生计研究：以敦操乡富民社区为例［D］．贵阳：贵州大学，2018.

［29］杨培涛．牧民生计资本与生计策略的关系研究［D］．兰州：西北师范大学，2009.

［30］喻鸥．青藏高原东部样带农牧民生计脆弱性定量评估：以 11 个典型乡镇为例［D］．重庆：西南大学，2010.

［31］袁斌．失地农民可持续生计研究［D］．大连：大连理工大学，2008.

［32］袁梁．生态补偿政策、生计资本对可持续生计的影响研究［D］．咸阳：西北农林科技大学，2018.

［33］张宸嘉．柯西河流域农户生计资本评价与生计可持续性研究［D］．北京：中国科学院大学，2020.

［34］张静．社会资本对贫困家庭收入的影响分析：基于人力资本与经济增长的视角［D］．成都：西南财经大学，2012.

［35］赵烨誉．易地扶贫搬迁移民的可持续生计研究：以山西省宁武县为例［D］．太原：山西大学，2017.

［36］周岳，基于新农村建设视角的贫困山区乡风文明建设研究［D］．雅安：四川农业大学，2012.

四、期刊类

［1］巴哈提别克，吴正平．可持续生计框架下和田地区居民生计资本研究［J］．农业与技术，2019，39（10）：171-176.

［2］巴特尔．走向共同繁荣发展的必由之路　重读习近平同志《摆脱贫困》有感［J］．中国民族，2020（7）：5-7.

［3］柏振忠，李亮．武陵山片区农民合作社助力精准扶贫研究：以恩施土家族苗族自治州为例［J］．中南民族大学学报（人文社会科学版），2017，37（5）：160-164.

［4］保广舜．浅析退耕还林对农户可持续生计的影响［J］．林业科技情报，2018，50（3）：1-4.

［5］柴健，唐仲霞，白嘉奇，等．国家公园背景下旅游地居民参与旅游的能力和意愿关系研究：以祁连山国家公园青海片区为例［J］．干旱区资源与环境，2022，36（4）：192-199.

［6］陈丽．滇黔桂边脱贫农户可持续发展评价指标体系构建［J］．合作经济与科技，2021（10）：176-178.

［7］陈明星，叶超，周义．城市化速度曲线及其政策启示：对诺瑟姆曲线的讨论与发展［J］．地理研究，2011，30（8）：1499-1507.

［8］陈思兰，赵前吉，张灿，等．广西脱贫户可持续发展的问题及对策［J］．经济与社会发展，2020，18（5）：59-63.

［9］陈振扬．生计资本视角下农牧民可持续生计研究：以西藏日喀则农牧区为例［J］．现代商贸工业，2020，41（7）：70-71.

［10］程钰，尹建中，王建事．黄河三角洲地区自然资本动态演变与影响因素研究［J］．中国人口·资源与环境．2019，29（4）：127-136.

［11］董国皇．农户可持续生计策略实证研究：以槟榔文明生态村为例［J］．农村经济与科技，2016，27（16）：2-3.

［12］范乔希，万青．生计资本对农户可持续生计活动的影响分析［J］．统计与决策，2021，37（10）：65-69.

［13］风笑天．方法论背景中的问卷调查法［J］．社会学研究，1994（3）：13-18.

［14］冯娇，陈勇，周立华，等．基于可持续生计分析框架的贫困农户脆弱性研究：以甘肃省岷县坪上村为例［J］．中国生态农业学报，2018，26（11）：1752-1762.

［15］顾仲阳，王浩，常钦．巩固拓展脱贫攻坚成果一年间：脱贫群众生活更上一层楼［J］．乡村振兴，2022（3）：16-18.

［16］韩佳丽．贫困地区农村劳动力流动减贫的现实困境及政策选择：基于连片特困地区微观农户调查［J］．江西财经大学学报，2020（1）：99-110.

［17］韩文文，刘小鹏，裴银宝，等．不同地貌背景下民族村农户生计脆弱性及其影响因子［J］．应用生态学报，2016，27（4）：1229-1240.

［18］郝文渊，杨东升，张杰，等．农牧民可持续生计资本与生计策略关系研究：以西藏林芝地区为例［J］．干旱区资源与环境，2014，28（10）：37-41.

［19］何力．可持续生计分析框架下失地农民生计资本分析：基于贵州都匀的调查［J］．江苏农业科学，2015，43（8）：440-443.

［20］何秋洁，徐希雅，陈国庆．农业转移人口家庭生计脆弱性与应对策略研究：以四川省凉山彝族地区为例［J］．阿坝师范学院学报，2021，38（2）：74-80.

［21］和月月，周常春．贫困地区农户生计脆弱性的评价［J］．统计与决策，2020，36（9）：72-76.

［22］衡霞，郭精磊．可持续生计分析框架下民族地区巩固拓展脱贫攻坚成果同乡村振兴有效衔接研究：基于甘肃省临夏回族自治州的分析［J］．社科纵横，2021，36（3）：69-76.

［23］洪秋妹，常向阳．我国农村居民疾病与贫困的相互作用分析［J］．农业经济问题，2010，31（4）：85-94，112.

［24］侯军岐，马玉璞，马宏建．脱贫边缘户可持续生计影响因素研究［J］．山西农业大学学报（社会科学版），2021，20（4）：33-40.

［25］胡江霞，文传浩．生计资本、生计风险管理与贫困农民的可持续生计：基于三峡库区的实证［J］．统计与决策，2021，37（17）：94-98.

［26］胡江霞，于永娟．人力资本、生计风险管理与贫困农民的可持续生计［J］．公共管理与政策评论，2021，10（2）：80-90.

［27］胡洁怡，岳经纶．农村贫困脆弱性及其社会支持网络研究［J］．行政论坛，2016，23（3）：19-23.

［28］胡原，曾维忠．深度贫困地区何以稳定脱贫：基于可持续生计分析框架的现实思考［J］．当代经济管理，2019，41（12）：7-12.

［29］胡原，曾维忠．稳定脱贫的科学内涵、现实困境与机制重构：基于可持续生计—脆弱性—社会排斥分析框架［J］．四川师范大学学报（社会科学版），2019，46（5）：121-128.

［30］黄承伟，王小林，徐丽萍．贫困脆弱性：概念框架和测量方法［J］．农业技术经济，2010（8）：4-11.

［31］坚持绿色发展，倾力守护“聚宝盆”的碧水蓝天：记中国石油青海油田公司［J］．中国环境监察，2018（9）：72-75.

［32］姜雪颖．“扶上马、送一程”中央对脱贫县设立五年过渡期，防止返贫［EB/OL］．2021-04-26. https：//baijiahao. baidu. com/s？ id＝1696263498334827087.

［33］蒋和胜，李小瑜，田永．阻断返贫的长效机制研究［J］．吉林大学社会科学学报，2020，60（6）：24-34，231-232.

［34］靖学青．城镇化进程与西部地区能源强度：基于1996—2011年省级面板数据的实证分析［J］．中国人口·资源与环境，2014，24（S3）：261-264.

［35］久毛措，王暖．西藏农牧民家庭可持续生计资本与生计策略选择［J］．开发研究，2019（2）：60-67.

［36］久毛措．基于贫困脆弱性与可持续生计的我国藏区扶贫开发的长效性思考［J］．中国藏学，2017（2）：10-17.

［37］旷永青，刘文阳．建档立卡贫困户脱贫后的生计脆弱性及其改进：基于桂林市灌阳县油麻地村的实地调查［J］．社会科学家，2019（8）：149-155.

［38］雷菁，刘影，高良庸．长江流域渔民退捕意愿与可持续生计资本的关系研究：基于鄱阳湖区的调研数据［J］．江西社会科学，2022，42（2）：196-205.

［39］李斌，李辉．我国农村易地扶贫搬迁研究现状、热点及展望［J］．

中南民族大学学报（人文社会科学版），2022，42（4）：108-115，185-186.

［40］李波，刘丽娜．深度贫困地区农户多维贫困测度及影响因素研究：基于青海藏区四县的实证调查［J］．北方民族大学学报，2020（5）：5-12.

［41］李彩瑛，阎建忠，花晓波，等．青藏高原“一江两河”地区农牧民家庭生计脆弱性评估［J］．山地学报，2018，36（6）：930-941.

［42］李晨曦，杨一舟．后搬迁时代“造血扶持”实现迁居农民长效减贫增收：以可持续生计为视角［J］．山西农经，2021（13）：24-25.

［43］李静，覃扬庆．西部少数民族地区贫困农户生计、脆弱性与治理策略：基于湘西自治州 L 县的实证调查与理论分析［J］．湖南工程学院学报（社会科学版），2016，26（2）：68-71.

［44］李可，严娟．2020：脱贫攻坚后的贫困治理［J］．农村经济与科技，2020，31（22）：186-188.

［45］李立娜，李川．我国农户生计脆弱性研究进展及应对策略［J］．西昌学院学报（自然科学版），2016，30（3）：34-37.

［46］李清源．生态扶贫推动脱贫攻坚与生态保护“双赢”　青海省如期完成绝对贫困“清零”目标［J］．环境经济，2020（24）：21-25.

［47］李涛，成前．相对贫困家庭的灾难性医疗支出测度与空间传导机制研究［J］．江西财经大学学报，2021（4）：86-99.

［48］李天华，王健，于领会，等．青海省农村富余劳动力转移就业问题研究［J］．价值工程，2019，38（27）：29-33.

［49］李燕，李君．当下与未来：新型城镇化背景下青海省失地农民社会保障现状研究［J］．青藏高原论坛，2021，9（1）：27-34.

［50］李昭楠，韦孟丹，刘七军，等．民族地区巩固拓展脱贫成果的困境及路径选择：来自宁夏的实证分析［J］．生态经济，2022，38（3）：134-141.

［51］李兆捷．我国农村社会资本研究评述［J］．安徽农业科学，2011，39（16）：10064-10066，10069.

［52］李致江．对我国光棍与光棍村现象出现原因的解析与对策研究［J］．法制与社会，2010（11）：217-218.

［53］梁旺兵，田红旭．社会—生态耦合分析视角下民族旅游社区居民生计脆弱性研究［J］．资源开发与市场，2021，37（7）：863-870.

［54］刘楚杰，江文曲．乡村振兴战略下农村人力资本对农民收入增长的影响路径研究［J］．新疆农垦经济，2020（11）：12-21.

［55］刘格格，葛颜祥，李颖，等．生态补偿对水源地农户可持续生计能力的影响研究：基于改进的 DFID 生计分析框架［J］．中国农业资源与区划，2022，43（10）：97-109.

［56］刘永庆，张鹏，张敏欣．青海生态护林员扶贫政策落实与实践［J］．经济师，2020（9）：135-137.

［57］卢宝蕊．基于可持续生计生态下失地农保的路径选择［J］．重庆社会科学，2007（4）：124-126.

［58］卢名河，叶得明，杨婕妤．草原生态补偿机制下天祝县农牧民生计脆弱性评估［J］．国土与自然资源研究，2021（2）：34-38.

［59］鲁静芳，卢天亮．生计脆弱性评价研究综述［J］．南方农机，2022，53（3）：31-35.

［60］陆迁，王昕．社会资本综述及分析框架［J］．商业研究，2012（2）：141-145.

［61］路慧玲，赵雪雁，侯彩霞，等．社会资本对农户收入的影响机理研究：以甘肃省张掖市、甘南藏族自治州与临夏回族自治州为例［J］．干旱区资源与环境，2014，28（10）：14-19.

［62］罗玉杰，李会琴，侯林春，等．可持续生计视角下乡村旅游地返贫风险识别及预警机制构建：以湖北省恩施州 W 村为例［J］．干旱区资源与环境，2022，36（2）：186-193.

［63］骆永民，王晓彤，王红领．农村公共服务：患寡、患停滞还是患不均［J］．农业技术经济，2021（10）：134-144.

［64］马斌毅，朱成青．青海省民族自治地区精准扶贫问题研究：基于海北藏族自治州的调查［J］．攀登，2018，37（1）：61-68.

［65］马红梅，金彦平．民族贫困地区农民工非农就业的社会资本分析［J］．贵州民族研究，2009，29（2）：27-32.

［66］芈峤，宋明慧．青海，不断探索清洁能源发展新路径［N］．青海日报，2021-11-27（5）.

［67］宁攸凉，王莹，肖仁乾，等．草原补奖政策对牧民户生计策略选择的影响分析：来自青海省祁连、门源两县的经验证据［J］．农林经济管理学报，2021，20（5）：630-639.

［68］欧共体委员会．向贫困开战的共同体特别行动计划的中期报告［R］．1989：14.

［69］潘婷婷，付光辉．集体建设用地流转对农户生计脆弱性影响评价［J］．合作经济与科技，2021（18）：25-27.

［70］祁进玉，达娃尖措．城镇化背景下藏族失地农民的社会适应性研究：以青海省黄南藏族自治州 M 村的再就业问题为例［J］．中国藏学，2020（2）：133-140.

［71］ROBERTS M G，杨国安．可持续发展研究方法国际进展：脆弱性分析方法与可持续生计方法比较［J］．地理科学进展，2003（1）：11-21.

［72］沙勇，劳昕．劳动力异质、流动方向与城乡差距悖论［J］．人口与经济，2015（2）：60-67.

［73］施智贤，麦强盛．贫困地区农户生计资本研究：以云南省昭通市大关县为例［J］．创造，2020，28（10）：31-40.

［74］史博丽，齐顾波，燕艳华，等．乡土文化视角下的贫困治理遭遇与对策：以河南省 Z 村的贫困治理案例为例［J］．中国农业资源与区划，2022，43（5）：169-178.

［75］史俊宏．牧户贫困脆弱性分析框架及测度指标构建［J］．农村经济与科技，2019，30（11）：125-126.

［76］世界银行．1981 年世界发展报告［R］．北京：中国财政经济出版社，1981：24.

［77］宋国学．持续巩固拓展脱贫攻坚成果［J］．共产党员（河北），2021（12）：29.

［78］苏芳，徐中民，尚海洋．可持续生计分析研究综述［J］．地球科学进展，2009，24（1）：61-69.

［79］隋艺，陈绍军．社会行动理论视角下移民的生计恢复与可持续发展：以青海省海西地区移民村落为例［J］．青海民族研究，2012，23（4）：76-79.

［80］孙发平，王礼宁．论青海实现“双碳”目标先行先试的战略导向与着力点［J］．青海社会科学，2021（6）：43-52.

［81］孙海玲．青海：“阳光存折”效益持续显现［N］．农民日报，2022-02-19（2）.

［82］孙晗霖，刘芮伶．贫困地区精准脱贫户生计多样化的影响因素分析：基于 2660 个脱贫家庭的实证研究［J］．农村经济，2020（10）：45-53.

［83］孙久文，张皓．乡村振兴中防止低收入人口返贫的战略构想［J］．

学术研究，2022（4）：2，87–95，177–178.

［84］童玉芬．中国人口的最新动态与趋势：结合第七次全国人口普查数据的分析［J］．中国劳动关系学院学报，2021，35（4）：15–25.

［85］汪三贵，郭建兵，胡骏．巩固拓展脱贫攻坚成果的若干思考［J］．西北师大学报（社会科学版），2021，58（3）：16–25.

［86］汪三贵，杨颖．全球贫困：现状及解决方案［J］．科学决策，2003（11）：14–18.

［87］汪三贵．中国40年大规模减贫：推动力量与制度基础［J］．中国人民大学学报，2018，32（6）：1–11.

［88］汪柱旺，于瀚尧．财政支出与社会物质资本形成及经济增长关系的实证研究［J］．当代财经，2012（12）：47–54.

［89］王成超，杨玉盛．生态补偿方式对农户可持续生计影响分析［J］．亚热带资源与环境学报，2013，8（4）：53–60.

［90］王富珍，周国华，唐承丽，等．基于可持续生计分析框架的山区县域脱贫稳定性评价［J］．农业工程学报，2019，35（2）：270–277.

［91］王恒．连片特困地区农户生计资本对生计策略影响研究［J］．农村经济与科技，2021，32（2）：189–191.

［92］王宏新，付甜，张文杰．中国易地扶贫搬迁政策的演进特征：基于政策文本量化分析［J］．国家行政学院学报，2017（3）：48–53，129.

［93］王家斌，荆蕙兰．后扶贫时代青海涉藏地区的相对贫困及其治理机制构建［J］．青海社会科学，2020（5）：54–61.

［94］王璐，吴忠军．乡村振兴战略下民族地区农民可持续增收路径研究：以广西龙胜各族自治县为例［J］．广西民族研究，2021（2）：169–176.

［95］王三秀．国外可持续生计观念的演进、理论逻辑及其启示［J］．毛泽东邓小平理论研究，2010（9）：79–84，86.

［96］王生珍，马晓青．以国家公园为主体的青海自然保护地立法现状反思与完善路径：以《三江源国家公园条例》为视角［J］．青海环境，2021，31（4）：203–206.

［97］王淑贺．脱贫攻坚背景下我国农村人力资本投资效率研究：基于三阶段DEA模型［J］．河北科技师范学院学报（社会科学版），2021，20（2）：44–49.

［98］王欣欣，王怡，郭萌．精准扶贫视角下商洛市生态旅游助推扶贫攻

坚研究［J］. 湖北农业科学，2020，59（19）：106-108.

［99］王亚玲. 多维贫困视角下青海省深度贫困地区脱贫攻坚困境及路径选择［J］. 攀登，2020，39（1）：77-82.

［100］王彦星，潘石玉，卢涛，等. 生计资本对青藏高原东缘牧民生计活动的影响及区域差异［J］. 资源科学，2014，36（10）：2157-2165.

［101］韦惠兰，罗万云. 精准扶贫视角下农户生计脆弱性及影响因素分析：基于甘肃省贫困地区的实证调查［J］. 河南师范大学学报（哲学社会科学版），2018，45（2）：65-71.

［102］吴春宝，尼玛次仁. 生态环境脆弱制约下西藏农牧区精准脱贫问题研究：基于65个行政村的分析［J］. 西藏大学学报（社会科学版），2018，33（4）：118-125.

［103］吴敬琏. 农村剩余劳动力转移与“三农”问题［J］. 宏观经济研究，2002（6）：6-9.

［104］伍艳. 贫困山区农户生计资本对生计策略的影响研究：基于四川省平武县和南江县的调查数据［J］. 农业经济问题，2016，37（3）：88-94，112.

［105］习近平：脱贫摘帽不是终点，而是新生活、新奋斗的起点［J］. 党史文汇，2020（4）：1.

［106］习近平. 在全国脱贫攻坚总结表彰大会上的讲话［N］. 人民日报，2021-02-26（2）.

［107］习近平. 在深度贫困地区脱贫攻坚座谈会上的讲话［EB/OL］. 2017-08-31. https：//news. 12371. cn/2017/08/31/ARTI1504184029305319. shtml.

［108］习近平论扶贫工作：十八大以来重要论述摘编［J］. 党建，2015（12）：5-7，13.

［109］习近平在青海考察时强调：易地扶贫搬迁不仅要改善人居条件，更要实现可持续发展［J］. 老区建设，2016（15）：2.

［110］习近平在青海考察时强调坚持以人民为中心深化改革开放深入推进青藏高原生态保护和高质量发展［J］. 中国环境监察，2021（6）：10-12.

［111］习近平在中央农村工作会议上强调　坚持把解决好“三农”问题作为全党工作重中之重　促进农业高质高效乡村宜居宜业农民富裕富足［J］. 中国农民合作社，2021（2）：7-9.

［112］夏璨. 后脱贫时代金融助力巩固青海省脱贫成果研究［J］. 河北

企业，2022（1）：122-124.

［113］夏艳玲．易地扶贫搬迁移民的可持续生计研究：以广西巴马瑶族自治县为例［J］．西南民族大学学报（人文社会科学版），2019，40（9）：7-13.

［114］肖琼．地震灾后四川民族旅游村寨农户可持续生计研究［J］．中国经贸导刊，2009（15）：42.

［115］谢楠，张磊，伏绍宏．深度贫困地区脱贫户的可持续生计及风险分析：基于凉山彝区 812 户贫困户的调查［J］．软科学，2020，34（1）：139-144.

［116］谢文涛．西南少数民族贫困山区脱贫后可持续生计问题研究：基于盐边县彝族村 N 村的实地调查［J］．湖北经济学院学报（人文社会科学版），2021，18（10）：13-17.

［117］谢旭轩，张世秋，朱山涛．退耕还林对农户可持续生计的影响［J］．北京大学学报（自然科学版），2010，46（3）：457-464.

［118］辛格，吉尔曼．让生计可持续［J］．国际社会科学杂志（中文版），2000（4）：6-7，123-129.

［119］辛瑞萍，朱丽敏，谢萌．三江源生态移民的生计发展困境与建立可持续生计的策略：基于青海省囊谦县的实地调查［J］．济南大学学报（社会科学版），2017，27（1）：145-156.

［120］辛闻．2021 年全国十大自然灾害发布　青海玛多 7.4 级地震等入选［EB/OL］．2022-01-24. https：//news.haiwainet.cn/n/2022/0124/c3541083-32326601.html.

［121］新华社青海分社．青海玉树抗击雪灾［EB/OL］．2019-10-15.

［122］邢成举，李小云．结构性贫困视角下的民族地区精准扶贫研究［J］．中央民族大学学报（哲学社会科学版），2019，46（6）：99-112.

［123］行红芳，刘琳．易地扶贫搬迁脱贫户的生计空间、脆弱性形成与可持续发展研究：以河南省 C 村为例［J］．郑州轻工业学院学报（社会科学版），2020，21（2）：63-71.

［124］闫可情，姜凯玲．民族地区农户生计资本与生计策略研究［J］．热带农业工程，2021，45（6）：49-53.

［125］杨彬如．自然保护区居民生计资本与生计策略［J］．水土保持通报，2017，37（3）：113-118，124.

［126］杨丹，周波，成受明．高寒生态脆弱区自然资本动态评估及驱动因素研究：以拉萨市为例［J］．西部人居环境学刊，2021，36（3）：89-97.

［127］杨龙，汪三贵．贫困地区农户脆弱性及其影响因素分析［J］．中国人口·资源与环境，2015，25（10）：150-156.

［128］俞旸，杨晓霞，董全民，等．农业供给侧结构性改革下的青海省现代草地畜牧业发展研究［J］．青海社会科学，2019（6）：123-129.

［129］袁明达，夏文星．产业扶贫中农户生计响应特征、影响因素及对策：以湖南省安化县兴果村为例［J］．农业科学研究，2019，40（3）：66-75.

［130］詹绍文，吝方，李博．脱贫户何以长效稳定脱贫：基于可持续生计分析框架的实践思考［J］．经营与管理，2021（5）：108-114.

［131］张成虎，廖南燕，刘菊，等．少数民族地区自然保护区社区农户可持续生计分析：以广西防城金花茶国家级自然保护区为例［J］．林业经济，2021，43（10）：37-51.

［132］张华山，姚培刚，周现富．水库移民社会资本与可持续生计的关系研究：以甘孜州典型水电工程为例［J］．民族论坛，2015（6）：26-29.

［133］张继浩，华旦才让．青海省果洛藏族自治州政协：沪青牵手打造脱贫攻坚“金名片”［J］．全国政协，2020（12）：37.

［134］张鹏瑶，刘新智，孙晗霖．生计策略对贫困地区精准脱贫户可持续生计的影响研究［J］．山东师范大学学报（自然科学版），2019，34（2）：203-209.

［135］张琦．脱贫地区全面推进乡村振兴的政策指引［J］．人民论坛，2022（5）：18-21.

［136］张扬金．民族地区可持续脱贫组织力锻造分析：以江西赣州 S 畲族村为例［J］．西南民族大学学报（人文社会科学版），2020，41（11）：17-24.

［137］赵锋，吕伟伟．山区农户对生计资本脆弱性的感知度：基于甘肃省 4 县区的调查［J］．兰州商学院学报，2014，30（3）：79-86.

［138］赵锋．可持续生计分析框架的理论比较与研究述评［J］．兰州财经大学学报，2015，31（5）：86-93.

［139］赵力，张炜，刘楠，等．国家公园理念下区域生态旅游资源评价：以青海湖与祁连山毗邻区域为例［J］．干旱区地理，2021，44（6）：

1796-1809.

［140］赵梦凡，周秉荣，赵彤，等．青海省草地植被干旱评估及驱动力分析研究［J］．草地学报，2021，29（S1）：93-103.

［141］赵世强，赵仰华．失地农民可持续生计分析框架研究［J］．价值工程，2015，34（8）：237-240.

［142］赵雪雁，李巍，杨培涛，等．生计资本对甘南高原农牧民生计活动的影响［J］．中国人口·资源与环境，2011，21（4）：111-118.

［143］赵雪雁，刘江华，王伟军，等．贫困山区脱贫农户的生计可持续性及生计干预：以陇南山区为例［J］．地理科学进展，2020，39（6）：982-995.

［144］赵雪雁．生计资本对农牧民生活满意度的影响：以甘南高原为例［J］．地理研究，2011，30（4）：687-698.

［145］赵制斌，张璋，李予涵，等．贵州省桐梓县易地扶贫搬迁农户可持续生计调查研究［J］．黑龙江粮食，2021（12）：122-124.

［146］郑双怡，金亚男．西南喀斯特地区气候脆弱性农户识别与评估研究［J］．中南民族大学学报（人文社会科学版），2017，37（2）：134-139.

［147］周传彪．推动易地扶贫搬迁农户生计可持续发展：以达州市为例［J］．乡村振兴，2021（9）：58-60.

［148］周华坤，肖锋，周秉荣，等．青海省湿地资源现状、问题和保护策略［J］．青海科技，2021，28（2）：21-26.

［149］朱芙蓉．关于易地搬迁扶贫后续问题的调研报告：以宁夏为例［J］．市场论坛，2016（10）：6-11.

［150］铸牢中华民族共同体意识：论学习贯彻习近平总书记在中央第七次西藏工作座谈会上重要讲话［J］．民族大家庭，2020（5）：1.

［151］左停，李颖，李世雄．巩固拓展脱贫攻坚成果的机制与路径分析：基于全国 117 个案例的文本研究［J］．华中农业大学学报（社会科学版），2021（2）：4-12，174.

［152］左停，田甜．脱贫动力与发展空间：空间理论视角下的贫困人口内生动力研究：以中国西南一个深度贫困村为例［J］．贵州社会科学，2019（3）：140-148.

［153］左停，原贺贺，李世雄．巩固拓展脱贫攻坚成果同乡村振兴有效衔接的政策维度与框架［J］．贵州社会科学，2021（10）：152-159.